JN086356

杉本敏夫 監修
最新・はじめて学ぶ社会福祉

児童・家庭福祉

子どもと家庭の最善の利益

立花直樹・渡邊慶一・中村明美・鈴木晴子

編著

ミネルヴァ書房

シリーズ刊行によせて

　この度，新たに「最新・はじめて学ぶ社会福祉」のシリーズが刊行されることになった。このシリーズは，もともと1998年に，当時岡山県立大学の教授であった故大島侑先生が監修されて「シリーズ・はじめて学ぶ社会福祉」として始まったものであった。当時，現監修者の杉本も岡山県立大学に勤務しており，一部の執筆と編集を担当した。そのような縁があって，その後，杉本が監修を引き継ぎ，2015年に「新・はじめて学ぶ社会福祉」のシリーズを刊行していただいた。

　この度の新シリーズ刊行は，これまでの取り組みをベースに，ちょうど社会福祉士の新しく改正されたカリキュラムが始まることに対応して新しいシラバスにも配慮しつつ，これからの社会福祉について学べるように改訂し，内容の充実を図るものである。また，これまでのシリーズは社会福祉概論や老人福祉論といった社会福祉の中核に焦点を当てた構成をしていたが，今回のシリーズにおいては，いままで以上に社会福祉士の養成を意識して，社会学や心理学，社会福祉調査等の科目もシリーズに加えて充実を図っているのが特徴である。

　なお，これまでの本シリーズの特徴は，①初心者にもわかりやすく社会福祉を説明する，②社会福祉士，精神保健福祉士，介護福祉士，保育士等の養成テキストとして活用できる，③専門職養成の教科書にとどまらないで社会福祉の本質を追究する，ということであった。この新しいシリーズでも，これらの特徴を継続することを各編集者にはお願いをしているので，これから社会福祉を学ぼうとしている人びとや学生は，そのような視点で社会福祉を学べるものと思う。

　21世紀になり，社会福祉も「地域包括」や「自助，互助，共助，公助」と

いった考え方をベースにして展開が図られてきた。そのような流れの中で，社会福祉士や精神保健福祉士もソーシャルワーカーとしての働きを模索，展開してきたように思うし，ソーシャルワーカー養成も紆余曲折を経ながら今日に至ってきた。複雑多様化する生活問題の解決を，社会がソーシャルワーカーに期待する側面もますます強くなってきている。さらには，社会福祉の専門職である保育士や介護福祉士がソーシャルワークの視点をもって支援や援助を行い，社会福祉士や精神保健福祉士と連携や協働が必要な場面が増加している。それと同時に，社会福祉士や精神保健福祉士としての仕事を遂行するのに必要な知識や技術も複雑，高度化してきている。社会福祉士の養成教育の高度化が求められるのも当然である。

このまえがきを執筆しているのは，2021年1月である。世の中は新型コロナが蔓延しているまっただ中にある。新型コロナは人びとの生活を直撃して，生活の困難が拡大している。生活の困難に対応する制度が社会福祉の制度であり，それを中心となって担うのが社会福祉の専門職である。各専門職がどのような役割を果たすのかが問われているように思う。

新型コロナはいずれ終息するであろう。その時に，我々の社会や生活はどのような形になるのであろうか。人びとの意識はどのように変化しているのであろうか。また，そのような時代に社会福祉の専門職にはどのようなことが期待されるのであろうか。まだまだよくわからないのが本当であろうが，我々は社会福祉の立場でこれらをよく考えておくことも重要ではないかと思われる。

2021年1月

監修者　杉本敏夫

目　　次

プロローグ

児童・家庭福祉を学ぶ意義

（1）保育士・社会福祉士・精神保健福祉士のカリキュラム改正

　保育士は0～18歳までの児童を幅広く支援する"社会福祉の専門職"であり，多くの保育士が児童養護施設や障害児入所施設などでも活躍している。しかしながら，保育所・幼保連携型認定こども園や乳児院・児童発達支援センターなどの乳幼児分野で業務に従事する保育士が多いことから，専門性が乳幼児分野に限定されているとみられてきた。

　小学校への移行・接続が重要視される昨今は乳幼児分野だけでなく，学童にも支援の視点をもつ必要性が高まっている。また，貧困・虐待・障がい・DV（ドメスティックバイオレンス）・アレルギー・疾患などの配慮を要するケースには，保育所や認定こども園だけで対応できないことが多く，多様な専門機関・施設や専門職との連携が必要とされている。さらには，保護者が抱える不適切な養育，育児不安，発達・成長の遅れの心配などの各種子育て相談の対応に加え，保護者自身のメンタルヘルス，知的な障がいや発達の遅れ，家族問題（DV），日本語の理解不足（外国籍）など，複雑多種の課題に対する知識や専門性が求められているのである。このような状況に対応するため，2017（平成29）年に保育所保育指針や幼保連携型認定こども園教育・保育要領が改正され，保育と心理と福祉との連携に力点が置かれ，多様多種の専門機関・施設や専門職との連携がより重視された。2018（平成30）年には保育士養成課程が改正され，保育と心理と福祉を連関的かつ複層的に学べる内容となり，より具体的な援助場面での様々な対応内容が加味された。

　一方，社会福祉士や精神保健福祉士は，ソーシャルワーク専門職といわれながらも，児童分野においては主に児童相談所や入所型児童福祉施設における専門相談に活躍の場が限定され，子育て支援や保育分野については門外漢な状況があった。しかし，近年は障がい児の相談支援・ケアマネジメントや教育分野

におけるスクールソーシャルワーク，子ども・若者総合相談センター，子育て世代包括支援センター，市区町村子ども家庭総合支援拠点等にも活躍の場が大きく広がり，今後は保育ソーシャルワーク分野にも広がる予定である。つまり，国が "**地域共生社会**（年齢・性別・国籍や障がいの有無，生活背景・経歴などに関係なく，誰もが生きがいをもちながら安心して住み慣れた地域で暮らせる社会）の構築"を推進する中で，社会福祉士は中心的な役割を担う専門職と位置づけられ，社会福祉士や精神保健福祉士にもあらゆる分野を網羅した支援や援助が求められているのである。そのため，2021（令和3）年度入学生よりカリキュラムが改正され，旧科目「児童や家庭に対する支援と児童・家庭福祉制度」が新科目「児童・家庭福祉」へと改正された。科目内容には子育て支援・保育現場との連携や家庭を取り巻く状況などに関する内容が大幅に加味され，児童・家庭に対する多岐にわたる具体的な支援事例や対応策を盛り込んでいる。さらには，社会福祉事業法時代から続いてきた「措置や処遇を基盤に置いた保護されるべき児童」への援助から「**権利主体の存在としての児童**」への支援という考えに大きくシフトした。しかしながら，精神保健福祉士のカリキュラムの中に，「児童・家庭福祉」が位置づけられなかった。これは，社会的な状況に鑑みれば大きな課題である。

　なお，これまで「児童」を権利主体の存在として援助や支援の対象とする「児童福祉（子どもの福祉）」と保護者や家族に対する援助や支援をする「家庭福祉（家族福祉）」が，それぞれ独立科目として発展してきた経緯がある。しかしながら，現在は「児童福祉」と「家庭福祉（家族福祉）」を両輪として一体的かつ包括的に捉え，援助や支援を進めることが，よりよい養育環境や発達・成長につながっていくと考えられている。そのため，本書では児童と家庭に関する福祉について「児童・家庭福祉」と包括的な文言で表記している。ただし，乳幼児領域における支援や援助に鑑みて，「親子分離（母子分離）」が十分に進んでおらず一体的に援助や支援を行う方がよい場面の記述については「子ども家庭福祉」と記述していくこととする。

（2）子ども・児童とは

　「子供（子ども）」と聞いて，どのような存在を思い浮かべるだろうか。

　長年，「子供（子ども）」は「成熟していない者や未熟な存在」とみなされ，「下に見る」という主観を含んで「大人」や「一人前」の対置概念として用い

表　各種法律等における児童の定義

法律等の名称	児童の定義
児童の権利に関する条約（第1条）	満18歳未満の者を児童という
児童福祉法（第4条）	18歳未満の者を児童という。児童は，乳児（1歳未満の者）・幼児（満1歳以上で就学前の者）・少年（就学後の者で18歳未満の者）に分類できる
学校教育法（第17条）	満6歳に達した日の翌日以降における最初の学年の初めからで満12歳に達した学年の終わりまでの者を学齢児童の者，満12歳に達した日の翌日以降における最初の学年の初めから満15歳に達した学年の終わりまでの者を学齢生徒という。
少年法（第2条）	「少年」とは，20歳に満たない者をいい，「成人」とは，満20歳以上の者をいう
母子及び父子並びに寡婦福祉法（第6条）	満20歳未満の者を児童という
道路交通法（第14条）	6歳以上13歳未満の者を児童という。6歳未満の者を幼児という
労働基準法（第56条）	15歳に達した日以後の最初の3月31日が終了するまでの者を児童という

出所：筆者作成。

られてきた（第1章参照）。しかし1994（平成6）年に，日本が「児童の権利に関する条約（子どもの権利条約）」に批准した際，「親の付属者」や「大人から下に見られる存在」という歴史的・文化的背景から脱却し，「児童（子ども）の最善の利益や権利」を認め守る立場から，「子供」ではなく「子ども」と表記されることが多くなった（第3章参照）。そのため，本書では主語として「児童」の存在を表記する場合は「子ども」を用いる。

　また，「児童」と聞いて，どのような存在を思い浮かべるだろうか。

　「児童」は，「子ども」よりも，より客観的な意味の言葉として用いられ，「年齢的に幼い者（成人でない者）」を指しており，日本において法律や制度が制定される際には，「児童」という言葉が用いられてきた（第1章参照）。そのため，本書で法律や制度に関して記述する際は，「児童」をそのまま用いることとしている。

　では実際に日本においては，「児童の年齢区分」をどのように定めているのだろうか。実は，法律や制度によって異なっているという現状がある（表）。

（3）子どもにとっての家族や家庭

　「ヨーロッパ価値観調査」（1990）の結果，「96％のヨーロッパ人にとって，最も重要で価値あるものは『家族』」で，「アジア価値観調査」（1998）の結果，「92％の日本人にとって，最も重要で価値あるものは『家族』」であった。個人主義が横行していると揶揄される欧米や日本で，人々が最も重視している価値観は，「金銭」でも「友人」でも「娯楽」でもなく，従来から「家族（家庭）」であった。

　世界77か国を対象に2017年から2021年にかけて第7回世界価値観調査を実施した結果，これまでの調査結果や諸外国と同様に日本人の99％が「家族（家庭）」（第1位）を重視していた。さらに，日本人は「余暇時間」（第21位）を重視し，「仕事時間」（71位）を重視していないことがわかった。これは，勤勉に働きすぎてバーンアウトしたり精神的な疾患を発症したりする状況が増加していることが影響している可能性も少なくない。組織や職場に従い，無理をしすぎることが必ずしも良い結果につながっていない状況から，ワークライフバランスを重視する傾向が高まっていることが明らかとなった。また，日本人は「母親がお金のために働くと子どもに迷惑が掛からない」（第4位）と思っている割合が高く，ジェンダーの平等意識も高い状況にあった。これは，男女共同参画の法制度や意識啓発が進み，働く女性が年々増加している結果であるともいえる（第10章参照）。親が子どもに身に付けさせたい能力として，日本人は他国の人々に比して，「決断力・忍耐力」（2位）「想像力・創作力」（第7位）「節約心」（第8位）「自主性」（第19位）が高く，「勤勉さ」（第68位）「従順さ」（第77位）が低かった。

　近年，「Father And Mother, I Love You !（お父さん，お母さん，私はあなたたちを愛しています！）」の各語句のアルファベットの頭文字をつなげると，「family（家族・家庭）」となる，という俗説が広まっている。あくまでも俗説ではあるが，「夫婦であっても，親子であっても，お互いを大切にし，常に相手のことを考え，思いやりをもって生活していること」は，とても素晴らしいことである。一方で，「mother（母親）」から「m（mind：心 or mirth：歓び，陽気 or mercy：慈悲，寛容）」を取り去ると「other（他人）」になるともいわれている。少産化できょうだいが少なくなったため，弟・妹や近隣の年少児等の子守や保育経験が少なく，冷凍食品の普及や外食・配達食による食事の準備の外部化等の影響で家事力の低下した女性が，結婚後に仕事と家事と育児という3

つを同時に熟さなければならなくなると，いくら夫が家事や育児の分担をしても，てんやわんやで余裕のない状況になってしまうだろう。これは母親に限ったことではなく，養育者が忙しく（心を無くす状況に）なれば，育児に対する歓びが見出せずわが子への愛情を感じられなくなり，子どもに対して不適切な関わり（maltreatment）を繰り返し，やがて虐待（child abuse）をしてしまう可能性もある。そのような状況では親子関係は崩壊しており，親子分離されれば，別々の生活を強いられることになる。まさしく他人（other）になってしまう。

　実際，近年，離婚家庭数の増加による母子家庭や父子家庭の増加，親などからの児童虐待によって親子分離（他人化：othering）して暮らす親子の増加，妊娠・出産が困難な夫婦等による養子縁組など，様々な家族形態の家庭が増加している。今日の保育者には子どもの家族の状況や家庭環境に応じた適切な援助が求められているのである。

（4）児童や家庭を取り巻く状況

　1989（平成元）年の**合計特殊出生率**は史上最低の1.57となり，社会に衝撃が走った。その後も出生率は年々減少し，2005（平成17）年には，合計特殊出生率は1.26と史上最低となった。その後少しずつ増加し，2015（平成27）年には1.46へと回復した。しかし，その後は再び減少に転じ，2020（令和2）年には1.34と低水準となった。長期間の出生率の落ち込みに加え，全人口に占める児童の割合が40年以上減少し続けている。さらには，2020年からの新型コロナウイルス感染症の感染拡大の影響で〝産み控え〟が起こり，今後は予想を超えて少子化が進む状況となっている（第1章参照）。

　しかし一方で，児童虐待や家庭内暴力（DV）の相談件数が増加を続けており（第13章・第14章参照），知的障害児や精神障害児も年々増加している（第15章参照）。また，全国の教育機関において，いじめや不登校の問題は，なかなか解決できずに多数存在している（第18章参照）。さらには，ひとり親家庭の増加や経済格差の拡大により，貧困児童が増加している（第11章参照）。加えて，6人に1人の児童が貧困児童となっている日本では，児童の貧困対策が喫緊の課題となり，効果的な対策が求められている（第17章参照）。そのうえ，都市部においては，保育所等の待機児童の問題が解消できずに社会問題化している（第8章参照）。

　少子化で子どもは減少しているのに，むしろ児童を取り巻く問題は複雑化し，

増加しているのである。一体どこに問題があるのだろうか。

　子どもにとって，また子どもの健やかな成長にとって，母親を中心とした家族は必要不可欠な存在である。出産，授乳，愛着関係の形成など，母親にしかできない役割がある。さらには，乳幼児期の健康保持，身辺介助，スキンシップ，生活習慣の学び，コミュニケーションの習得など，その多くを母親から学び影響を受ける（第9章参照）。このように，日本では，母親を中心として子育てが行われてきた。死亡，病気，障がい，就労などの理由で母親が保育できない場合，家族である父親やきょうだいが保育を代替してきた。家族が子育てをできない場合や，反対に疾患，障がい，非行等の子どもの状況により母親や家族が養育できない場合，児童福祉施設等が一部分や全部を代替し，セーフティネットの役割を果たしてきた（第12章参照）。愛着関係が十分に形成できない場合や虐待被害を経験している場合，貧困や発達障害などの生き辛さを抱えながらも周囲からのサポートを受けられない場合，保護者との軋轢や保護者の放任などにより，子どもは時に非行（違法行為や反社会的行為）に走ったり犯罪に手を染めたりする（第16章参照）。

　母親だけに任せず，父親を含めた家族がもっと積極的に子育てに関われば，愛着関係をよりよく形成できたり，保護者からのより適切な養育を受けられたり虐待発生等が抑止されることにより，子どもにとっては家庭環境がよりよいものになるはずである。また，福祉事務所や児童相談所と家庭，児童福祉施設と家庭がもっと積極的に相互連携し課題を共有すれば，様々な専門知識や技術や支援方法を有機的に働かせ，児童を取り巻く問題は少しずつ解決に向かうはずである（第5章参照）。

　歴史を振り返ってみれば，児童や家庭を取り巻く様々な施設や事業は，慈善活動家や社会事業家などの篤志家である先駆者が私財を投げ出し，汗と涙と努力を止めることなく，生涯をかけて実践し続けた結果，偉勲の結晶となって残してきた足跡である（第2章参照）。また国や地方自治体が，先達がともした"児童福祉の灯"を汲み取り，法律として体系化し事業として整備した結果，現在の児童家庭福祉に関する制度やサービスが形作られているのである（第4章参照）。公的機関（国や地方自治体など）が欠けても，民間（社会福祉法人や活動団体など）が欠けても，現在の日本の児童・家庭福祉は機能しない。いわば，私（専門職や地域の活動家など）と公（児童相談所や福祉事務所など）とのコラボレーション（協働）の結果，現在の児童福祉制度（施設・事業・サービスなど）が

機能しているのである（第6章参照）。

　このような時代背景が認識されたことにより，子ども・子育て支援法が整備され，2015（平成27）年4月より「**子ども・子育て支援新制度**」が始まった。幼保一体化が行われ，福祉や教育等の各機関や施設などがセクションを超えて連携し，地域や家庭がより強く結びつき，地域社会で子育てに取り組むことを推進している（第7章参照）。今後，社会全体で「子育て」を行うシステムが機能し，保護者や児童福祉施設・教育機関の専門職の意識が高まれば，子どもを育てやすい社会として発展していくはずである。

　近年の日本では，島国としての固有の文化を堅持しつつ，既成の法体系や制度の枠組みを土台として改善・改革が進められてきた。しかし，人口減少社会で現在の経済力を維持するためには，急激に出生率が上昇しない限り，海外からの出稼ぎ労働者や移住者に頼らざるを得ない状況が到来するだろう。つまり，これからは国際基準の「児童・家庭福祉（子ども・家庭福祉）」の視点や枠組みが必要となってくるのである（各章のコラム参照）。様々な民族や人種の増加が予測されるグローバル社会の中で，児童・家庭福祉（子ども・家庭福祉）にどのように取り組んでいく必要があるのか。現在の日本では，それらに対する本格的な法整備や制度創設はまだ本格的に始まっていないが，これから喫緊の課題として検討していかなければならない。その際に，普遍的に根底にあるべき理念が「**子どもの最善の利益（Children First）**」である。2015（平成27）年4月より始まった「子ども・子育て支援新制度」や，これから創設されていくだろう新たな枠組みや制度において，国の財政問題やサービス量不足の問題など大人の利益や都合を優先するのではなく，「子どもの最善の利益」を土台とした政策を展開することが必要である（第3章参照）。

　そしてついには，2016（平成28）年5月末に改正児童福祉法が成立し，同年6月に公布された。これまで1947（昭和22）年の児童福祉法制定時から，変わらず受け継がれてきた「理念規定」が大幅に見直されたのである。これまで幾度となく行われてきた法改正がマイナーチェンジ（小規模改正）だとすれば，今回の改正は抜本的な改正となるフルモデルチェンジ（大規模改正）である。児童福祉法の第1条から第2条（児童福祉保障の原理）において，「全て児童は，児童の権利に関する条約の精神にのっとり，適切に養育されること，その生活を保障されること，愛され，保護されること，その心身の健やかな成長及び発達並びにその自立が図られることその他の福祉を等しく保障される権利を有す

る」（第１条），「全て国民は，児童が良好な環境において生まれ，かつ，<u>社会</u><u>のあらゆる分野において，児童の年齢及び発達の程度に応じて，その意見が尊</u><u>重され，その最善の利益が優先して考慮され，心身ともに健やかに育成される</u><u>よう努めなければならない</u>」（第２条）と，児童が権利主体であることが明記された（下線筆者）。つまり，1994（平成６）年に日本が批准した「**児童の権利に****関する条約**」の基底となる理念である「**児童の権利主体保障**」「**児童の最善の****利益の優先**」が，22年を経てようやく国内法である児童福祉法の法理念の中に文言として明記されたのである。今回の抜本的な法改正により，児童虐待に関する発生予防から自立支援までの対策ならびに児童相談所の体制に関する強化（第13章参照），子育て世代包括支援センターの法定化（第８章参照），養子縁組，里親やファミリーホームへの委託推進，社会的養護施設による家庭的養護機能の強化（第12章参照）などが推進されることとなった。

（5）児童・家庭福祉のニーズと課題

　子どもをめぐる問題として，いじめ，不登校，非行等が挙げられるが，これらは人間関係が原因となっている可能性が高い。しかし，子ども同士の人間関係の調整や担当保育者や担任教師だけの力量で解決することは非常に困難である。そのため，人間関係のもつれを解きほぐし再構築するための援助が求められている。さらには，子どもをめぐる問題として，経済的貧困による医療や教育の格差，食生活の偏り，生活リズムの乱れ等がある。これらは，すべて家庭環境に関係する問題である。そのため，子どもだけでなく家庭を含めた支援を行っていく必要があるのである。

　また，子どものいる家庭で起こる問題として，両親の離婚や再婚，DV，児童虐待等が挙げられる。離婚・再婚による問題，DV 問題，児童虐待問題のすべてが人間関係の問題である。これらの問題の増加は，家庭内の環境や家族関係に以前からの変化が起きていることを示唆している。実際，現在の家族形態は三世代家庭，二世代家庭，ひとり親家庭といった分類にとどまらず，親の職業も農業・漁業，製造業，公務員といったいくつかの分類に当てはまる職業だけではない。

　これらの問題について，子どもや家庭だけで悩んだり，担当保育者や担任教師が責任を感じて問題解決を図ろうとしたりしても，より深い迷宮に入り，ますます問題を困難にしてしまうケースが少なくない。子どもや家庭，一人の専

門職の力量や責任だけで解決を図ろうとすることは，かえって問題を悪化させ，子どもや家庭，専門職を孤立させることにつながる場合が少なくないのである。

　子どもや家庭を取り巻く環境や人間関係に焦点を当て，問題を解決していくためには，ソーシャルワーク（相談支援や社会福祉援助技術など）がカギを握っているといえる。近年，小学校や中学校にスクールソーシャルワーカーが配置され，いくつかの自治体では幼稚園や保育所における保育ソーシャルワーク事業が開始されている。児童問題に対する「**早期発見・早期対応**」「**小1プロブレム**」の対応に鑑みて，文部科学省は2022年度から，幼児教育現場へのソーシャルワーカー派遣を決定した。しかし，ソーシャルワークだけで，問題を解決できるわけではない。

　昨今，親の働き方や職業も多種になり，多様な家族関係や家庭環境が増加している中で，パターン化した援助や問題解決策は通用せず，より高度で多面的な援助のあり方が求められている。そのため多様な専門職による援助が求められている。だからといって，医療の問題は医師に，法律の問題は弁護士に，心理的な問題は臨床心理士に，子育ての問題は保育士に，教育の問題は教師に，地域の問題は民生・児童委員に，福祉や生活の問題は社会福祉士に任せてアウトソーシング（丸投げ）するといったセクショナリズム（専門分化）した方法であってはいけない。医師，弁護士，臨床心理士，保育士，教師，民生・児童委員などの専門職とソーシャルワーカーが連携し問題を協議し，解決策や援助過程を共有していく中で，多面的で総合的な援助や解決が図られていくのである。

　しかし，最近，個人情報保護の問題により，専門職が子どもや家庭の情報を収集できなかったり，共有が難しかったりするケースもある。そのことによって問題が悪化したり，孤立したり，援助が遅れたりすることも少なくない。そこで，各施設や機関の専門職が，最初に関わる際に，子どもの権利が脅かされる時には，専門職や専門機関・施設・事業所などで情報を共有するための承諾をとっておくことが重要である。

　時の流れは早く，児童や家庭の問題もますます複雑化している。国・地方自治体・公共施設・専門職が危機を的確に察知し，必要に応じて効果的な対策をしっかりと手当てしなければ，対応が後手に回り，後で取り返しのつかないことになる。"**地域共生社会の構築**"に鑑みれば，国・都道府県・市町村はもちろん，専門機関・施設・事業所の各専門職が様々な知恵を出し合い相互に連携・協働して，次代を担う児童や家族の状況・家庭環境に応じて適切な援助を

行うことは，何よりも喫緊の課題であることはいうまでもない。その中で，保育者や社会福祉士・精神保健福祉士は中心的な役割を担うことを期待されている。

　一方で「温故知新」という言葉があるように，時代が変わったとしても，大切な心や意志を受け継いでいくことは大変重要である。本書を手に取られた人には，何かを感じ，何かを決意し，何らかの行動を始めていただきたい。そうすることが，未来の日本社会を変革させていく第一歩となっていくだろう。ぜひともあなた自身に，これから何をすべきか考えてほしい（エピローグ参照）。そして，「児童・家庭福祉」に関心をもち，将来児童に関わる仕事に携わったり，自ら子育てを行ったりする際に活かしてもらえれば幸いである。

注
(1) コマイユ，J.／丸山茂・高村学人訳（2002）『家族の政治社会学――ヨーロッパの個人化と社会』御茶の水書房。
(2) キサラ，R.／近藤光博訳（1999）「アジア価値観調査」南山宗教文化研究所『研究所報』9。
(3) 池田謙一（2021）「第 7 回世界価値観調査 Appendix」同志社大学・電通総研，51頁。
(4) (3)と同じ，3 頁。
(5) (3)と同じ，4 頁。
(6) (3)と同じ，17〜21頁。
(7) (3)と同じ，11頁。
(8) (3)と同じ，12頁。
(9) (3)と同じ，14頁。
(10) (3)と同じ，13頁。
(11) (3)と同じ，9 頁。
(12) (3)と同じ，10頁。
(13) 厚生労働省（2020）「総人口と人口構造の推移」『令和 2 年版少子化社会対策白書』2〜3頁。
(14) 厚生労働省（2021）「出生数，出生率の推移」『令和 3 年版少子化社会対策白書』4〜6頁。
(15) 厚生労働省（2016）「児童福祉法等の一部を改正する法律の公布について（通知）」（2016年 6 月 3 日雇児発0603第 1 号）。

第Ⅰ部

児童・家庭福祉の定義，制度と体系

第 1 章

児童・家庭福祉の定義と社会背景

　本章では，子どもや家庭，ひいては児童・家庭福祉の定義とは何かをまず考える。そのうえで，子どもやその保護者が生きていく社会がどのような状況にあるかを捉え，社会背景を探る。最終的にはこれからの児童・家庭福祉が念頭に置くべきワークライフバランスを理解する。経済的な課題が少子化にどのような影響があるかを考えることを基礎としているので，その点を意識して読み進めてほしい。

1　児童および家庭の定義と児童の権利

（1）児童の定義，家族の定義

　「児童（子ども）」とは何か，という問いを投げかけられた時，どのように答えるかは人それぞれ違うものとなるだろう。ある者は発達段階について答え，またある者は雰囲気などを答えるかもしれない。また「家庭」とは何かという問いに対しても，同様に様々な答えが出てくるであろう。では，「児童（子ども）」の定義，「家庭」の定義とは何であろうか。

　まず**児童（子ども）**について，1989年に国連で採択された「**児童の権利に関する条約（子どもの権利条約）**」では，第 1 条において「この条約の適用上，児童とは，18歳未満のすべての者をいう」と記されている。また，わが国の児童・家庭福祉の根幹をなす法律である児童福祉法では，その第 4 条に次のようにある。

> 第 4 条　この法律で，児童とは，満18歳に満たない者をいい，児童を左のように分ける。
> 　1　乳児　満 1 歳に満たない者

> 　2　幼児　満1歳から，小学校就学の始期に達するまでの者
> 　3　少年　小学校就学の始期から，満18歳に達するまでの者
> 　この法律で，障害児とは，身体に障害のある児童，知的障害のある児童，精神に障害のある児童（中略）又は治療方法が確立していない疾病その他の特殊の疾病であつて障害者の日常生活及び社会生活を総合的に支援するための法律（平成17年法律第123号）第4条第1項の政令で定めるものによる障害の程度が同項の厚生労働大臣が定める程度である児童をいう。

　このように法的には，年齢を用いて児童を定義づけている。
　次に「家庭」の定義であるが，家庭に似た言葉に家族がある。この家族，家庭の定義は学術的に様々な見方があるが，家族とは血縁者を中心に構成される共同生活の単位となる集団であり，家庭はその家族が形成する「場」「集団」とを指すものとして認識されているのが一般的である。

（2）子どもの権利と児童，家庭の関係

　次に，子どもと家庭の関係性を考える。子どもも大人と同じ人であり，権利を有している。たとえば，1948年に国連にて採択された世界人権宣言には，「すべての人間は生まれながらにして自由であり，かつ尊厳と権利とについて平等である」として，自由権，社会権を規定している。この宣言の対象には当然児童も含まれている。さらに前述した「児童の権利に関する条約」では，児童が有する権利について，①児童の生存・保護・発達に関するもの，②児童の最善の利益，親の第一次的養育責任等児童の特性に配慮したもの，③児童の意見表明，思想・良心の自由等成人と同等の権利を認めるものが定められている[(1)]。この中で，着目したいのは「児童の特性に配慮したもの」である。つまり，子どもという年齢的にまた未発達の段階では，大人と同様に権利を使うことや，生活すること自体が難しいという点について，親が第一次的な養育責任を負うこととなっているということだ。言い換えれば，親やその子が所属する家族，家庭が子どもの育成について，まずは責任を負うということである。しかし，その家庭に問題があった場合，子どもの権利が侵害されることも当然考えられる。したがって，家庭だけで児童の養育をなすこととするのではなく，社会全体で子どもの養育に責任をもち，かつ子どもの養育責任を負っている家庭に対しても社会全体で支援を行うことが求められているのである。

（3）児童・家庭福祉の定義

　ここで，触れておきたいことがある。それは前述した「児童の権利に関する条約」が1989年に国連で採択されたにもかかわらず，日本が批准したのは1994年であり，条約の考えをもとに児童福祉法が改正されたのが2016（平成28）年というところである。当初は，**児童福祉法**，**児童憲章**等により，児童の権利に関する条約の精神は満たされたものと考えられていたが，社会の変容に伴い，後述される児童虐待等のような，深刻で複雑化した問題が顕在化した。またそれは，子どもだけの問題ではなく，家庭を取り巻く環境の問題でもあることの理解が進み，権利を有する子どもとしての存在の明確化が盛り込まれた経緯がある。これにより，家庭という環境で安定した生活を送ることにより，発達を保障されることの必要性が明文化されたのである。しかし，それでも家庭での養育が困難な場合，家庭に近い環境で養育することが**公的責任**，社会的な責任として果たされるべきであることも盛り込まれている。これが**社会的養育**，**社会的養護**につながっていく。

　このように考えた際に，子どもと家庭に対する支援，つまり児童・家庭福祉は，子どもの養育，発達等の権利を護ること，その子どもが所属する家庭に対しても支援を行うことで，子どもの養育，発達の権利を保障するというものと理解してよいだろう。極端な例を出せば，2011（平成23）年に厚生労働省が示した「社会的養護の課題と将来像」には「社会的養護は，保護者のない児童や，保護者に監護させることが適当でない児童を，公的責任で社会的に養育し，保護するとともに，養育に大きな困難を抱える家庭への支援を行うことである」とあるが，「保護者のない児童や，保護者に監護させることが適当でない児童」の部分をそのまま「児童（子ども）」という言葉だけに置き換えても差し支えないと考えられる。つまり，児童・家庭福祉とは，すべての子どもを，家庭を含めた社会全体で養育するための支援，加えて，その養育に対して家庭への支援を行うことである。

2　現代の児童・家庭を取り巻く環境

（1）少子高齢化

　では，子どもと家庭を取り巻く社会環境について考えていこう。わが国の現状を考える際に避けて通れない課題として，**少子高齢社会**というものがある。

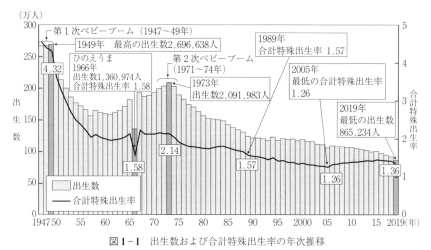

図 1 - 1　出生数および合計特殊出生率の年次推移

出所：内閣府（2020）『令和 2 年版少子化社会対策白書』（https://www8.cao.go.jp/shoushi/shoushika/whitepaper/measures/w-2020/r02pdfhonpen/pdf/s1-2.pdf　2021年 9 月29日閲覧）。

　これは，子どもの出生数が減少し，子どもの占める人口割合が低くなる少子化と，65歳以上の高齢者の人口が占める割合が高くなることが同時に起こっている社会のことをいう。

　図 1 - 1 は，わが国の出生数と合計特殊出生率の年次推移である。出生数とは，その年ごとに生まれた子どもの数を示す。合計特殊出生率は15～49歳までの女性が生涯に出産すると考えられる平均の数を示す。この 2 つの指標をあわせて図示したものが，図 1 - 1 である。ポイントとして，出生数については，1973（昭和48）年以降は基本的に減少傾向にあるという点，そして，合計特殊出生率が2019（令和元）年で1.36となっているということである。2020年（令和 2 ）年度はこれが1.34となっている。現在のわが国の人口を維持するには合計特殊出生率が2.07程度必要とされている（人口置換水準）が，それを大きく下回っている。

　このことを図 1 - 2 でみてみよう。図 1 - 2 は2019（令和元）年のわが国の人口ピラミッドである。これをみてもわかる通り，下にいくほどグラフが短くなっている。つまり，出生数が減少している。同時に65歳以上の人口が，19歳までの人口を超えている。これは，日本の社会福祉に関する施策は社会保険料や税金によって運営されているので，高齢者福祉を維持するためには，税金の増加，保険料の増加を若い世代が負担する必要があることを示している。さら

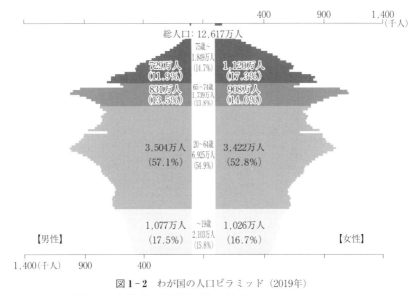

図 1 - 2　わが国の人口ピラミッド（2019年）

出所：厚生労働省（2020）『令和 2 年版厚生労働白書』（https://www.mhlw.go.jp/stf/wp/hakusyo/ kousei/19/backdata/01-01-01-04-02.html　2020年 9 月29日閲覧）。

にいえば，少子化により社会福祉を中心とした施策のみならず，税金で賄われている様々な施策も成り立たなくなる可能性，人材不足でサービスが提供できなくなる可能性が危惧される。

（2）少子化の要因

　なぜこのような少子化となったのかを考えてみたい。しかし，そこには数多くの要因がある。ここでは，「就労状況」という点から考えてみたい。

　図 1 - 3 は若者の**非正規雇用**の割合を示したグラフである。これをみると，24歳までの若者の非正規雇用割合が，男性47.6％，女性56.2％と高い割合を示している。また，年齢が25～34歳となっても，男性で約1.4割，女性で約 4 割が非正規雇用となっている。つまり，安定的な収入がいつ断たれてもおかしくない状況にこれだけの割合の若者が立たされているということである。

　その結果として図 1 - 4 をみると，20代は所得のピークが低い割合となり，30代は所得自体が減少傾向となっている。つまり，これから結婚をし，家庭を築く若年層が過去と比較して経済的な不安定さを抱えていることがわかる。

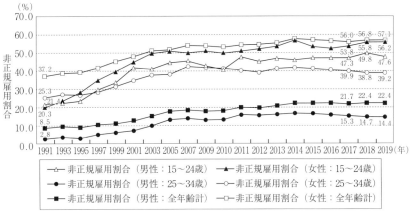

図1-3　若者の非正規雇用割合の推移

注：1）非正規雇用割合については，2001年までは「労働力調査特別調査」（2月調査），2002年以降は
　　　「労働力調査（詳細集計）」（1～3月平均）による。
　　　調査月（2001年までは各年2月，2002年以降は1～3月平均の値）が異なることなどから，時系列
　　　比較には注意を要する。
　　2）労働力調査では，2011年3月11日に発生した東日本大震災の影響により，岩手県，宮城県及び福
　　　島県において調査実施が一時困難となった。
　　　ここに掲載した，2011年の数値は補完的に推計した値（2005年国勢調査基準）である。
出所：内閣府（2020）『令和2年版少子化社会対策白書』（https://www8.cao.go.jp/shoushi/shoushika/
　　　whitepaper/measures/w-2020/r02pdfhonpen/pdf/s1-4.pdf　2021年9月29日閲覧）。

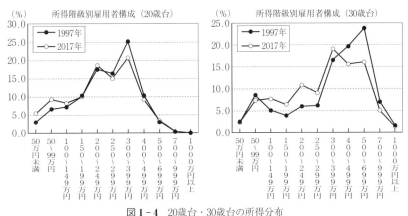

図1-4　20歳台・30歳台の所得分布

注：所得が不詳の者は除いて算出している。
出所：内閣府（2020）『令和2年版少子化社会対策白書』（https://www8.cao.go.jp/shoushi/shoushika/
　　　whitepaper/measures/w-2020/r02pdfhonpen/pdf/s1-4.pdf　2021年9月29日閲覧）。

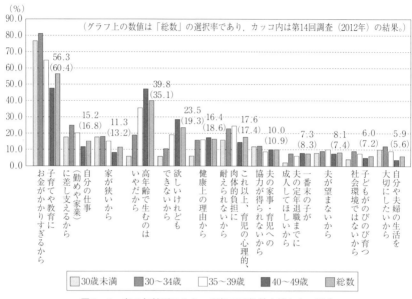

図1-5　妻の年齢別にみた，理想の子供数を持たない理由

注：対象は予定子供数が理想子供数を下回る初婚どうしの夫婦。予定子供数が理想子供数を下回る夫婦の
　　割合は30.3％。

出所：内閣府（2020）『令和2年版少子化社会対策白書』（https://www8.cao.go.jp/shoushi/shoushika/
　　whitepaper/measures/w-2020/r02pdfhonpen/pdf/s1-5.pdf　2021年9月29日閲覧）。

　さらに図1-5をみると，いざ結婚し家庭をもっても子育てや教育にお金が
かかりすぎるという理由で出産をためらうことがわかる。このような状況を整
理すると，経済的な理由によって結婚，出産をためらうという状況が生まれる。
結果として，結婚費用が貯蓄されるまで結婚しない晩婚化，過去と比べて出産
時期が遅くなる晩産化ということとなり，少子化を招くこととなる。それ以外
にも，結婚の必要性を感じない，自由さや気楽さを失いたくないなどのように，
従来の価値観の変化も見受けられる。言い方を変えれば，従来考えられていた
ような就職し，結婚し，子育てをするというライフサイクルが大きく変化し，
多様化したということになる。

　ここまでをまとめれば，現代は男性，女性問わず，多様な生き方ができるよ
うになったが，いざ結婚ということになると経済的な不安定さがあり，踏み切
れない状況になるということがわかる。当然，経済的な不安定さのみが少子化
の要因ではないが，大きな要因のうちの一つであることは明確である。

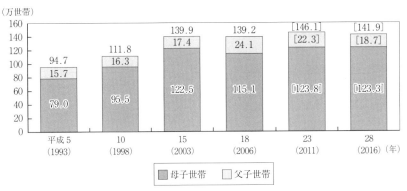

図 1 - 6　母子世帯数及び父子世帯数の推移

注：1）平成23年以前は，厚生労働省「全国母子世帯等調査」，平成28年は厚生労働省「全国ひとり親世
　　　帯等調査」より作成。
　　2）各年11月 1 日現在。
　　3）母子（父子）世帯は，父（又は母）のいない児童（満20歳未満の子供であって，未婚のもの）が
　　　その母（又は父）によって養育されている世帯。母子又は父子以外の同居者がいる場合を含む。
　　4）平成23年値は，岩手県，宮城県及び福島県を除く。平成28年値は，熊本県を除く。
出所：内閣府男女共同参画局（2021）『令和 3 年度版男女共同参画白書』（https://www.gender.go.
　　jp/about_danjo/whitepaper/r03/zentai/html/zuhyo/zuhyo01-06-06.html　2021年 9 月29日閲覧）。

（3）子どもを取り巻く環境

　少子化が進み，子どもの数が少なくなれば，それだけ手厚くケアできると考
えられがちだが，残念ながら現状そのようにはなっていない。

　2020（令和 2 ）年の速報値で，各児童相談所が対応した児童虐待相談件数は，
20万5029件と報告された。この数値は相談件数で，深刻ではないものも含まれ
ているとしても大きな数である。また，あくまでも対応件数であるため，潜在
化している**児童虐待**はまだ相当数あるものと考えられる。児童虐待数の増加は，
DV の増加に起因するところが大きい。たとえば両親の一方がもう一方に対し，
暴力を振るうとする。その様子を子どもが目の当たりにする。これは**面前 DV**
と呼ばれる。その子どもは心理的虐待の**被虐待児童**となるのである。

　児童虐待以外にも児童を取り巻く環境は問題が多くある。たとえば，いじめ
の問題がある。文部科学省の調査によれば，2019（令和元）年度の小・中・高
等学校および特別支援学校におけるいじめの認知件数は61万2496件であり，前
年度に比べ 6 万8563件（12.6％）[3]増加している。また自殺も年間で300人以上[4]と
なっている。

　また，ひとり親家庭の問題も考えなければならない。図1-6はわが国のひとり親世帯の数をグラフ化したものであるが，母子世帯，父子世帯あわせて141万世帯がひとり親世帯となっている。またこのうち，母子世帯の3割が年間所得200万円未満となっており，生計を成り立たせることが苦しく，子どもの養育に著しい影響がある。このような現状の結果として，自分の親のもとで育つのではなく，里親，児童養護施設を含めた社会的養護を受ける子どもの数は約4万5000人となっている。⁽⁵⁾

3　児童と家庭を支援するこれからの社会のあり方

　ここまでみてきたように，子どもを取り巻く環境，家庭を取り巻く環境，社会や経済的な課題などは子どもに大きく影響する。では，この問題を解決する手段はないのであろうか。

　ここで考えたいのは，児童・家庭福祉は児童とその家庭を支援するということであり，これを社会的な問題として捉えることの重要性を浸透させる必要性である。2007（平成19）年に「仕事と生活の調和（ワーク・ライフ・バランス）憲章」および「仕事と生活の調和推進のための行動指針」が策定された。ここには，「仕事と生活の調和が実現した社会とは，『国民一人ひとりがやりがいや充実感を感じながら働き，仕事上の責任を果たすとともに，家庭や地域生活などにおいても，子育て期，中高年期といった人生の各段階に応じて多様な生き方が選択・実現できる社会』」とある。多様な生き方，生活を実現するには，仕事と生活の調和が大切であることが書かれているが，つまりは現状それができていないということである。仕事だけ，生活だけの生き方ではなく，自分の生き方を大切にすることで人生は豊かなものとなる。児童がこのような社会で生きていけるよう，大人がその準備をすること，このような社会を築けるように努力をすることが求められるのである。

　本章を執筆している現在は新型コロナウイルス感染症の感染が拡大しているが，このことはテレワークや在宅時間の増加という側面も生み出した。旧に復するのではなく，いかに社会や生活をよりよいものにしていくかが最大の児童・家庭福祉の課題ではないだろうか。

注

⑴　柏女霊峰（2000）「児童の権利に関する条約」山縣文治・柏女霊峰編集委員代表
　　『社会福祉用語辞典（第 9 版）』ミネルヴァ書房，143頁。

⑵　内閣府（2020）『令和 2 年版少子化社会対策白書』（https://www8.cao.go.jp/shoushi/
　　shoushika/whitepaper/measures/w-2020/r02pdfhonpen/pdf/s1-4.pdf　2021年 9 月
　　29日閲覧）。

⑶　文部科学省（2019）「令和元年度　児童生徒の問題行動・不登校等生徒指導上の
　　諸課題に関する調査結果の概要」（https://www.mext.go.jp/kaigisiryo/content/
　　20201204-mxt_syoto02-000011235_2-1.pdf　2021年 9 月29日閲覧）。

⑷　⑶と同じ。

⑸　厚生労働省（2021）「社会的養育の推進に向けて（令和 3 年 5 月）」（https://www.
　　mhlw.go.jp/content/000833294.pdf　2021年 9 月29日閲覧）。

⑹　厚生労働省「仕事と生活の調和」（https://www.mhlw.go.jp/stf/seisakunitsuite/
　　bunya/koyou_roudou/roudoukijun/shigoto/index.html　2021年 9 月29日閲覧）。

⑺　内閣府「仕事と生活の調和推進サイト」（http://wwwa.cao.go.jp/wlb/govern
　　ment/20barrier_html/20html/charter.html　2021年 9 月29日閲覧）。

参考文献

喜多一憲監修／堀場純矢編（2020）『子ども家庭福祉』みらい。

中坪史典・山下文一・松井剛太・伊藤嘉余子・立花直樹編集委員（2021）『保育・幼
　　児教育・子ども家庭福祉辞典』ミネルヴァ書房。

学習課題

①　本章の内容を振り返り，児童・家庭福祉の理念をあなたの言葉で説明してみよう。

②　自分が居住している地域で生活するにはどれだけの費用が必要か考えてみよう。
　　また子育てを行うとしたら，どれくらいの生活費が必要になるか考えてみよう。

第2章

児童・家庭福祉の歴史的展開

　今日，家庭や地域において子どもを生み育てることに関わる課題が多く指摘されている。それは現在に限って存在しているわけではない。古くからあり，長らく対応されないままにきていることや，社会の共有の捉え方になっていないこと，また，その時代における社会背景や他の問題と関連して解決されていないこと等，様々な理由で現在の問題が存在している。歴史を学ぶということは，過去の経験から学び将来に生かすという意味で児童・家庭福祉の領域を検討するうえでもとても大事なことである。

　本章では児童・家庭福祉の歴史を，現在の社会福祉の制度ができる以前の時代から現在に至るまで概観する。その中で起こっていた児童，家庭に関わる問題に制度的に，あるいは民間の支援によってどのように対応してきたのか，また課題として残されてきたものは何があるのかについて確認をし，問題の解決や将来の課題に対して展望をできるようになることを目的とする。

1　イギリスにおける児童・家庭福祉成立までの歴史的展開

　日本では，日本国憲法をはじめとして児童福祉に関わる法制度が成立，展開していくのは第二次世界大戦後のことである。憲法に規定されている国民に対する社会保障とあわせて，子どもや家庭に対しての福祉は形成されてきたものである。それ以前の時代に個人的にあるいは組織的に行われていた児童の保護や，親に代わって行われていた養育は，現在の児童福祉の制度のもとにあることとは異なることがある。しかし，現実的には窮乏している生活にある子どもの命を救ったり，保護，養育をしたりということは古くから国内外において様々な者によって行われてきた。人々の子どもを護ろうとする営みの源泉と，その歴史をたどっていくことによって，子どもを護り，養育することの意義と

現代の児童福祉の意義を確認する。

　以下では，近代から産業革命や市民化などの展開の中で，社会保障の制度化まで進められていった経緯が明確にみられるイギリスを中心とした歴史的展開を示していく。国家の統一がなされるまでの社会では，その土地それぞれの権威者がその統治範囲内で作物等の作成物を収めることによって，その範囲の中で扶助をするという関係が成り立っている。保護，育成する者がいない児童や困窮状態にある児童に対する社会的な児童の救済，保護から福祉としての援助に至るまで，その歴史は社会保障，社会福祉までの歴史的展開の中で変遷がみられる。公共的な救済を行う制度は，国ごとに歴史的変遷がある。封建的な権力の崩壊と中央集権の発達によって貧民保護を国として行っていくこととなる。特にイギリスは，継続的に国家的責任として救貧対策を展開し，政策として社会保障へと発展していくこととなった。

（1）エリザベス救貧法の展開

　救貧法の前史として，中世の封建社会では，荘園における封建領主と農奴という社会関係が基盤になっていた。荘園の領主は領民に対して，農奴を自分の財産や隷属するものとしていた。農作物を集めることと同時に，領主は飢饉などの非常時には慈恵的救済を行っていた。あわせて荘園内における農奴の生活は村落共同体として相互の扶助も基本的な関係性であり，地縁的，血縁的関係は農奴の生活を規制するものでもあった。相互扶助機構の中で共同体内において孤児，棄児，私生児たちは養育されていたが，その中で扶養されない児童は乞食をするほかなかったといわれている。また，キリスト教の教区においては，貧民や困窮者を援助する資力を蓄えた共同体として，慈善により，救貧院（almshouse）や救治院（hospital）で救済，養育が行われていた。そして，その中には，里子や徒弟に出されていた子どもたちもいた。

　絶対王制成立による中央集権化が進むと，封建家臣団は解体され，修道院の解散等により権威が奪われた。経済的には銀の流入などによりインフレーションが進行した。13～14世紀における耕地改善のための土地の囲い込み，さらに15世紀後半の毛織物の輸出の増大，羊毛の需要増加，農地を牧場に変えるための囲い込みが行われ，人々が都市に流入するようになった。そのことによって，都市では浮浪者や窮乏している貧民が社会問題となった。救貧対策が必要とされた。共同体内部の相互扶助的養育に吸収されなかった児童はキリスト教の僧

院や救貧院，救治院で養育された。

（2）資本主義の成立と児童問題の発生

　新たな貧困問題に対して，労働に就いていないものを強制的に労働させることで問題解決を図り，1349年に英国労働者条例が出された。これは「労働可能で60歳以内の自活の手段のない人はすべて，男でも女でも命ぜられた仕事に法定賃金で従事すべきこと，命ぜられた仕事を拒否する者は投獄される」ことを規定していた。⁽¹⁾そして，労働不能，虚弱な貧民への考慮もなく，抜本的な貧困問題の解決をめざしたものとはなっていない。

　産業革命後，それまで糧を得ていた農地などが牧羊地に転換され，労働と生活の基盤を失う者が大量に現れ，都市に流入していった。絶対王政による中央集権国家の安定をめざし，社会秩序の混乱の解決策として，立法措置を講じ，国家施策として貧困問題に対処するために，救貧法を規定していくこととなった。イギリスで問題となっていた乞食，浮浪者の問題を解消する目的で，1530年「乞食および浮浪者の処罰に関する法律」が出され翌年施行された。働くことができない貧民は法の規定のもとに乞食を認め，働くことができるものの乞食は禁止し，強制的に故郷に返して仕事に就くべきとし，労働可能なものの乞食や浮浪を罰するとした。⁽²⁾しかし，問題の解消とはならず，1536年「強壮な浮浪者と乞食の処罰のための法律」が出された。⁽³⁾救貧法の起源とみなされている法令である。この法令は浮浪乞食，施与の禁止とより強固な方策をつくり，貧民を都市から帰還させようとしていた。児童に対しても「怠惰な生活をしたり，乞食をしたりするような状態にある5歳以上14歳以下の児童は都市や町の役人によって農業やそのほかの手仕事ないし労働に徒弟に出される」べきと規定していた。⁽⁴⁾乞食や物貰いが禁止され，都市から追い払われた。強健な労働者でも職業を必ず見出しうるとは限らないということを認め，仕事を提供する責任を教区に課すものであった。

　その後も，徒弟就労の強制として労働義務の強調と労働条件の規制が進められ，**エリザベス女王 I 世**統治のもと，1601年の**救貧法**（「貧困者の救済のための法律」）が出された。これは，中央集権的な機構の確立によって貧民の管理を徹底するものであり，これまでの施策の集大成として再編統合されたものである。⁽⁵⁾救貧法は，貧困者の救済のための法律として，中央集権的な機構の確立によって貧民の管理を徹底した。この中では，対象による分類処遇がなされ，有

能貧民（働くことができる貧民），無能力貧民（働くことができない貧民），児童で
分けられた。有能貧民には労働が強制された。労働を拒否する者は罰せられた。
無能力貧民には救済が与えられた。児童は原則として教区徒弟となる**徒弟制度**
が利用された。

　教区徒弟のみならず，労働している子どもの状況は，不衛生な環境下で長時
間の労働を強いられるなど悲惨な状態であった。教区徒弟最大の雇用者の一人
でもあった**ピール**（R. Peel）ら人道主義的な立場からの提案，努力などから，
1802年「教区徒弟の健康と徳性を保護するための法律」が制定された。作業環
境の規制，労働条件の規制，教育条項，実施規定等の内容を含むものであった。
救貧法下の労働の改善を意図しており，最初の工場法といわれている。

　その後，教区徒弟以外の児童も多くが工場労働に従事する状態になっていた。
いわゆる法の制約を受けない救貧家庭の「自由な児童」である。家族を養うた
めの賃金労働に就いていたが，労働に就く児童の状況は劣悪で，多くの死も
あった。このような状況の中で，1819年「綿工場の規制とそこに雇用される年
少者の健康の一層の保護の為の法律」，1833年「連合王国の工場の児童・年少
者の労働を規制する法律」など，児童の労働を規制する動きがみられた。

　しかし，低い賃金の工場労働，農村の労働者の窮民化などの問題は解消され
なかった。そして，**マルサス**（T. R. Malthus）の「人口論」をはじめ，救貧法
による救済は依存をする貧民を増やしているなど，救貧法反対の立場の主張が
なされた。そして，王立委員会による救貧法運用の調査，検討がなされ，救貧
法改正に際し，多くの乱用が発見されたことなどから，より厳しい救貧の規制
の内容であるべきとなり，1834年に**新救貧法**が出された。この特徴は①均一処
遇の原則：全国統一的な救貧行政，②**劣等処遇の原則**：救済は労働者の最低水
準以下の設定，③労役場制度：労働可能な貧民の在宅救済を禁止、の３つの内
容であった。より厳しくなった貧民の救済に，児童労働の規制も進まず，困窮
児童の保護や救済については民間の慈善，救済などによることとなった。

　民間による救済として著名なものは，資産家の**バーナード**（T. J. Barnardo）
によって，1870年に**バーナード・ホーム**がロンドンに設立された。1876年には
13の小舎からなる**ヴィレジ・ホーム**が設立された。(6)バーナードが死去する1905
年まで，約６万人の貧窮児童の保護が行われたといわれている。(7)

　1838年救貧法委員会では，労役場が受救貧民を減少させるどころかその再生
産の場になっている問題が指摘され，児童へ読み書き，キリスト教教育や勤勉，

25

徳行の習慣を身に付けさせるように訓練が必要という検討の結果により，のちに児童は分類収容されることとなった。しかし，現実的に対応は不十分で，不衛生な状況も改善されるに至っていなかった。

　1880年代には，ブース（C. Booth）がロンドン市民の生活実態調査「ロンドン市民の生活と労働」でロンドン市民の30.7％が貧困に苦しんでいることを明らかにした。ラウントリー（B. S. Rowntree）はヨーク市調査などで，イギリスの都会人口のおよそ３分の１は貧困状態にあり，それは低賃金，多子，賃金稼得者の置かれる状況が主な原因であり，貧困を資本主義的な社会問題として提示した。個々の労働者の無能力や不節制，怠惰の結果ではないということを明らかにしたのである。特に，児童の貧困については，14歳以下の児童の３分の１から２分の１が貧困線以下の生活を送っているということから，懲罰的・社会防衛的・隔離的な処遇内容を改革し，劣等処遇の原則から近代的人権意識による救済への転換が求められていくこととなった。児童虐待防止の運動から1883年にリバプール児童虐待防止協会がアグニュー（T. F. Agnew）らによって設立された。その後1889年に全国児童虐待防止協会（NSPCC）設立，同年児童虐待防止法が制定された。

　そして，第二次世界大戦以降のベヴァリッジ報告を踏まえた社会保障体制に進んでいく。ベヴァリッジ報告は第二次世界大戦中に政府から諮問を受けたベヴァリッジ（W. H. Beveridge）がイギリスの社会保険や関連サービスについて立てた改革プランである。社会保険にとどまらず，戦後の国家復興に向けた包括的なプランに基づいている。戦後の国家の再建を阻む課題として，窮乏，疾病，無知，不潔，怠惰（無為・失業）ということを「五つの巨人」にたとえて，それに対応する所得保障，包括的な保障およびリハビリテーションサービス，教育，住宅供給，雇用の維持政策を包括的に展開する必要性を示した。資本主義社会における福祉国家システムのモデルとして，イギリスのみならず多くの国に影響を与えたと評価されている。

　児童に対する保護に関わることでは，一般家庭，産業の場での虐待が引き続き起こっていた。

2　日本における児童・家庭福祉前史と児童福祉法の成立

（1）近代以前の児童の救済，保護

　児童福祉の前史として，仏教徒の慈善や天皇，皇后等の超越的権威に基づく慈恵的な救済があった。その代表的なものとして，聖徳太子の時代の四天王寺，四箇院のうち光明皇后の悲田院では，「鰥寡孤独不具廃疾者」を救済するとされていたものであるが，その中に孤児，棄児も含めて収容保護にあてたとされている。

　その後，封建権力により救済が行われていたが，児童の労働が搾取され，酷使されたり，売り買いの対象にされたりする状況があった。また，南北朝から戦国時代にかけては庶民生活が荒廃しており，庶民の子捨て，堕胎，圧殺などが数多く行われていた。これらの行為に対して，宗教的教義において，仏教徒，キリスト教徒，寺院等による孤児，棄児の救済がなされていた。

　江戸時代になっても，庶民の生活は窮迫していた。捨子，孤児，人身売買も多く発生し，幕府による鰥寡孤独困窮者調査も行われている。また，幕府の諸制度の中で児童の保護も行われている。さらに幕府は，捨子の防止，貧民の救済なども行っている。江戸時代には，飢饉や災害などが多く発生し，児童のみならず国民全体に救貧状況が起こっていた。

（2）近代以降の児童の保護，児童福祉事業

　明治期以降も飢饉，災害による生活の困窮状態が多くみられた。1871（明治4）年太政官達「棄児養育米給与方」によって，捨子に対する米の給与を定めた。さらに1873（明治6）年「三子出産の貧困者へ養育給与方」を定め，一時金などの支給などが定められた。さらに，貧困者への公的な施策の大きなものは1874（明治7）年恤救規則の制定である。救済対象は頼る人がいない「無告の窮民」とし，非常に限られた対象に対しての救済であった。

　日本においても産業革命以降の工場労働が日本の産業の柱になっていったが，労働者として，多くの児童が従事していた。児童の多くは過酷な労働環境にあり，1897（明治30）年に政府は工場法のもととなる職工法案を起案したが議会解散のため廃案となった。1899（明治32）年の「職工事情」によると「全国工場統計表」で算出された工場労働では，14歳未満の者は約15％，14〜20歳未満

が約31％を占めていたことが報告されている。実際に工場労働の改善に影響していく施策は大正時代に入ってからであった。[10]

　公的な救済が非常に限定的なものであったことから，困窮する生活において，売買される児童や棄児など，保護，救済を必要とする児童が多く存在した。民間の慈善事業活動は児童保護，救済に大きな役割を果たすこととなった。近代日本の代表的慈善家の一人として，**石井十次**が挙げられる。1887（明治20）年に**岡山孤児院**を設立し，1000人を超える孤児の救済にあたった。保護，救済した児童の養育においては，非体罰，小舎制の養育体制，里親委託など，現代にも通じる養育理念（「岡山孤児院12則」）のもと，多くの児童が育てられた。

　また，**石井亮一**は，**滝乃川学園**を1897（明治30）年東京国立市に設立し，知的障がい児者福祉に貢献した。立教女学校教頭であったことから，孤児教育施設の運営と教育に関与していたが，1891（明治24）年10月に起きた濃尾地震で大きな被害を受けた岐阜・愛知において，女子児童が売買される状況に対して，被災孤児救済に取り組むこととなった。そして，**孤女学院**を1891（明治24）年に創設したが，その中での知的障がいの女児との出会いから知的障がいのある児童の保護施設として滝乃川学園を設立，その後，日本精神薄弱児愛護協会（現：日本知的障害者福祉協会）初代会長となり，知的障がい児の保護，救済に貢献していくこととなった。石井亮一の行った療育は，西欧の最先端の知識を取り込み，専門的療育の発展に寄与するものでもあった。

　感化事業としては，**留岡幸助**による1899（明治32）年の**家庭学校**（東京・北海道）設立があった。罪を犯した少年は良い環境と教育を与えることによって更生することができると，家庭に近い環境で児童を養育する体制を作っていった。この後，公的な施策として1900（明治33）年**感化法**が制定された。この法律によって，各都道府県に感化院の設置を義務づけ，入所児は満8～16歳未満の親権者後見人がいない児童，浮浪あるいは非行を行った子どもなどが対象となった。

　保育事業としては，1890（明治23）年に**赤沢鍾美**（あかざわあつとみ）が新潟市に託児所「**私立静修学校**」を開設したものが，わが国に現存する最初の保育所といわれている。あわせて，1900（明治33）年に**野口幽香，斉藤（森島）峰**が「**二葉幼稚園**」を開設した。東京四谷のスラム街に設けられた貧民幼稚園は，わが国の保育事業の開拓的なものと評価することができる。その他，**片山潜**が神田三崎町に設立した**キングスレー館**がある。

　新政府の主導のもと，産業化が進み，多くの工場が児童労働を抱えるものとなっていた。その中で，工場法は1911（明治44）年制定，1916（大正5）年実施となった。内容は12歳未満の者の使用禁止，15歳未満の12時間以上の労働および深夜業（午後10時から午前4時）の禁止であった。しかし，労働時間の制限等に対しての猶予が設けられ，実際的な効力は大正時代を待つものとなった。

　現在の児童福祉につながる公的な児童相談としては，1919（大正8）年に**大阪市児童相談所**，1921（大正10）年に**東京府児童研究所**等の研究相談機関，さらに，1920（大正9）年に**東京府児童保護委員制度**が創設された。児童保護委員の目的は浮浪児・不良児・不就学児・欠席学童・貧困児・知的障がい児等に対して個別保護を行い，あわせて調査を行うものであった。しかし，現代のような児童の権利を保障するという権利視点はみられなかった。

　大正後期から昭和に入ると，世界大恐慌や東北の凶作，飢饉などを受けて，国民の生活に多くの問題が発生していた。このような社会の状況を背景に，児童の虐待，身売り，酷使などが多く起こっていた。

　昭和初期において，困窮生活者への対応は恤救規則から**救護法**に移行した。1929（昭和4）年制定，1932（昭和7）年実施の同法での援護の対象は65歳以上の老人，13歳以下の幼者，妊産婦，病人であった。さらに，感化，教護に関するものとして，1933（昭和8）年に**少年教護法**が制定された。また，工場労働や酷使，身売りなどへの対応として，**児童虐待防止法**が1933（昭和8）年に制定された。昭和期は戦時下に入っていくと，国力を高めるための政策としての児童保健や体力向上策が図られていった。しかし，戦況が悪化する中で，栄養失調や戦災孤児の問題など児童の生活困窮が広がっていった。

（3）児童福祉法の成立

　第二次世界大戦の終戦を迎え，日本は敗戦国となり，国民の生活は広く困窮状態であった。特に児童は保護者と離れ，浮浪するものなど戦災孤児問題等が早急に対応を必要とする社会問題となっていた。GHQ による指導も入る中で，1945（昭和20）年「**戦災孤児等保護対策要綱**」が出され，**児童保護委員会**を各市町村に設け保護委員会が孤児の保護事務を担当することとなった。保護方法は個人家庭への委託，養子縁組，集団養護がとられた。

　1946（昭和21）年「**浮浪児その他児童保護等の応急措置実施に関する件**」（厚生省社会局長通知）が発出され，少年教護委員，警察官などの**児童保護相談所**を

設置し，浮浪児等を発見し，保護すること，児童保護相談所を設置し浮浪児の発見と保護に努めることとされた。

　1947（昭和22）年 1 月に**中央社会事業委員会**は，児童保護を強化するための具体案を厚生大臣に提出し，「児童の福祉を図るためには，国の将来を託す児童すべての福祉を考える法律が必要」と提示した。加えて，行政における児童に関わる体制として同年 3 月に厚生省に児童の福祉を専門に行う「児童局」が設置され，「児童ノ福祉ヲ保障スル」事務を掌る組織として設置された。

　また同年に児童福祉法が制定され，児童福祉行政は，浮浪児などの児童保護対策のみでなく，一般児童の健全育成，福祉増進対策の 2 つの大きな柱をもつものとなった。少年教護法，児童虐待防止法の内容は児童福祉法に統合され，それぞれの法律は廃法となり，児童虐待の禁止，禁止行為などが盛り込まれた。

　さらに1948（昭和23）年「**浮浪児根絶緊急対策要綱**」が出され，浮浪児の発生要因の分析およびそれらへの対応のあり方が示された。その中で，浮浪児を根絶できない理由として人々の安易な同情と浮浪児を一時的に安価に雇用するものの存在が指摘された。

　また，児童福祉行政の強化として，1949（昭和24）年国際連合から**キャロール**（A. K. Carrol）女史が来日し，児童相談所をはじめとする児童福祉行政全般についての指導が行われた。以後の児童相談所や児童福祉司の行う相談援助活動の基本的視点を定めたものと評価されている。しかし，それまでの古い児童観が払拭されず，児童のいわゆる人身売買等も一部には後を絶たない状況であった。そこで，広く児童福祉の理念を普及させるために，1951（昭和26）年「**児童憲章**」が制定された。

　国際的には，戦後の子どもの保護，養育について，子どもが施設で暮らすことの弊害に関する研究が行われていった。中でも**ボウルビイ**（J. Bowlby）が1951年に世界保健機関（WHO）へ提出した Maternal Care And Mental Health が大きな反響を呼ぶこととなり，国際的にも研究，検討が進められていった。施設に収容された児童に現れた**ホスピタリズム**（**施設病**）の症状に言及したことから，施設廃止論となっていった。日本においても施設養護の検討は進められた。堀文次は「如何に運営すれば，普通家庭の子どもと変わらない者を育成することができるかを真剣に追求するところに切実に養護理論が求められる。私はこの問題に答えて集団育児の欠陥としてのホスピタリズムを指摘し，この面から施設の子どもは如何に養護されねばならぬのかを解明したい」とし，ホ

スピタリズムの原因として施設の児童に対する養護の手不足があり，解消策として「夫婦寮か保母寮」とすること，一寮の児童数を小規模にすることなど，基礎的方策が必要であると指摘した。さらに，養護形態論としての家庭的処遇・小舎制論，技術的対応としてのケースワーク，グループワークの導入論から集団主義的処遇論，治療的処遇論，小舎制の提案がなされた。

3　現代社会の課題への対応と子どもの権利の保障

　高度経済成長のもとでは，工業化の進行は生活基盤の変化，破壊をもたらした。農山漁村から大都市，工業地帯への急激な人口移動，伝統的な地域・血縁関係の希薄化と崩壊，親の失業，家出，事故，病気，離婚，長期の出稼ぎなどを原因とした家庭崩壊の増加，就労女性の増加，核家族化の進展に伴う保育ニーズの増大運動などが起こっていった。

（１）高度経済成長以降の展開
　1963（昭和38）年，『児童福祉白書』で，児童が危機的状況の中に置かれていることが指摘された。

　1946（昭和21）年から1972（昭和47）年まで母子心中，嬰児殺，虐待，遺棄件数が増加していた。1970年代後半に虐待問題に関する調査，研究が多く発表されている。また，子どもが遺棄されたコインロッカーベビー事件が立て続けに起きており，社会に衝撃を与えた。さらに，各地に起きていた公害問題は多くの子どもに被害が及ぶものとなっていた。十分でない保育体制に対して，保護者自らの「保育所づくり運動」が起こり，スローガン「ポストの数ほど保育所を」のもとに広がっていった。

　このような状況を背景に，児童福祉制度の拡充がみられた。1964（昭和39）年には厚生省児童局が児童家庭局として編成され，福祉事務所に家庭児童相談室を設置することとなった。さらに，母子福祉法制定（1981（昭和56）年に「母子及び寡婦福祉法」に改正），1965（昭和40）年母子保健法制定，1967（昭和42）年児童福祉法の一部改正により重症心身障害児施設が新設された。1970（昭和45）年には心身障害者対策基本法（1993（平成５）年に「障害者基本法」に改正）が制定され，障害福祉領域の充実がめざされた。家庭における児童の育成についての金銭的な補助としては，1971（昭和46）年児童手当法が制定された。

（2）権利主体としての児童

　経済的，社会的変化とそれに関わる家族状況の変化による養護問題と高度経済成長期前後からバブルの崩壊にかけて虐待問題が増加し，社会問題となっていった。また教育領域での子どもの問題の捉えや子どもの権利条約への批准によって，福祉分野に限らない分野横断的な対応が課題となっていった。

　まず，国際的な動向として，1909年**第1回児童福祉白亜館会議**（**要扶養児童の保護に関する会議** Conference on the Care of Dependent Children）において，「家庭は文明の最高の創造物である。故に緊急止むを得ない事情のない限り児童を家庭から切り離してはならない」という家庭尊重の原則提示がされた。貧窮児童に家庭的養育を保障するための扶助の必要性，予防的事業，里親制度，小舎制，州による監督，連邦児童局の設置などの勧告を含むものであった。その背景は1900年初頭において，アメリカで児童労働の禁止，非行少年を対象とする特別の裁判所など児童保護的な課題解決をめざす社会改良運動が活発に展開されたが，社会改良運動では容易に進展しなかったという状況があった。ただし，自助の原則のもとでは私的責任と慈善的救済が強調され，慈善機関や地方府政への高い依存性という特徴をもつものであった。

　1922年には**世界児童憲章**草案が作られ，「すべての子どもは，身体的，心理的，道徳的及び精神的な発達のための機会が与えられなければならない」（成長・発達権の保障）などの提示が行われ，普遍的な子どもの権利宣言へつながるものとなった。

　1924年国際連盟採択により児童の権利に関する「**ジュネーブ宣言**」が出され，「人類は子どもに対して最善のものを与える義務を負う」とされた。

　第二次世界大戦後には1959年に**児童権利宣言**（国際連合総会採択）が出され，「人類は，児童に対し，最善のものを与える義務を負うものであるので，よって，ここに，国際連合総会は，児童が，幸福な生活を送り，かつ，自己と社会の福利のためにこの宣言に掲げる権利と自由を享有することができるようにするため，この児童権利宣言を公布し，また，両親，個人としての男女，篤志団体，地方行政機関および政府に対し，これらの権利を認め，次の原則に従って漸進的に執られる立法その他の措置によってこれらの権利を守るように努力することを要請する」（前文より）と提示された。

　1979年は**国際児童年**とされ，「すべての国連加盟国が人類の将来における児童の果たすべき役割を再考し，その福祉厚生，教育面での発展を期すべく最大

の努力を惜しむべきではない」ということが提示された。

　さらにその10年後の1989年に，**児童の権利に関する条約**が国連採択となり，日本は1994（平成6）年に批准した。

4　児童・家庭福祉の特質と現代社会における課題

　低成長期に入り，少子高齢化問題から，新たな福祉制度改革に則った児童福祉の再編や虐待防止，対応策，貧困対策の早急な解決が求められている。1997（平成9）年，児童福祉法等の一部を改正する法律（平成9年6月11日公布，平成10年4月1日施行）が戦後大改正として検討された結果，発出された。

　改正の概要として，保育所に関する事項，措置から保護者の選択への転換や，放課後児童健全育成事業に関する事項，児童相談所の強化，児童自立生活援助事業に関する事項，児童福祉施設の名称および機能に関する事項，児童福祉施設の名称および機能の見直し，児童家庭支援センターに関する事項などが盛り込まれ，家庭支援策が打ち出された。

　あわせて，少子化対策から次世代育成の施策はエンゼルプラン（1995（平成7）年度〜1999（平成11）年度），新エンゼルプラン（2000（平成12）年度〜2004（平成16）年度），2003（平成15）年少子化社会対策基本法（議員立法），次世代育成支援対策推進法の制定というように続けて出された。しかし少子化傾向は抑えられずにいた。更に改善をめざして，子ども・子育て新システム検討会議が設定され，子ども・子育て新システムの基本的方向（2010（平成22）年4月27日）が出された。引き続き社会全体で子育てを支えていく為に平成24年に「子ども・子育て関連3法」に基づく『子ども・子育て支援新制度』がスタートした。

　又，減少が見えない児童虐待の対策として「児童虐待の防止等に関する法律」（平成12年法律第82号）は，成立から複数回改正を加えて児童虐待防止を強化していこうとしている。

　そして，社会的養護については，2016（平成28）年「**新しい社会的養育ビジョン**」が出されたことから，家庭養護優先など，国際的な児童福祉，子どもの権利擁護に沿う日本の児童福祉の改編が進められてきている。特に2016（平成28）年に改正された児童福祉法をふまえて，家庭と同様の環境における養育を推進するため，「概ね7年以内（3歳未満は概ね5年以内）に乳幼児の里親等委託率75％以上」「概ね10年以内に学童期以降の里親等委託率50％以上」の実

現に向けて，取り組みを推進していくことをはっきりと打ち出し，進められている。

注

⑴　田代不二男（1958）『英国の救貧制度――成立と発展』有斐閣，7頁。

⑵　⑴と同じ，36～38頁。

⑶　⑴と同じ，36～38頁，および田代不二男（1969）『イギリス救貧制度の発達』光生館，27～29頁に詳しい。

⑷　Abbott, G.（1938）*The Child and the State,* The University of Chicago Press の引用として，古川孝順・浜野一郎・松矢勝宏編（1975）『児童福祉の成立と展開――その特質と戦後日本の児童問題』川島書店，11～12頁に記述されている。

⑸　⑴と同じ，56～60頁。

⑹　古川孝順・浜野一郎・松矢勝宏編（1975）『児童福祉の成立と展開――その特質と戦後日本の児童問題』川島書店，31頁。

⑺　⑴と同じ，220頁。

⑻　厚生省児童局編（1959）『児童福祉十年の歩み』日本児童問題調査会。

⑼　⑻と同じ，5頁。1702年，幕府による鰥寡孤独困窮者調査が行われていたとの記録がある。

⑽　⑻と同じ，8～9頁。

参考文献

岩崎晋也ほか（2005）『資料で読み解く社会福祉』有斐閣。

菊地正治ほか編（2003）『日本社会福祉の歴史――制度・実践・思想』ミネルヴァ書房。

田澤あけみ（2006）『20世紀児童福祉の展開――イギリス児童虐待防止の動向から探る』ドメス出版。

保坂亨編（2007）『日本の子ども虐待――戦後日本の「子どもの危機的状況」に関する心理社会的分析』福村出版。

室田保夫編（2006）『人物でよむ近代日本社会福祉のあゆみ』ミネルヴァ書房。

横山源之助（1949）『日本の下層社会』岩波書店。

Booth, C.（1902）*Life and labour of the people in London Final volume,* Macmillan and Co. Limited.

学習課題

① 　第二次世界大戦以前と以降の児童保護の違いを法施策の点から整理しよう。

② 　新たな子ども，子育ての施策が出された時代背景はどのようなことがあるか整理しよう。

③ 　児童の権利条約の批准によって，児童福祉施策の展開にどのように影響したか整理しよう。

第3章

児童の人権擁護

　子どもの人権とは，人間すべてに認められる権利を基盤に，子ども独自の立場を加味した諸権利の総称である。法律，宗教，道徳の各分野にわたり様々な角度から定義される。

　福祉に携わる専門職に大切な必須条件として，アメリカのゴードン・ハミルトン（G. Hamilton）やシャーロット・トール（C. Towle）は，3つの H，すなわち Heart（温かい心），Head（冷静な頭），Hand（優れた技能）と表現した。さらに，岡本民夫はこれに2つの H，Human relationship（人間関係）とHealth（健康）を加えて5Hとした。また，20世紀後半の「児童の権利に関する条約」を契機に児童の権利を受動的な権利だけでなく能動的な権利として捉える考えが広まった。さらなる新たな子ども・家庭福祉観として，子どもの最善の利益をもとにした「**権利擁護**」を加えた Human rights（人権）を意識しなければならない。権利擁護は子どもだけでなくすべての人と関わるうえで，常に意識しなければならない感覚である。

1　子どもの権利とは

　今日，「子どもの権利は，守られている」と断言できるだろうか。日本では，児童虐待，子どもの貧困，いじめ，児童ポルノなど，ニュースで見ない日がないほど権利擁護に関する課題は山積している。さらに世界では，紛争・戦争・飢え・貧困・不衛生・病気・差別・教育格差・児童婚など，子どもたちのかけがえのない生命や健康，発達保障の権利が脅かされている。児童・家庭福祉を学ぶ人にとって，「児童の権利擁護」は正しい子ども観とともに根底にもつべき感覚である。

　特に近年，深刻な社会問題となっている児童虐待は，年々児童相談所の対応

する件数が増加している。社会の意識の高まりと対応や解決の難しさを物語っているといえるだろう。児童虐待の死亡事例も年度によって多少の増減はあるものの大きな減少はみられない。現代は，家庭機能の脆弱化や崩壊がいわれるが，多様化する家族の形，働き方，地域機能の差異を考えると家庭だけで子育てを担うことは極めて困難である。子育てに対する価値観を，私事的な子育て観から社会的な子育て観へと転換し，社会全体で，子どもの権利擁護を理解した子育ての社会化をめざす必要がある。

（1）子どもの権利の歴史的変遷

　子どもの権利の歴史を見るためには，時代ごとの子ども観を探る必要がある。それは，子どもという概念が普遍的なものではなく，時代や国，地域によってその捉え方が変化してきたからである。

　古代の子ども観は，生かすも殺すも親（村落共同体）の権限とされ，子どもは大人の所有物という考えが一般的であった。また，中世には，子どもは小さな大人と称され，子ども本来の姿を否定された。身体は小さくても子どもにも大人と同じような言動や考えが求められ，労働力としても搾取された。近代になると，ルソー（J. J. Rousseau）により今でいう意味の子どもが見出され，「子どもの発見」がなされた。ようやく子どもが子ども本来の姿へ，言い換えると子どもを大人とは異なるかけがえのない存在として捉えられるようになった。さらに20世紀に入り，スウェーデンの教育学者であるエレン・ケイ（E. Key）が『児童の世紀』を著し，「20世紀は児童の世紀になるであろう」と提唱した後，子どもの権利が浸透していった。一方，日本で子どもの権利が注目されるようになるのは明治期以降である。欧米からの影響を強く受け，翻訳などにより価値観が広がったといえる。そして大正時代には，ケイなどの影響を受け，児童中心主義の考え方が広まり子どもの権利について考えられるようになった。

　その後，世界大戦を契機に国際連盟や国際連合といった世界機関が中心となり，子どもの権利を守り保障していくことが世界の共通認識として浸透していくこととなる。二度にわたる世界大戦によりたくさんの命を失ったことで，あらためて，子どもの存在を尊重し，子どもを人類の財産として尊び，子どもの権利を保障することが世界的課題として取り組まれてきたのである。

　そして現在，子どもには，保護される存在としての「**受動的権利**」と，子どもを一人の人間として尊重し，主体的な存在とする「**能動的権利**」がある。子

どもは，保護されるだけでなく能動的権利を有していることを理解し，子ども
が自分の考えや展望を述べ，個性を発揮する環境を整えることがこれからの支
援者には求められる。

（2）日本における子どもの権利と法律・宣言

　日本における子どもの権利に関係する代表的な法律・宣言としては，日本国
憲法，児童福祉法，児童憲章が挙げられる。これらの内容を理解し，現在の子
どもの権利がどのように示されているか見ていくこととする。

　①　日本国憲法

　日本国憲法は，1946（昭和21）年11月3日に公布され，1947（昭和22）年5月
3日に施行された。日本国憲法は国の最高法規である。日本のすべての法律や
決まりは，憲法に従って作られていて，「国民主権」「基本的人権の尊重」「平
和主義」の3つの原則がある。

　第25条では，生存権（人間らしく生きる権利）として「すべて国民は，健康で
文化的な最低限度の生活を営む権利を有する」「国は，すべての生活部面につ
いて，社会福祉，社会保障及び公衆衛生の向上及び増進に努めなければならな
い」と健康で文化的な最低限度の生活を営むのは国民の権利であることを謳い，
すべての国民が人間らしい生活を営むよう，国が国民生活に積極的に関わって
いく義務があることを明確に示している。つまり子どもも一人の人間として生
きる権利を有している。

　第13条では，個人の尊重，生命・自由・幸福追求の権利の尊重（自分らしく
生きる権利）として，「すべて国民は，個人として尊重される。生命，自由及び
幸福追求に対する国民の権利については，公共の福祉に反しない限り，立法そ
の他の国政の上で，最大の尊重を必要とする」としている。国民一人ひとりが
個人として尊重され，誰もがみな幸福になるよう（なれるよう）尊重されるこ
とを謳っている。

　このほか，第14条では，国民はみな平等であること，差別を受けないことが
示されており，第26条では，教育を受ける権利と受けさせる権利が定められて
いる。第27条には勤労の権利が規定されるが，子どもは，酷使されないことが
示されている。

　このように，日本国憲法では，大人と子どもの区別なく，すべての国民が自
分らしく生き，それが守られることが定められている。

② 児童福祉法

児童福祉法は，戦後まもない1947（昭和22）年に制定された。当時は，戦争により親を亡くした戦争孤児等の健やかな成長と最低限度の生活を保障するための保護的福祉が中心であった。その後時代の変化とともに改正を重ね，現在は児童の権利に関する条約の精神にのっとり，子どもが良好な環境において生まれ，かつ，心身ともに健やかに育成されるよう，養育，保育・子育て支援，母子保護，障害児支援，児童虐待防止対策を含むすべての子どもの福祉を支援することが示された法律である。

2016（平成28）年の改正で，第1章「総則」の第1条に，「全て児童は，児童の権利に関する条約の精神にのつとり，適切に養育されること，その生活を保障されること，愛され，保護されること，その心身の健やかな成長及び発達並びにその自立が図られることその他の福祉を等しく保障される権利を有する」と示された。法律という無機質なものに「愛され」と情緒的な言葉が入っていることは，子どもの権利を踏まえていることがわかる大きな特徴だといえる。

③ 児童憲章

児童憲章は1951（昭和26）年5月5日に宣言された。法的な拘束力はないものの国により策定されたもので，すべての児童の幸福を図るために，児童を一人の人間として，社会の一員として理解し，よい環境を社会全体が意識し，常にその実現に努めることを目的として作られている。前文と12か条で構成されており，端的でわかりやすく表現されている。以下に前文を示す。

われらは，日本国憲法の精神にしたがい，児童に対する正しい観念を確立し，すべての児童の幸福をはかるために，この憲章を定める。

児童は，人として尊ばれる。

児童は，社会の一員として重んぜられる。

児童は，よい環境の中で育てられる。

この後12か条が続く。前文で子どもへの正しい観念をもつこと，そして，子どもの幸せを支えること，子どもが一人の人間として尊ばれることが掲げられ，12か条には，具体的に子どもにとってのよい環境が示されている。

2　子どもの権利に関する国際的な動向

　子どもの権利に関する国際的な動向は，表3‐1に示す通りである。以下に
それぞれの内容を見ていく。

　①　児童の権利に関するジュネーブ宣言

　児童の権利に関するジュネーブ宣言は通称ジュネーブ宣言といい，第一次世
界大戦で多くの子どもが犠牲となり，命を失ったことの反省から，「人類が児
童に対して最善のものを与えるべき義務を負う」と子どもの適切な保護を目的
として国際連盟で1924年に採択され国際的機関で初めて宣言された。

　②　世界人権宣言

　世界を巻き込んだ大戦が二度も起こり，特に第二次世界大戦中においては，
特定の人種の迫害，大量虐殺などの人権侵害が横行した。このような経験から，
人権問題は国際社会全体に関わる問題であり，人権の保障が世界平和の基礎で
あるという考え方が主流となっていった。そこで1948年国連総会において，
「すべての人民とすべての国とが達成すべき共通の基準」として，「**世界人権宣
言**」が採択された。世界人権宣言は，基本的人権尊重の原則を定めたものであ
り，それ自体が法的拘束力をもつものではないが，初めて人権の保障を国際的
に謳った画期的なものだといえる。

　③　児童の権利宣言

　児童の権利宣言は国連憲章と世界人権宣言に基づくもので，前文と10か条か
らなる。心身ともに未成熟な子どもが，健全な成育と幸福と社会的諸権利を保
障されるべきことを確認したもので，その実質的保障として，無差別の平等，
社会保障，愛情と理解のもとでの養育，初等教育，心身障がい児の治療と教育，
放任や虐待や搾取からの保護などの諸原則を謳っている。1959年に国連総会で
採択された。

　④　国際人権規約

　国際人権規約は，世界人権宣言の内容を基礎として，これを条約化したもの
である。人権に関する諸条約の中で最も基本的かつ包括的なものである。社会
権規約と自由権規約は，1966年の国連総会において採択され，1976年に発効さ
れた。日本は1979（昭和54）年に批准した。社会権規約は，人間らしく生きる
ために守られるものを定め，自由権規約は，個人が自由な考えをもち，主張す

表3-1 児童の権利に関する国際的な動向

	世界の動き	日本の動き	宣言等の内容・備考
1924	児童の権利に関するジュネーブ宣言採択		1918年に終戦となった第一次世界大戦の反省から,「子どもの最善の利益を保障」という考え方を明らかにした
1946		日本国憲法制定	第二次世界大戦の終戦（1945年）後に制定された
1947		児童福祉法制定	日本国憲法の精神に基づいて制定された
1948	世界人権宣言採択		第二次世界大戦の反省からすべての人の人権の尊重を宣言した
1951		児童憲章制定	日本国憲法で謳っている基本的人権が子どもにもあることを宣言 児童への正しい観念や意識を啓発するための憲章
1959	児童の権利宣言採択		参議院本会議で支持を決議
1966	国際人権規約採択		世界人権宣言をもとに条約化し，法的拘束力をもつ
1979	国際児童年宣言		児童の権利宣言採択20周年を記念してできたもの 国際児童年への関心を高めるために「世界の子ども」が世界各国で放送
1989	児童の権利に関する条約採択		児童の権利宣言を条約化し，法的拘束力をもつ 最初の批准国はガーナ
1990		児童の権利に関する条約署名	日本は109番目に署名
1994		児童の権利に関する条約批准	日本は158番目に批准

出所：筆者作成。

る権利を護る内容となっている。また，世界人権宣言の影響を受け制定されたが宣言ではなく規約であるため，批准した締約国は国際連合に報告を出さなければならない。

⑤ 国際児童年

国際児童年は，1979年に「児童の権利宣言」の20周年を記念し，また，その機会をとらえてあらためて世界の子どもの問題を考え，その解決のために世界各国，国民すべてが取り組んでいこうとするものであった。国際児童年への関

心を高めるため，世界中の様々な環境で元気に成長する「世界のこども」の姿が動画で紹介され世界各国の放送機関に提供された。

⑥　児童の権利に関する条約

　児童の権利に関する条約（子どもの権利条約）は，子どもの基本的人権を国際的に保障するために定められた条約である。18歳未満の子どもを，権利をもつ主体と位置づけ，大人と同様一人の人間としての人権を認めるとともに，成長の過程で特別な保護や配慮が必要な子どもならではの権利についても定められている。前文と本文54条からなり，子どもの生存，発達，保護，参加という包括的な権利を実現・確保するために必要となる具体的な事項が規定されている。第3条にある「**子どもの最善の利益**」を保障することは，児童・家庭福祉に携わる者だけでなく社会全体の課題である。子どもの権利は大きく分けて4つの柱，「**生きる権利**」「**育つ権利**」「**守られる権利**」「**参加する権利**」がある。

　児童の権利宣言を条約化するため，児童の権利に関する条約は，1989年国連総会において採択された。日本は109番目として1990（平成2）年9月21日に署名し，その後，1994（平成6）年4月22日に158番目として批准，同年5月22日に条約第2号として発行した。2021年9月現在，世界196の国が批准している。アメリカ合衆国は条約に1995年に署名したが批准していない。

　児童の権利に関する条約については，補足し見直すべき点があるとして3つの選択議定書が作られている。選択議定書は，ある条約に新たな内容を追加や補強する際に作られる文書で，条約と同じ効力をもつ。2000年5月に2つの選択議定書「児童の売買，買春及び児童ポルノに関する選択議定書」，「武力紛争における児童の関与に関する選択議定書」が，そして2011年12月に3つ目の選択議定書「通報手続きに関する子どもの権利条約選択議定書」が国連総会で採択された。日本は，2004（平成16）年8月に「武力紛争への児童の関与に関する選択議定書」，2005（平成17）年1月に「児童の売買，買春及び児童ポルノに関する選択議定書」に批准している。

　1989年に採択されて以降，5歳未満の子どもの死亡率は低下し，危険な労働を強いられている子どもの数も減少している。一方，こうした成果から取り残されている子どもたちも数多く存在している。条約に批准した各国政府は，条約の各条項が規定する子どもたちの権利を実現するために，国内法の整備などを具体的に進めなければならない。人権史上画期的な試みには，まだまだ多くの課題が残されているといえる。

3　子どもの権利を守る取り組み

（1）権利擁護とは

　権利擁護は，**アドボカシー**ともいわれ代弁・擁護を意味する。その代弁・擁護者のことを**アドボケイト**と呼ぶ。**子どもの権利擁護**は，子どもの自己実現，自己決定を尊重し，権利を行使できるよう支援することである。様々なサービスを利・活用している子どもが自己の権利やニーズを表明するのが困難な時に，本人に代わって声を上げ，**エンパワメント（エンパワーメント）**することにより，子どもの権利が尊重されるよう努める役割をもつ。

（2）子どもの権利擁護事業とは

　子どもの権利を守り，福祉を保障するためには，社会全体が子どもの存在や考えを尊重し，その最善の利益を優先して考慮していくことが児童福祉法第2条で求められており，このことをすべての国民の努力義務として規定している。子どもが権利の主体として，現在を幸せに生き，未来を見据えて夢をもつことを専門職である保育者やソーシャルワーカーは支える必要がある。常に子どもにとって最も良い援助と支援を，関係機関と連携したうえで，身近な存在としてアドボカシーしなければならない。

　わが国で行われている児童養護に関する権利擁護事業の体系は，健全育成系，教育系，子育て家庭支援系，要保護児童の自立支援系，人権意識啓発系の5つに分けられる。さらに，具体的な活動別に分類し，整理すると，①相談（教育相談，いじめ相談，不登校相談，児童虐待相談，健全育成相談など），②啓発，情報公開（子どもの権利啓発，権利ノート作成，子どもの人権講座など），③**社会参加，意見表明**（こども会議，子どもオンブズパーソン，権利条例策定など），④ネットワーク（子育てネットワーク，**要保護児童対策地域協議会**，人権相談ネットワーク）の4つにまとめられる。

（3）子どもの権利擁護の実際

　子どもの権利擁護の取り組みは，地域の機能や関係機関の連携により，様々な形で実践されている。

① ユニセフ

　国際的組織である**ユニセフ**（UNICEF：国際連合児童基金）は，世界中の子どもの命と権利を守る活動をしている。国連国際児童緊急基金として戦後の子どもの緊急救済が目的で作られた。現在は，最も支援の届きにくい子どもたちを最優先に，約190の国と地域で活動している。保健，栄養，水と衛生，教育，暴力や搾取からの保護，HIV／エイズの予防と治療，緊急支援，アドボカシーなどの国際的支援活動を実施している。

② オンブズパーソン制度

　公的制度等に関する意見等を**オンブズパーソン**と呼ばれる市民的立場で監視し，苦情申し立て，対応を図る人々（議会等で選任）のことである。オンブズパーソンは，公正・中立的な立場で調査等を行い，必要な場合には，公的機関に対し制度の改善を求める意見を表明することにより，市民の権利利益の擁護と公正・透明な行政運営を図るものである。地方自治体や民間団体で独自に導入されており，兵庫県の「川西市子どもの人権オンブズパーソン」が1998（平成10）年12月に公的第三者機関として日本で最初に創設されている。

③ 相談，啓発，ネットワーク

　相談は，子どもに関する様々なことを面接や電話，SNS 等で受け付け，その相談に応じている。相談ののち，必要に応じて関係機関と連携し情報が共有されている。具体的には，厚生労働省の「**児童相談所虐待対応ダイヤル189**」や文部科学省の「**24時間子供 SOS ダイヤル**」，法務省の「**子どもの人権110番**」などがある。このほか，都道府県警察によるものや市区町村窓口，弁護士会，特定非営利活動法人（NPO 法人）などによる窓口が複数用意されており，誰ひとり取り残さないよう相談のネットが張られている。

　啓発としては，児童虐待防止全国ネットワークによるオレンジリボン運動が全国で広がっている。**オレンジリボン運動**は，「子ども虐待のない社会の実現」をめざす市民運動で，オレンジリボンはそのシンボルマークであり，オレンジ色は子どもたちの明るい未来を表している。個人や企業・団体，誰もが取り組むことができ，福祉等を学ぶ「学生によるオレンジリボン運動」も毎年各地で行われている。また，ユニセフは児童の権利に関する条約の採択30周年の啓発ポスターを製作し，日本語を含む13の言語で展開されピクトグラムで非常にわかりやすいものになっている（図3‐1）。

図 3-1　子どもの権利条約30周年啓発ポスター（ユニセフ）

日本語訳：日本ユニセフ協会。
出所：日本ユニセフ協会「子どもの権利条約」（https://www.unicef.or.jp/about_unicef/about_rig.html
　　　2021年12月24日閲覧）。

④　子どもの権利ノート

子どもの権利ノートは，児童の権利に関する条約をもとに作成されており，各地方自治体が中心となって，市民に子どもの権利を伝える，また，子ども自身に向けて自分たちがもつ権利を理解するために配布したりインターネットで公開されたりしている。特に児童相談所や児童福祉施設では，施設入所にあたって子どもの権利を理解するための手引書として活用されている。

⑤　苦情解決の仕組みの導入

苦情解決の仕組みとしては，児童福祉施設における苦情対応は「児童福祉施設の設備及び運営に関する基準」に定められており，事業者に対して苦情（意見）を申し出ることができる。児童福祉施設には，「意見箱」などが設置されている。入所型の施設では，解決に向けて施設職員以外の第三者を関与させる必要がある。また，社会福祉法では「運営適正化委員会」について定められており，各都道府県社会福祉協議会に設置することとなっている。

⑥　第三者評価事業

第三者評価事業として，社会福祉法で，社会福祉サービスの質の評価等を行い，利用者の立場に立って良質かつ適切な福祉サービスを提供するよう努めなければならないこととされている。まず，児童福祉施設では，**自己評価**を毎年行っている。自己評価は，子どもたちや保護者に提供してきた支援内容について振り返り，評価を行い，さらに利用する子どもと保護者からもアンケートによる評価を受ける。それを踏まえて，専門家で構成された第三者評価機関による調査を受け，自己評価と第三者評価により，支援の質を高めていくものである。なお，児童福祉施設の社会的養護関係施設においては，施設入所が措置であるという特徴から，2012（平成24）年より3年に1回以上の受審と結果の公表が義務づけられている。

学習課題
①　ユニセフのホームページから世界の子どもについて理解を深めよう。
②　自分の住む都道府県や全国各地の子どもの権利ノートを調べ，比較してみよう。
③　全国の自治体の中で，独自に「子どもの権利条例」を制定している自治体を調べ，読み比べてみよう。
④　独立行政法人福祉医療機構のホームページ（WAM NET）などから，児童福祉施設の第三者評価の公表情報を調べてみよう。

第4章

児童・家庭福祉の法体系と制度

　本章では，児童家庭福祉に関する制度と法体系について，児童福祉法を中心に学習していくこととする。第二次世界大戦後の混乱の中で，戦災孤児の保護救済をきっかけに児童福祉法が制定されたが，それから社会は大きく変わっている。そうした社会の変化に対応するため，児童福祉法は幾度となく改正されてきた。改正された背景を理解しながら読み進めてほしい。また，児童家庭福祉に関する法制度について，目的や役割を学んだうえで，子どもおよびその家庭を支える社会サービスについての知識を深めてほしい。

1　児童福祉法

（1）児童福祉法の制定

　1945（昭和20）年に第二次世界大戦の敗戦を迎えた直後の日本社会は混乱と窮乏を極め，それは児童に対しても暗く厳しい現実を突きつけた。生活水準の低下による保健衛生状態の悪化，急激な社会環境の変化による児童の不良化や都市にあふれる浮浪児への対策など，早急に解決しなければならない問題が山積していた。このような情勢から，政府は**児童保護法案要綱**を1946（昭和21）年に作成し，厚生大臣の諮問機関である中央社会事業委員会に諮問した。しかし，政府案では「保護を要する児童」と対象を限定的にしていたことから，対象はすべての児童にすべきだとし，さらに児童保護法ではなく**児童福祉法**ともいうべきものにすべきであると答申した。これを受け，政府は法案を練り直し，1947（昭和22）年8月に新憲法下の第1回特別国会でこれを提出し，12月に公布，翌年の1月に一部施行，4月から全面施行となった。

　児童福祉法は，これまでの要保護児童の保護対策という考えから，「すべての児童」を対象として，積極的に健全育成や福祉の増進をめざす姿勢への転換

を示している点が大きな特徴であった。

（2）児童福祉法の理念

　1947（昭和22）年制定時の第1条から第3条では下記のように，児童福祉の
理念や原理を定め，児童に対する基本的人権とそれに対する保護者の責任と国
および地方公共団体の責任が明記された。

> 第1条　すべて国民は，児童が心身ともに健やかに生まれ，且つ，育成されるよう
> 　　　に努めなければならない。
> 　　　すべて児童は，ひとしくその生活を保障され，愛護されなければならない。
> 第2条　国及び地方公共団体は，児童の保護者とともに，児童の心身共に健やかに
> 　　　育成する責任を負う。
> 第3条　前2条の規定するところは，児童の福祉を保障するための原理であり，こ
> 　　　の原理は，すべての児童に関する法令の施行にあたつて，常に尊重されなければ
> 　　　ならない。

　日本国憲法の精神にしたがい，児童に対する正しい観念を確立し，すべての
児童の幸福を図るために，1951（昭和26）年児童憲章が定められた。その前文
の3つの基本要綱には「児童は，人として尊ばれる」「児童は，社会の一員と
して重んぜられる」「児童は，よい環境の中で育てられる」と述べられている。
児童憲章は，児童の幸福を図るための社会的規範のようなものであり，法的拘
束力はなかった。

　1989（平成元）年の第44回国連総会において，児童の人権に関して世界で初
めての国際的な条約である**児童の権利に関する条約**（子どもの権利条約）が採択
され，日本は1994（平成6）年に批准した。この条約では，児童の最善の利益，
親の第一次的養育責任等の子どもの特性への配慮が述べられており，それに基
づき，2016（平成28）年「児童福祉法などの一部を改正する法律」において，
1947（昭和22）年の法律制定時以降からの変更がなされてこなかった児童福祉
法の理念規定を明確化した。第1条から第3条において，下記のように述べら
れている。

> 第1条　全て児童は，児童の権利に関する条約の精神にのつとり，適切に養育され
> 　　　ること，その生活を保障されること，愛され，保護されること，その心身の健や
> 　　　かな成長及び発達並びにその自立が図られることその他の福祉を等しく保障され
> 　　　る権利を有する。

第２条　全て国民は，児童が良好な環境において生まれ，かつ，社会のあらゆる分野において，児童の年齢及び発達の程度に応じて，その意見が尊重され，その最善の利益が優先して考慮され，心身ともに健やかに育成されるよう努めなければならない。

児童の保護者は，児童を心身ともに健やかに育成することについて第一義的責任を負う。

国及び地方公共団体は，児童の保護者とともに，児童を心身ともに健やかに育成する責任を負う。

第３条　前２条に規定するところは，児童の福祉を保障するための原理であり，この原理は，すべて児童に関する法令の施行にあたつて，常に尊重されなければならない。

すべての児童が健全に育成されるよう，児童を中心に，その福祉の保障等の内容を明確化した。具体的には，①児童の福祉を保障するための原理の明確化，②家庭と同様の環境における養育の推進，③国・地方公共団体の役割・責務の明確化である。

（3）児童等の定義

第４条では，児童の対象年齢を「満18歳に満たない者」と定義している。さらに，児童福祉法における児童に関する定義をより詳しく分類すると表４-１のようになる。「障害児」については，2005（平成17）年に障害者自立支援法（現：障害者総合支援法）の制定に関連して，「障害児」の定義が規定され，2012（平成24）年４月より「精神に障害のある児童」が追加された。

（4）児童福祉法の改正

児童福祉法は，1947（昭和22）年の制定から数回にわたって改正されてきた。このうち1997（平成９年）以降の主な改正の内容を見ていく。

1997（平成９）年は，少子化の進行，夫婦共働き家庭の一般化，家庭と地域の子育て機能の低下等児童および家庭を取り巻く環境の変化を踏まえ，児童の福祉の増進を図るため，市町村の措置制度による保育所入所の仕組みを情報の提供に基づき保護者が保育所を選択する仕組みに改めた。また，保護を要する児童を対象とする児童福祉施設の名称が改称され，養護施設は虚弱児施設と統合され「児童養護施設」，教護院が「児童自立支援施設」，母子寮が「母子生活支援施設」となり，機能の見直しを行った。さらに，児童家庭支援センターを

表 4-1　児童福祉法における児童等の定義

乳　児	満 1 歳に満たない者
幼　児	満 1 歳から，小学校就学の始期に達するまでの者
少　年	小学校就学の始期から，満18歳に達するまでの者
障害児	身体に障害のある児童，知的障害のある児童，精神に障害のある児童
妊産婦	妊娠中または出産後 1 年以内の女子
保護者	親権を行う者，未成年後見人その他の者で，児童を現に監護する者

出所：筆者作成。

創設し，地域の相談援助体制を整えた。

　2001（平成13）年は，地域の子育て支援の中核を担う専門職として保育士の重要性が高まっていること等を背景として，保育士資格が国家資格となった。保育士の責務として「児童の保護者に対する保育に関する指導」が規定された。

　2003（平成15）年は，次世代育成支援対策推進法，少子化社会対策基本法の制定に伴い地域の子育て支援の強化を図るために，保育需要が増大している都道府県および市町村に保育計画の策定を義務化した。

　2005（平成17）年は，児童相談に関する体制を充実させるために，市町村を児童相談の第一義機関とし，専門性の高い相談について，都道府県（児童相談所）が対応することが規定された。

　2010（平成22）年は，2012（平成24）年度から従来の障害種別より分かれていた施設体系について見直しが行われ，利用形態別に「障害児通所支援」（児童発達支援センター）と「障害児入所支援」（障害児入所施設）として一元化された。

　2014（平成24）年は，「障害児」の定義に難病である児童が加えられ，小児慢性特定疾患対策が法定化され，公平かつ安定的な医療費助成制度が確立された。また，治療研究など，慢性疾患にかかっている児童などの健全な育成に資する調査・研究の推進のための基本的方針が定められ，慢性疾病児童の自立支援事業が実施され，小児慢性特定疾病対策の充実が図られた。

　2016（平成28）年は，前述した通り，児童福祉法法制定時以降から変更がなされてこなかった理念規定が児童の権利に関する条約の精神にのっとったものになった。また，児童虐待について発生予防から自立支援まで一連の対策のさらなる強化等を図るため，母子健康包括支援センターの全国展開，市町村および児童相談所の体制の強化，里親委託の推進が行われた。

2　児童・家庭福祉に関連する法律

（1）母子及び父子並びに寡婦福祉法

　母子及び父子並びに寡婦福祉法は，もともと1969（昭和34）年に母子福祉法として制定された法律で，1981（昭和56）年に母子家庭に加えて，かつて母子家庭の母であったことのある寡婦も含め，母子及び寡婦福祉法となった。近年は離婚率の増加により，母子家庭，父子家庭などのひとり親家庭が増えてきている。母子家庭は，社会的，精神的，経済的にも不安定な状況に置かれがちであり，相談援助や経済的支援など様々な配慮が必要である。また，こうした状況は母子家庭だけではなく，父子家庭においても同様であることから，2002（平成14）年の法改正で父子家庭も支援の対象として含まれることになり，ひとり親家庭に対する福祉施策が推進されてきている。なお，こうした父子家庭に対する支援の拡充がなされてきていることから，2014（平成26）年に改正され「母子及び父子並びに寡婦福祉法」と改称された。この法律の目的は，「母子家庭等及び寡婦の福祉に関する原理を明らかにするとともに，母子家庭等及び寡婦に対し，その生活の安定と向上のために必要な措置を講じ，もつて母子家庭等及び寡婦の福祉を図ること」とされている。この目的のために規定されている福祉サービスがある。たとえば，母子・父子自立支援による相談援助，母子福祉資金・父子福祉資金・寡婦福祉資金貸付，母子家庭・父子家庭に家庭生活支援員を派遣する日常生活支援事業などがそれにあたる。また，保育所に優先的に入所できるよう配慮されることも明記されている。なお第4条では，母子家庭の母や父子家庭の父，寡婦に対して，自立に向けた努力をするように規定している。

（2）母子保健法

　母子保健法は1965（昭和40）年に制定され，その目的を「母性並びに乳児及び幼児の健康の保持及び増進を図るため，母子保健に関する原理を明らかにするとともに，母性並びに乳児及び幼児に対する保健指導，健康診査，医療その他の措置を講じ，もつて国民保健の向上に寄与すること」（第1条）としている。

　母子保健法に基づくものとして，①市町村が妊産婦等に対して妊娠，出産，育児に関して行う必要な保健指導，②健康診査（1歳6か月児，3歳児），③妊

娠した者による妊娠届，④市町村による**母子健康手帳**の交付，⑤2500グラム未満の低体重児が出生した時の都道府県等への届出，⑥都道府県等が未熟児に対して行う療育医療の給付等がある。

1991（平成3）年の改正で，保健に関する知識の普及を都道府県だけではなく，市町村にも義務づけた。2017（平成29）年の改正で，市町村には保健に関しての支援に必要な実情の把握等を行う**子育て世代包括支援センター**（法律上の名称は**母子健康包括支援センター**）の設置が努力義務化された。

（3）児童買春・児童ポルノ禁止法

児童買春・児童ポルノ禁止法は1999（平成11）年に制定され，現在の名称は正式には「児童買春，児童ポルノに係る行為等の規制及び処罰並びに児童の保護等に関する法律」という。この法律は，「児童に対する性的搾取及び性的虐待が児童の権利を著しく侵害することの重大性に鑑み，あわせて児童の権利の擁護に関する国際的動向を踏まえ，児童買春，児童ポルノに係る行為等を規制し，及びこれらの行為等を処罰するとともに，これらの行為等により心身に有害な影響を受けた児童の保護のための措置等を定めることにより，児童の権利を擁護すること」（第1条）を目的としている。

2014（平成26）年6月に改正児童買春・児童ポルノ禁止法（「児童買春，児童ポルノに係る行為などの規則及び罰則並びに児童の保護などに関する法律」の改正）が成立し，児童買春やみだりに児童ポルノを所有する行為等をしてはならないと明言され，自己の性的好奇心を満たす目的で児童ポルノを所有等した者や，児童ポルノに該当するような児童の姿態を盗撮し児童ポルノ等を製造する行為を処罰する規定が設けられた。また，改正法施行後3年を目途として，インターネットを利用した児童ポルノに係る情報の閲覧等を制限するための措置に関する技術の開発状況等を勘案し必要な措置を講じるとしている。

（4）配偶者からの暴力の防止及び被害者の保護等に関する法律（DV防止法）

配偶者や恋人などの親密な関係，またそうした関係にあった人から振るわれた暴力のことを DV（ドメスティック・バイオレンス）と呼ぶ。近年，それらが深刻な社会問題となってきたことから，2001（平成13）年に**「配偶者からの暴力の防止及び被害者の保護に関する法律」**（DV防止法）が成立した。のちに「被害者の保護」が「保護等」となり，現在の名称「配偶者からの暴力の防止及び

被害者の保護等に関する法律」となった。この法律で，「配偶者」には，婚姻の届出をしていないいわゆる「事実婚」を含み，男性，女性の別を問わない。また，離婚後（事実上離婚したと同様の事情に入ることを含む）も引き続き暴力を受ける場合を含む。また，交際相手からの暴力についても対象となる。

　婦人相談所は DV 防止法上の**配偶者暴力相談支援センター**としての機能を有し，被害者の相談や援助を行うほか，必要な場合は一時保護を行っている。また裁判所は，被害者の安全の確保のために，加害者に対して，被害者への接近禁止や住居からの退去，住居付近の徘徊禁止，被害者の子への接近禁止，親族・支援者などの接近禁止，電話等の通信の禁止の命令ができるとされている。

（5）子ども・若者育成支援推進法

　子ども・若者を取り巻く環境の悪化に伴い，社会生活がスムーズに送りにくくなってきているという状況を踏まえ，**子ども・若者育成支援推進法**が2009（平成21）年に制定された。この法律は，日本国憲法および児童の権利に関する条約の理念にのっとり，子ども・若者支援の枠組みの整備や子ども・若者支援のためのネットワークづくりを目的としている。具体的には①ニート，ひきこもり，不登校の子ども若者支援，②障がいのある子ども・若者支援，③非行・犯罪に陥った子ども・若者支援，④子どもの貧困への対応，⑤困難を有する子ども・若者の居場所づくりと，困難な状況ごとへの取り組みと子ども・若者の被害防止の保護が基本である。

　また，法律に基づき，各地方公共団体には総合相談の拠点となる子ども・若者総合相談センターの設置の努力義務がある。

（6）男女共同参画社会基本法

　1999（平成11）年に制定された**男女共同参画社会基本法**は，「男女の人権が尊重され，かつ，社会経済情勢の変化に対応できる豊かで活力ある社会を実現することの緊要性にかんがみ，男女共同参画社会の形成に関し，基本理念を定め，並びに国，地方公共団体及び国民の責務を明らかにするとともに，男女共同参画社会の形成の促進に関する施策の基本となる事項を定めることにより，男女共同参画社会の形成を総合的かつ計画的に推進すること」（第1条）を目的としている。同法の条文では，①男女の人権の尊重，②社会における制度または慣行についての配慮，③制作などの立案および決定の共同参画，④家庭生活にお

ける活動とその活動の自立，⑤国際的協調の5つの柱（基本理念）を掲げている。国はこの基本理念に沿った施策の策定・実施が責務とされている。

　また，各地方公共団体では，総合相談窓口となる拠点（名称は，「女性センター」「男女共同参画センター」等と様々である）を自主的に設置するケースが増加している。

（7）次世代育成支援対策推進法

　2003（平成15）年に制定された**次世代育成支援対策推進法**は，「我が国における急速な少子化の進行並びに家庭及び地域を取り巻く環境の変化にかんがみ，次世代育成支援対策に関し，基本理念を定め，並びに国，地方公共団体，事業主及び国民の責務を明らかにするとともに，**行動計画策定指針並びに地方公共団体及び事業主の行動計画**の策定その他の次世代育成支援対策を推進するために必要な事項を定めることにより，次世代育成支援対策を迅速かつ重点的に推進し，もって次代の社会を担う子どもが健やかに生まれ，かつ，育成される社会の形成に資することを目的とする」（第1条）とされている。つまり，少子化の急速な進展などを踏まえ，次代の社会を担う子どもが健やかに生まれ，育成される環境の整備を図るために，次世代育成支援対策についての基本理念を定め，国による行動計画策定指針，地方公共団体および事業主による行動計画の策定などによって，次世代育成支援対策を迅速かつ重点的に推進していくために必要な措置を講じていくことを目的としている。

　本法では，国や地方公共団体，さらに事業主にも少子化対策について責務が示されており，また次世代育成支援の取り組みを促進させるために，策定する行動計画策定指針に基づき，地方公共団体および一般事業主に対し，行動計画の策定を義務づけ，10年間における集中的，計画的な取り組みを推進している。

　なお，この法律は2005（平成17）年4月から2015（平成27）年3月までの時限立法であったが，2014（平成26）年4月に法改正され，有効期限が2025年3月まで10年間延長されることになった。またこの改正により，特に次世代育成支援対策の実施の状況が優良な事業主に，厚生労働大臣による新たな認定（特例認定）制度が創設されることになった。この特例認定を受けた場合，一般事業主行動計画策定・届出義務にかわり，次世代育成支援対策実施状況の公表が義務づけられることになった。

（8）少子化社会対策基本法

　2003（平成15）年に制定された**少子化社会対策基本法**は，「我が国において急速に少子化が進展しており，その状況が21世紀の国民生活に深刻かつ多大な影響を及ぼすものであることにかんがみ，このような事態に対し，長期的な視点に立って，的確に対処する」（第1条）ための事項が定められている。具体的には，①少子化社会において講じられる施策の基本理念，②国および地方公共団体の責務，③少子化対策のための施策の基本となる事項が明記されており，これらのことにより少子化に対処するための施策を総合的に推進し，国民が豊かで安心して暮らすことのできる社会に寄与するとしている。この法律の基本的施策として，雇用環境の整備，保育サービス等の充実，地域社会における子育て支援体制の整備，母子保健医療体制の充実等，ゆとりのある教育の推進等，生活環境の整備，経済的負担の軽減，教育および啓発の8項目が挙げられる。

　本法に基づき，少子化に対処するための施策の指針として，2004（平成16）年に**少子化社会対策大綱**が策定された。

（9）子ども・子育て関連3法

　2012（平成24）年「子ども・子育て支援法」，「就学前の子どもに関する教育，保育等の総合的な提供の推進に関する法律の一部を改正する法律」（認定こども園法の一部改正法），「子ども・子育て支援法及び就学前の子どもに関する教育，保育等の総合的な提供の推進に関する法律の一部を改正する法律の施行に伴う関係法律の整備等に関する法律」の3法が公布された。これらの法律は，①質の高い幼児教育の学校教育保育の総合的な提供，②保育の量的拡大・確保，③地域の子どもの子育て支援の充実の3つを実現していく目的で定められていたもので，これらに基づき，子どもの教育・保育・子育て支援を総合的に進める，**子ども・子育て支援新制度**が実施されることになった。

　この制度の主なポイントは，①認定こども園，幼稚園，保育所を通じた共通の給付（**施設型給付**）と，家庭的保育（保育ママ）や小規模保育などの地域保育への財政支援として**地域型保育給付**の創設，②認定こども園制度の改善（幼保連携型認定こども園の許可・指導監督の一本化など），③地域の実情に応じた子ども・子育て支援（親子が交流できる拠点や一時預かり，放課後児童クラブなど地域・子ども・子育て支援事業）の充実などが挙げられる。

3　各種手当法

（1）児童手当法

　1971（昭和46）年に制定された**児童手当法**は，「児童を養育するものに**児童手当**を支給することにより，家庭等における生活安定に寄与するとともに，次代の社会を担う児童が健やかに成長に資すること」（第1条）を目的としている。支給対象は，中学校修了までの児童であり，年齢や出生順により受け取れる額が異なる。この手当は，児童自身に対して支給されるのではなく，児童を養育する者に対して支給される。2012（平成24）年の改正以降で，手当の月額は，0歳から3歳未満まで1万5000円，3歳から小学校修了まで第1子，第2子は1万円，第3子以降は1万5000円，中学生1万円である。なお，児童手当には所得制限があり，受給者の所得が所得制限以上の場合，特例給付として月額一律5000円が支給される。

（2）児童扶養手当法

　1961（昭和36）年に制定された**児童扶養手当法**は，「父または母と生計を同じくしていない児童が請求される家庭の生活の安定と自立の促進に寄与するため，当該児童について**児童扶養手当**を支給し，もつて児童の福祉の増進を図ること」（第1条）を目的としている。支給要件として，18歳に達する日以後の最初の3月31日までの間にある児童（一定の障害のある場合は20歳未満）を養育する父または母および養育者である。児童扶養手当額の額については，消費者物価指数（消費者が購入する商品の価格の変化を測定したもの）に応じて年度ごとに改定されており，2023（令和5）年度の全部支給の場合，月額4万4140円，一部支給は4万4130円から1万410円まで10円刻みの額となっている。また，加算額（全部支給）が第2子に月額1万190円，第3子以降6110円となった。2019（令和元）年11月分の手当から支払い回数が年3回から年6回に見直された。

（3）特別児童扶養手当等の支給に関する法律

　1964（昭和39）年に制定された**特別児童扶養手当等の支給に関する法律**は，「精神又は身体に障害を有する児童に対し**特別児童扶養手当**を支給し，精神または人体に重度の障害を有する児童に**障害児福祉手当**を支給をするとともに，

精神又は身体に著しく重度の障害を有する者に対し**特別障害者手当**を支給することにより，これらの者の福祉の増進を図ること」（第1条）を目的としている。2023（令和5）年4月現在の特別児童扶養手当の額は，重度障害児1級の場合，月額5万3700円，重度障害者2級では月額3万5760円となっている。また障害児福祉手当は月額1万5220円，特別障害者手当は月額2万7980円となっている。

参考文献

河野清志（2015）「児童家庭福祉の制度と法体系」立花直樹・波田埜英治編『児童家庭福祉論』ミネルヴァ書房，51〜64頁。

厚生労働省（2021）「特別児童扶養手当について」（https://www.mhlw.go.jp/bunya/shougaihoken/jidou/tokubetsu.html　2021年9月30日閲覧）。

厚生労働省（2021）「児童扶養手当について」（https://www.mhlw.go.jp/bunya/kodomo/osirase/100526-1.html　2021年9月30日閲覧）。

吉村讓（2020）「子ども家庭福祉の法体系，行財政，機関・施設」堀場純矢編『子ども家庭福祉』みらい，61〜65頁。

学習課題

① 児童福祉法の制定および改正された背景を調べてみよう。
② 少子化社会対策基本法に基づいて作成された行政計画を調べてみよう。
③ 各種手当法の対象と給付内容を整理してみよう。

第5章

児童・家庭福祉の行財政と専門機関

　本章では，児童・家庭福祉における「行財政」，つまり行政の仕組みと財政，および「専門機関」について学ぶ。一見すると行財政と児童・家庭福祉の現場実践とのつながりはイメージしにくいかもしれない。前章で学んだ法体系と制度に基づき，行政機関では枠組みやシステムが構築され，財政面も含めて運用されている。その枠組みに基づいて**保育者**（保育士や幼稚園教諭，保育教諭など，保育を主たる業務としている専門職の総称）や**ソーシャルワーカー**（社会福祉士や精神保健福祉士など，ソーシャルワークを主たる業務としている専門職の総称）の所属機関も運用されていることがほとんどである。さらに保育者やソーシャルワーカーは関係機関とともに連携・協働しながら子どもや家庭の支援を進めていくことが求められており，行政機関をはじめとする専門機関やそこで働く人々の名称や機能を学ぶことは非常に重要である。

1　行政の役割

（1）国，都道府県，市町村の役割
　行政とは法律を制定する「**立法**」，法に基づく民事・刑事の裁判を行う「**司法**」以外の，公の目的を達成するためにする作用を指す。地方自治法によると，行政主体は国と地方公共団体に分かれ，さらに地方公共団体は都道府県と市町村に分かれている。

　国は，①国際社会における国家としての存立にかかわる事務，②全国的に統一して定めることが望ましい国民の諸活動もしくは地方自治に関する基本的な準則に関する事務，③全国的な規模で，もしくは全国的な視点に立って行わなければならない施策および事業の実施の3類型について「国が本来果たすべき役割を重点的に担う」としている。また「住民に身近な行政はできる限り地方

公共団体に委ねる」としている。

　都道府県（市町村を包括する広域の地方公共団体）の役割は，①広域にわたるもの，②市町村に関する連絡調整に関するもの，③その規模または性質において一般の市町村が処理することが適当ではないと認められる事務を処理することである。

　市町村（基礎的な地方公共団体）の役割は，都道府県が処理するものとされているものを除き，一般的に，「地域における事務及び法令で定められたその他の事務」を処理することである。

　このような役割分担のもと，連携・協力しながら多様な領域において業務が行われている。

（2）児童・家庭福祉における行政の役割

　児童・家庭福祉における行政の役割については，児童福祉法において以下のように規定されている（下線および項番号は筆者付記）。

第10条　市町村は，この法律の施行に関し，次に掲げる業務を行わなければならない。
　1　児童及び妊産婦の福祉に関し，必要な実情の把握に努めること。
　2　児童及び妊産婦の福祉に関し，必要な情報の提供を行うこと。
　3　児童及び妊産婦の福祉に関し，家庭その他からの相談に応ずること並びに必要な調査及び指導を行うこと並びにこれらに付随する業務を行うこと。
　4　前3号に掲げるもののほか，児童及び妊産婦の福祉に関し，家庭その他につき，必要な支援を行うこと。
②　市町村長は，前項第3号に掲げる業務のうち専門的な知識及び技術を必要とするものについては，児童相談所の技術的援助及び助言を求めなければならない。
③　市町村長は，第1項第3号に掲げる業務を行うに当たつて，医学的，心理学的，教育学的，社会学的及び精神保健上の判定を必要とする場合には，児童相談所の判定を求めなければならない。
④　市町村は，この法律による事務を適切に行うために必要な体制の整備に努めるとともに，当該事務に従事する職員の人材の確保及び資質の向上のために必要な措置を講じなければならない。
⑤　国は，市町村における前項の体制の整備及び措置の実施に関し，必要な支援を行うように努めなければならない。

第3条の2　国及び地方公共団体は，児童が家庭において心身ともに健やかに養育

　　されるよう，児童の保護者を支援しなければならない。ただし，児童及びその保護者の心身の状況，これらの者の置かれている環境その他の状況を勘案し，児童を家庭において養育することが困難であり又は適当でない場合にあつては児童が家庭における養育環境と同様の養育環境において継続的に養育されるよう，児童を家庭及び当該養育環境において養育することが適当でない場合にあつては児童ができる限り良好な家庭的環境において養育されるよう，必要な措置を講じなければならない。

第3条の3　市町村（特別区を含む。以下同じ。）は，児童が心身ともに健やかに育成されるよう，基礎的な地方公共団体として，第10条第1項各号に掲げる業務の実施，障害児通所給付費の支給，第24条第1項の規定による保育の実施その他この法律に基づく児童の身近な場所における児童の福祉に関する支援に係る業務を適切に行わなければならない。

②　都道府県は，市町村の行うこの法律に基づく児童の福祉に関する業務が適正かつ円滑に行われるよう，市町村に対する必要な助言及び適切な援助を行うとともに，児童が心身ともに健やかに育成されるよう，専門的な知識及び技術並びに各市町村の区域を超えた広域的な対応が必要な業務として，第11条第1項各号に掲げる業務の実施，小児慢性特定疾病医療費の支給，障害児入所給付費の支給，第27条第1項第3号の規定による委託又は入所の措置その他この法律に基づく児童の福祉に関する業務を適切に行わなければならない。

③　国は，市町村及び都道府県の行うこの法律に基づく児童の福祉に関する業務が適正かつ円滑に行われるよう，児童が適切に養育される体制の確保に関する施策，市町村及び都道府県に対する助言及び情報の提供その他の必要な各般の措置を講じなければならない。

　国は「体制の確保に関する施策」「市町村及び都道府県に対する助言及び情報の提供その他の必要な各般の措置」が役割として求められている。

　都道府県は，「市町村に対する必要な助言及び適切な援助」「専門的な知識及び技術並びに各市町村の区域を超えた広域的な対応」「小児慢性特定疾病医療費の支給」「障害児入所給付費の支給」「委託又は入所の措置」などの役割が求められている。

　市町村の役割は，基礎的な地方公共団体として，「児童及び妊産婦の福祉に関し，家庭その他につき，必要な支援の実施」「障害児通所給付費の支給」「保育の実施」，その他この法律に基づく「児童の身近な場所における児童の福祉に関する支援」を行っている。

2　児童・家庭福祉における財政

　図5-1は厚生労働省における「令和4年度予算概算要求の概要」である。
　前年度にはなく，初めて出現したキーワードがいくつかある。一部を抜粋すると，「**ヤングケアラー**（中略）に対する相談支援，家事や育児の支援」「児童養護施設退所者（ケアリーバー）への支援」「小児・AYA 世代のがん患者等の妊よう性温存療法のための支援」，ひとり親家庭等の自立支援の推進の項目において「ICT 活用等による『ワンストップ化』，『プッシュ型』支援の実現」などが挙げられる。
　たとえばヤングケアラーについて述べると，法令上の定義はないものの，「本来大人が担うと想定されている家事や家族の世話などを日常的に行っている子ども」を意味する。中学生，高校生を対象にした初めての全国調査では，家庭内で両親や祖父母，きょうだいの世話や介護をしている中学生が約17人に1人，高校生で約24人に1人いることが明らかになった。社会からの注目が向けられ，支援の必要性も認識されるようになっている。
　このように予算を見ることで，子どもや社会を取り巻く時代や社会の変化に伴って生じるニーズや新しい支援の形，そして時間の経過に関係なく必要な支援が何かを学ぶことができる。また予算の配分を見ることで全体における各々のバランスなどを把握することができる。保育者，ソーシャルワーカーをめざす者にとって，予算を見ることは俯瞰的に児童・家庭福祉の動向を把握することに役立つ。

3　地方公共団体における児童・家庭福祉に関わる様々な機関

　第1節でも述べたように，国，都道府県，市町村はそれぞれの役割を担っており，児童・家庭福祉においても，行政をはじめとする各専門機関が連携しながら子どもや保護者を支援している。以下では，地方公共団体における児童・家庭福祉に関わる様々な機関について表5-1を中心に概観する。

子どもを産み育てやすい社会の実現	
○子育て家庭や女性を包括的に支援する体制の 　構築　　　　　405億円（239億円） ➤母子保健と児童福祉の一体的な支援体制の構 　築 ➤子どもらしい生活を送ることができないヤン 　グケアラーや育児等に不安を抱える家庭に対 　する相談支援，家事・育児の支援 ➤居場所のない子どもに対する居場所の提供， 　保護者へのカウンセリング ➤困難な問題を抱える女性への支援の充実・強 　化を図るための婦人保護施設の機能強化，婦 　人相談員の処遇改善，NPO 等との協働によ 　る支援の推進 ➤生涯にわたる女性の健康の包括的支援　　等 ○児童虐待防止対策・社会的養育の迅速かつ強 　力な推進　　　1,801億円（1,639億円） ➤子ども食堂や子どもへの宅食等を行う民間団 　体等も含めた地域における子どもの見守り体 　制の強化 ➤子どもの意見表明（アドボケイト）の推進等 　による子どもの権利擁護の強化 ➤定員の超過している一時保護の受入体制や児 　童相談所の体制強化 ➤児童相談所における ICT 機器導入支援， 　SNS 等を活用した相談支援の強化，虐待防 　止のための情報共有システムの整備 ➤里親委託・施設地域分散化等加速化プランに 　基づく集中取組期間の補助率嵩上げ等による 　里親養育支援体制の強化 ➤特別養子縁組の民間あっせん機関の支援体制 　の強化 ➤児童養護施設退所者等（ケアリーバー）への 　支援を行うコーディネーターの配置促進，生 　活費等の貸付事業の充実 ※児童虐待防止対策・社会的養育の迅速かつ強 　力な推進については，「経済財政運営と改革 　の基本方針2021」を踏まえ，予算編成過程で 　検討する。	○不妊症・不育症に対する総合的支援の推進 　　　　　　　　　43億円（37億円） ➤不妊症検査への助成，不妊症・不育症に対す 　る相談支援等 ➤小児・AYA 世代のがん患者等の妊よう性温 　存療法のための支援（再掲） ➤不妊治療と仕事の両立支援（再掲）　　　等 ※不妊治療の保険適用への対応については，予 　算編成過程で検討する。 ○成育基本法を踏まえた母子保健医療対策の推 　進　　　　　　173億円（159億円） ➤低所得の妊婦に対する妊娠判定料支援や訪問 　支援など妊産婦等への支援 ➤妊産婦等の健康支援を実施する地域健康総合 　支援センター（仮称）の創設 ➤産後ケア事業の推進 ➤多胎妊産婦への経験者による相談支援，育児 　サポーター派遣等 ➤予防のための子どもの死亡検証（Child 　Death Review）に基づくプラットフォーム 　の整備，広報の実施　　　　　　　　　　等 ○総合的な子育て支援　1,066億円（969億円） ➤「新子育て安心プラン」に基づく保育の受け 　皿整備 ➤保育士・保育現場の魅力発信や魅力ある職場 　づくりの支援，保育補助者等の配置による保 　育士の業務負担軽減 ➤保育所等の医療的ケア児の受入促進，外国籍 　の子どもへの支援 ➤認可保育所等への移行も見据えた認可外保育 　施設の保育の質の確保・向上 ➤「新・放課後子ども総合プラン」に基づく放 　課後児童クラブの受け皿整備　　　　　　等 ○ひとり親家庭等の自立支援の推進 　　　　　　1,790億円（1,756億円） ➤ICT 活用等による「ワンストップ化」， 　「プッシュ型」支援の実現等による自治体の 　ひとり親相談窓口の機能強化 ➤高等職業訓練促進給付金の対象資格拡充等の 　特例措置の継続，自立支援教育訓練給付金の 　拡充によるひとり親の就業支援の促進　　等
※子どもに係る国民健康保険料等の均等割額の減額措置は，令和4年度から実施予定。 ※子供・子育てについては，「経済財政運営と改革の基本方針2021」における「子供に関する 　様々な課題に総合的に対応するため，…こうした機能を有する行政組織を創設するため，早急 　に検討に着手する」及び「十分に安定的な財源を確保しつつ，有効性や優先順位を踏まえ，速 　やかに必要な支援策を講じていく」との方針を踏まえ，予算編成過程で検討する。	

図5-1　令和4年度予算概算要求の概要

出所：厚生労働省（2021）「令和4年度予算概算要求の概要」。

表 5-1　児童・家庭福祉に関わる行政機関

設置　単位	機関名	根拠法	児童・家庭福祉に関わる従事者	その他
都道府県市単位	警察	警察法	警察官	
	家庭裁判所	裁判所法	家庭裁判所調査官	
	児童相談所	児童福祉法	児童福祉司（スーパーバイザー）、児童福祉司、相談員、精神科を専門とする医師、児童心理司、心理療法担当職員、その他必要とする職員	支援対象が徐々に拡大し、人心取引被害者やストーカー被害者も保護の対象となっている
	婦人相談所	売春防止法	婦人相談員	婦人相談所内に設置
都道府県及び市と特別区	配偶者暴力相談支援センター	DV防止法	婦人相談員	
	福祉事務所	社会福祉法	母子・父子自立支援員	ひとり親家庭および寡婦に対する支援を行う
	家庭児童相談室	家庭児童相談室設置運営要綱	社会福祉主事、家庭児童福祉主事、家庭相談員	福祉事務所内に設置され、家庭における適正な児童養育、その他の家庭児童福祉の向上を図る
市町村単位	子ども・若者総合相談センター	子ども・若者育成支援推進法	統一された名称はない	
	子育て世代包括支援センター	母子保健法	利用者支援専門員（母子保健に関する専門知識を有する保健師、助産師、看護師及びソーシャルワーカー（社会福祉士等））	利用者支援事業、子育て支援事業、市町村保健センター等で実施している母子保健型を活用して実施可能
	子ども家庭総合支援拠点	児童福祉法	子ども家庭支援員、心理担当支援員、虐待対応専門員の職務を行う職員を配置、必要に応じて安全確認対応職員、事務処理対応職員を置くことができる	小規模型、中規模型、大規模型がある
その他	利用者支援事業	子ども・子育て支援法	利用者支援専門員のほか、法令上の名称ではないが（保育コンシェルジュ）という名称で活動している自治体もある（例：横浜市）	基本型、特定型、母子保健型より、設置場所が異なる
	民生・児童委員、主任児童委員	民生委員法、児童福祉法	民生・児童委員、主任児童委員	都道府県知事の推薦によって、厚生労働大臣により委嘱されるが、市町村の区域で活動する
	特定非営利活動法人（NPO法人）	特定非営利活動促進法		

出所：筆者作成。

（1）都道府県単位で設置されている行政機関

①　警察

警察は，国の警察行政機関として国家公安委員会や広域組織犯罪に対処する警察庁はあるものの，実際に児童・家庭福祉に関わるのは都道府県警察である。

「**市町村子ども家庭支援指針（ガイドライン）**」では児童・家庭福祉における警察の業務として，「子ども虐待事案に係る子どもの安全確認及び保護，児童相談所への通告，虐待者の検挙，被害を受けた子どもへの支援」「非行少年に係る捜査及び調査，少年相談活動，街頭補導活動，継続補導活動」「家出少年の捜索・発見・保護」としている。他にもいじめ問題の対応として少年や保護者等との相談対応，訪問活動等による早期把握，学校と連携しながら捜査や加害少年に対する注意・説諭等を行い，被害を受けた少年に対してカウンセリング等の支援を行う。また，「居住実態が把握できない児童」の対応も行っている。

②　家庭裁判所

家庭裁判所は全国に50か所あり，その管轄区域は北海道が４つに分かれているほかは各都道府県と同じである。家庭裁判所は家事事件の審判と調停および少年事件の調査・審判を行う裁判所である。**家事事件**とは夫婦や親子など親族間における人間関係や財産などをめぐる紛争の調停や審判，少年事件に対しては犯罪を犯したりそのおそれのある20歳未満の少年を対象に通常の刑事手続きによる処罰をせず，あくまでもその健全育成と人格形成を図るべく，性格の矯正や環境の調整に関する保護処分のための調査や審判を行う。**児童虐待**に関しては，2011（平成23）年の児童福祉法改正により家庭裁判所が期限付きで親権を制限できる「親権停止制度」が創設され，2018（平成30）年の児童福祉法改正では虐待を受けている児童等の保護者に対する指導への司法関与が可能となるなど，児童虐待における家庭裁判所の役割が大きくなっている。

③　児童相談所

児童相談所は都道府県，政令指定都市に設置が義務づけられており，中核市や特別区の設置は任意である。「市町村子ども家庭支援指針（ガイドライン）」によると，市町村援助機能，子どもに関する家庭その他からの相談のうち専門的な知識および技術を必要とするケースの相談機能，一時保護機能，措置機能などをもつ。また親権者の親権喪失や停止をはじめとする民法上の権限をもつほか，市町村とともに関係機関のネットワーク化を推進する。

児童福祉司等により行われる調査に基づく社会診断，**児童心理司**等による心理診断，医師による医学診断，その他必要に応じた診断をもとに判定会議を行い，個々の子どもに対する援助内容が決定される。

④　配偶者暴力相談支援センター（婦人相談所）

婦人相談所は都道府県に設置が義務づけられている。婦人相談所はもともと売春防止法第34条に基づき，売春を行うおそれのある女子の相談，指導，一時保護等を行う施設だったが，時代とともに支援対象が拡大し，婦人保護事業の中で女性に関する様々な相談に応じている。2001（平成13）年から DV 防止法により**配偶者暴力相談支援センター**の機能を担うようになった。相談や相談機関の紹介やカウンセリング，被害者および同伴者の緊急時における安全の確保および一時保護，自立して生活することを促進するための情報提供その他の援助，被害者を居住させ保護する施設の利用についての情報提供その他の援助，保護命令制度の利用についての情報提供その他の援助を行う。

⑤　福祉事務所

福祉事務所は都道府県および市と特別区に設置が義務づけられており，町村は任意設置である。福祉六法に定める援護，育成または は厚生の措置に関する事務のうち，主に**児童福祉法**，**母子及び父子並びに寡婦福祉法**に関する事務が児童・家庭福祉に関連する。特に専門的技術を必要とする業務を**家庭児童相談室**が行っており，**社会福祉主事**および**家庭相談員**[4]が配置されている。社会福祉主事とは福祉事務所に従事する公務員に任用される際に必要とされる，行政が定めた資格基準であり，さらに2年以上児童福祉事業に従事した社会福祉主事は**家庭児童福祉主事**と呼ばれる。

母子及び父子並びに寡婦福祉法に関する事務において，**母子・父子自立支援員**[5]が配置されており，ひとり親家庭の自立に向けた支援を総合的に行っている。また上記に加え，婦人保護に関する事務，民生・児童委員[6]に関する事務，児童扶養手当に関する事務，特別児童扶養手当に関する事務を行っている福祉事務所が多い。

（2）市町村単位で設置されている行政機関

① 利用者支援事業

2015（平成27）年に施行された子ども・子育て支援新制度における地域子ども・子育て支援事業の一つとして**利用者支援事業**がある。妊娠期から子育て期

の保護者等が子育て支援サービスを自らのニーズに応じて利用できるよう情報
提供・助言等の実施および関係機関の連携・協働体制づくり等を行う。基本型，
特定型，母子保健型があり，基本型は地域子育て支援拠点事業等を窓口として，
特定型では主に市区町村の窓口で，母子保健型は主に保健センター等を窓口と
して事業が展開される。特色型では，保育サービス等の相談および情報提供を
行うことで保育サービスの利用につなげることを目的としており，利用者支援
専門員（**保育コンシェルジュ**）という名称を用い，各種相談や出張相談を行うな
ど，「寄り添う支援」を実施している。

　②　子育て世代包括支援センター

　子育て世代包括支援センターは2015（平成27）年の子ども・子育て支援新制
度における施策の一つとして登場し，2017（平成29）年に母子保健法において
法定化された。母子保健法上は母子健康包括支援センターという。妊娠期から
子育て期にわたる切れ目のない支援として母子保健と子育て支援サービスが一
体的に提供されるようマネジメント機能を担っている。利用者支援事業や児童
福祉法に基づく子育て支援事業，市町村保健センターで実施されている母子保
健事業等を活用して実施が可能であり，各自治体にて特色を生かした運営がみ
られる。たとえばフィンランドの「**ネウボラ**」（フィンランド語でアドバイスをす
る場所）の制度を参考に，自治体のニーズや実情に合わせた取り組み「日本版
ネウボラ」も多くみられる。

　③　子ども家庭総合支援拠点

　2016（平成28）年に改正された児童福祉法により，**子ども家庭総合支援拠点**
の設置は市町村の努力義務とされた。子どもとその家庭および妊産婦等を対象
に，実情の把握，子ども等に関する相談全般から通所・在宅支援を中心とした
より専門的な相談対応や必要な調査，訪問等による継続的なソーシャルワーク
業務までを行う。虐待ケースの多くが，「施設入所等の措置を採るに至らず在
宅支援となっている」現状において，虐待の発生防止や在宅支援の強化を図る
ねらいもあるため，支援対象児童等に対する支援の実施状況を的確に把握し，
児童相談所，養育支援訪問事業を行う者その他の関係機関等との連絡調整を行
う「要保護児童対策調整機関」を担うことが求められている。小規模A型，B
型，C型，中規模型，大規模型と類型ごとに配置人員は異なり，子ども家庭支
援員，心理担当支援員，虐待対応専門員のほか，必要に応じて安全確認対応職
員，事務処理対応職員を置くことができる。

④ 子ども・若者総合相談センター

子ども・若者総合相談センターは，2009（平成21）年に成立した**子ども・若者育成支援推進法**により，子ども・若者育成支援に関する相談に応じ，関係機関の紹介，その他の必要な情報の提供および助言を行う拠点である。「修学及び就業のいずれもしていない子ども・若者その他の子ども・若者であって，社会生活を円滑に営む上での困難を有するもの」を対象とし，おおむね15歳から39歳までを支援対象としているセンターが多い。2021（令和3）年1月1日現在，全国に96か所設置されている。市町村単位での設置が想定されていることを考えると，さらなる拡充が必要である。

（3）その他

行政機関による支援ではないが，都道府県知事の推薦を受けて厚生労働大臣が委嘱し，福祉事務所その他の関係行政機関の業務に協力しながら活動を行う民間の奉仕者がいる。**児童委員**は，児童福祉法に基づき，子どもや妊産婦の生活と取り巻く環境の状況把握，サービスを適切に利用するために必要な情報提供，その他の援助および指導，要保護児童の把握，要保護児童発見者からの通告を市町村（支援拠点），児童相談所等へ仲介，児童福祉司や社会福祉主事の行う職務への協力などを行う。なお**民生委員**と兼務している。さらに一部の児童委員は，児童に関することを専門的に担当する「**主任児童委員**」の指名を受け，児童福祉関係機関と区域を担当する児童委員との連絡・調整のほか，児童および児童を取り巻く家庭環境・社会環境についての情報収集，地域における児童健全育成活動や母子保健活動の推進など児童および妊産婦等に対して必要な援助・協力を行う。

4　児童・家庭福祉の行財政に関する論点と課題

2021（令和3）年より，**こども家庭庁**の創設を模索する動きがみられている。[7]
現状では子どもや家庭に関わる省庁が複数ある（図5-2）。たとえば文部科学省による教育，厚生労働省による保育や母子保健，虐待対応，内閣府による少子化対策などに分かれており，これを"縦割り行政"という。たとえば虐待問題は，場合によっては警察や司法機関など，さらに複数の領域による連携・協働を必要とする事案もある。虐待による死亡事件が後を絶たない現状を考え

		厚労省 子ども家庭局	内閣府 子ども子育て本部 男女共同参画局	文科省 幼児教育課等	法務省	警察庁	
子どもの	発達支援	保育園 医療的ケア児支援 障害児支援	認定こども園 企業主導型保育 ベビーシッター	幼稚園	少年院 矯正施設	非行防止	こども庁
		乳幼児健診・予防接種 母子手帳	少子化対策 孤独・孤立対策	学校健診			
児童虐待等	DV対策等	婦人保護施設 母子生活支援施設 児童相談所 児童養護施設，里親	配偶者暴力相談 支援センター 女性センター	学校での いじめ対策	人権救済	事件化	
施策		産前・産後ケア支援，小児医療・周産期医療体制の整備 成長に応じた性教育，希望に寄り添う不妊治療， CDR（チャイルド・デス・レビュー）DBS（保育・教育従事者の無犯罪証明）， ホスピス食育，子ども食堂・子ども宅食の支援　など					

図 5-2　厚労省子ども家庭局を核とした統合案

出所：福祉新聞「自民若手議員が『こども庁』創設を提言　厚労省を核に業務統合」2021年 3 月22日。

　ても，複数の機関による協力や調整を有機的に行うことができているとは言い難く，改善が必要なのは明らかである。ただし，2015（平成27）年に施行された子ども・子育て支援新制度においても幼保一元化が掲げられたものの，結果としてより複雑化・多元化した経緯を考えると，真の意味での一元化実現は容易ではない。動向を慎重に見守ることが重要である。

　厚生労働省の人口動態統計によると，2020（令和 2）年度の**合計特殊出生率**は1.34で，前年の1.36より低下した。2016（平成28）年以降低下傾向にあり，少子化が「危機的な水準で悪化」している現状に対して安定的な財源を確保する「新たな枠組み」が必要としながらも，現状において具体策が示されているわけではない。教育機関に対する公財政支出が国内総生産（GDP）に占める割合に関して経済協力開発機構（OECD）平均が4.7％であるのに対し，日本は3.5％であり，加盟国の34か国中，最下位である。また子どもに対する社会保障給付費も高齢者の約17分の 1 であり，わが国の子どもに関する予算配分の少なさは際立っている。子どもに関する財源の確保が急務である。

　前述した「令和 4 年度予算概算要求の概要」において，「NPO 等との協働による支援」「民間団体等も含めた地域における子どもの見守り体制の強化」の文言がみられた。

　児童・家庭福祉においては，長らくフォーマルとインフォーマルな活動主体

に二分されてきたが，近年は多様化し，社会的起業家や **NPO 法人**などの中間的存在が子どもや保護者の抱える課題をいちはやく把握し，事業を通じて社会問題を解決するモデルを創り出している。行政がそのモデルを法制化したり，行政が政策を立案する際に彼らも寄与することで，当事者のニーズや実情が反映されるなどの動きもみられている。今後も行政と NPO がよりよい関係のもとで児童・家庭福祉実践のさらなる協働を行うことが望ましい。

注

⑴　新村出（2018）『広辞苑　第七版』岩波書店，764頁。
⑵　厚生労働省「ヤングケアラーについて」（https://www.mhlw.go.jp/stf/young-carer.html　2021年10月12日閲覧）。
⑶　厚生労働省・文部科学省（2021）「ヤングケアラーの実態に関する調査研究について」（https://www.mext.go.jp/a_menu/shotou/seitoshidou/mext_01458.html　2021年10月12日閲覧）。
⑷　子育てにおける様々な悩みや問題について相談援助を行う。
⑸　児童を扶養する配偶者のいない者や寡婦に対し，相談に応じ，自立に必要な情報提供や求職活動に関する支援などを行う。
⑹　民生委員は児童委員を兼任し，社会福祉や児童福祉に関して委嘱された特別職の地方公務員である。市区町村ごとの人口・面積や世帯数等の基準により，各区域に配置され，住民生活の実態把握，福祉や生活に関する相談，福祉サービス利用に必要な情報提供などを住民の立場に立って行う。
⑺　当初は「こども庁」の名称で議論が進められていたが，子どもの基盤は家庭にあるという意見から「こども家庭庁」へと名称変更された。

参考文献

厚生労働省（2004）「福祉事務所現況調査（福祉六法以外の事務の所掌状況について）」。
厚生労働省（2007）「児童相談所運営指針」。
厚生労働省（2018）「市町村・都道府県における子ども家庭相談支援体制の整備に関する取組状況について」。
厚生労働省（2020）「市町村子ども家庭支援指針（ガイドライン）」。
厚生労働省（2020）「『市区町村子ども家庭総合支援拠点』設置運営要綱の一部改正について」。
厚生労働省（2020）「令和 3 年度予算概算要求の概要」9 頁。

厚生労働省（2021）「令和4年度予算概算要求の概要」8頁。

駒崎弘樹（2011）『「社会を変える」を仕事にする』筑摩書房，232頁。

裁判所「下級裁判所」（https://www.courts.go.jp/about/sosiki/kakyusaibansyo/index.html　2021年10月12日閲覧）。

自民党（2020）「危機的な少子化の打開に向けて～希望出生率1.8への道筋～」。

総務省「『国と地方の役割分担』について（地方自治制度の概要内）」（https://www.soumu.go.jp/main_content/000467822.pdf　2021年9月30日閲覧）。

独立行政法人福祉医療機構　WAM NET「家庭裁判所」（https://www.wam.go.jp/content/wamnet/pcpub/top/fukushiworkguide/jobguijobguidewor/jobguide_wkpl30.html　2021年10月12日閲覧）。

内閣府政策統括官（2021）「子供・若者支援地域ネットワーク強化推進事業　子ども・若者総合相談センター強化推進事業（専門職員派遣等）報告書」1頁。

内閣府男女共同参画局「婦人相談所」（https://www.gender.go.jp/policy/no_violence/e-vaw/soudankikan/02.html　2021年10月12日閲覧）。

内閣府男女共同参画局「配偶者暴力相談支援センター」（https://www.gender.go.jp/policy/no_violence/e-vaw/soudankikan/01.html　2021年10月12日閲覧）。

中坪史典・山下文一・松井剛太・伊藤嘉余子・立花直樹編集委員（2021）『保育・幼児教育・子ども家庭福祉辞典』ミネルヴァ書房。

山縣文治・柏女霊峰編集委員代表（2013）『社会福祉用語辞典（第9版）』ミネルヴァ書房。

学習課題

①　日本は国家予算も実際の支出においても，高齢者に対する比率が大きく，子どもに関する割合が少ないといわれている。世界の中で子どもに対する予算が大きい国を調べ，その国の出生率はどうなっているか，またどのような児童・家庭福祉が行われているか，諸外国の状況を調べよう。

②　あなたの住んでいる地域の市役所に行き，児童・家庭福祉に関する情報がまとめられている広報誌や冊子を入手してみよう。そのうえで，本章で書かれている様々な機関や支援者が，冊子のどこに書かれているか確認し，あなたなりに説明文をまとめてみよう。

第6章

児童・家庭福祉の施設と専門職

　本章は，児童・家庭福祉に関わる児童福祉施設や関連する児童福祉事業について概説し，その社会的役割や対象者について把握することを目的としている。また，児童福祉施設や児童福祉事業，地域における支援ネットワークにおいては，様々な専門職がそれぞれの専門性を活かしながら連携・協働し，子どもやその家族，関係者等に対する支援の実務に携わっている。そうした専門職について，とりわけ関連が深い資格や職種を取り上げて，各資格を規定する法制度やその社会的役割から，各専門職の意義について吟味する。

1　児童・家庭福祉を支える児童福祉施設

（1）児童福祉施設の種類と類型
　児童福祉施設は，子どもやその保護者に適切な環境を提供し，養育，保護，訓練，育成，自立支援などのサービスを通して子どもの福祉を図っている。**児童福祉法**第7条には，12種類の**児童福祉施設**が規定される。また，同法第36条から第44条の2にわたり，各施設の設置目的と機能が規定される（表6-1）。
　12種類の児童福祉施設は，母子保健に関わる**助産施設**，保育施策に関わる**保育所**および**幼保連携型認定こども園**，社会的養護に関わる**乳児院・母子生活支援施設・児童養護施設・児童心理治療施設・児童自立支援施設・児童家庭支援センター**，障害児支援に関わる**障害児入所施設**（福祉型・医療型）および**児童発達支援センター**（福祉型・医療型），健全育成に関わる**児童厚生施設**としてそれぞれ類型化できる。施設のタイプとしては，通所型（1日のうち特定の時間利用するために通う），入所型（24時間の生活の場となる），利用型（ニーズに応じて適宜利用する）に区分される。

表6-1　児童福祉施設の種類と目的

施設の種類	施設の目的および対象者	
助産施設〔第36条・2種・入所〕	保健上必要があるにもかかわらず，経済的理由により，入院助産を受けることができない妊産婦を入所させて，助産を受けさせる。第1種助産施設と第2種助産施設が規定されており，前者は医療法の病院または診療所である助産施設，後者は医療法の助産所である助産施設をいう。	
乳児院〔第37条・1種・入所〕	乳児（保健上，安定した生活環境の確保その他の理由により特に必要のある場合には，乳児を含む）を入院させて，これを養育し，あわせて退院した者について相談その他の援助を行う。	
母子生活支援施設〔第38条・1種・入所〕	配偶者のない女子又はこれに準ずる事情にある女子及びその者の監護すべき児童を入所させて，これらの者を保護するとともに，これらの者の自立の促進のためにその生活を支援し，あわせて退所した者について相談その他の援助を行う。	
保育所〔第39条・2種・通所〕	保育を必要とする乳児・幼児を日々保護者の下から通わせて保育を行うことを目的とする施設（利用定員が20人以上であるものに限り幼保連携型認定こども園を除く）とする。	
幼保連携型認定こども園〔第39条の2・2種・通所〕	義務教育及びその後の教育の基礎を培うものとしての満3歳以上の幼児に対する教育及び保育を必要とする乳児・幼児に対する保育を一体的に行い，これらの乳児又は幼児の健やかな成長が図られるよう適当な環境を与えて，その心身の発達を助長する。	
児童厚生施設〔第40条・2種・利用〕	児童館	児童に健全な遊びを与えて，その健康を増進し，又は情操を豊かにする。
	児童遊園	児童に健全な遊びを与え，児童を個別的又は集団的に指導して，児童の健康を増進し情操を豊かにするとともに，事故による傷害の防止を図る。
児童養護施設〔第41条・1種・入所〕	乳児を除く保護者のない児童，虐待されている児童その他環境上養護を要する児童を入所させて，これを養護し，あわせて退所した者に対する相談その他の自立のための援助を行う。	
障害児入所施設〔第42条・1種・入所〕	障害児を入所させて，保護，日常生活の指導及び独立自活に必要な知識技能の付与を行う。福祉型と医療型があり，医療型は，これらに治療が加わる。	
児童発達支援センター〔第43条・2種・通所〕	障害児を日々保護者の下から通わせて，日常生活における基本的動作の指導，独立自活に必要な知識技能の付与又は集団生活への適応のための訓練を提供する。福祉型と医療型があり，医療型は，これらに治療が加わる。	
児童心理治療施設〔第43条の2・1種・入所／通所〕	家庭環境，学校における交友関係その他の環境上の理由により社会生活への適応が困難となった児童を，短期間，入所させ，又は保護者の下から通わせて，社会生活に適応するために必要な心理に関する治療及び生活指導を主として行い，あわせて退所した者について相談その他の援助を行うことを目的とする。	
児童自立支援施設〔第44条・1種・入所／通所〕	不良行為をなし，又はなすおそれのある児童及び家庭環境その他の環境上の理由により生活指導等を要する児童を入所させ，又は保護者のもとから通わせて，個々の児童の状況に応じて必要な指導を行い，その自立を支援し，あわせて退所した者について相談その他の援助を行うことを目的とする。	
児童家庭支援センター〔第44条の2・2種・利用〕	地域の児童の福祉に関する各般の問題につき，児童，家庭等からの相談に応じ，必要な助言を行うとともに，指導，連絡調整等の援助を総合的に行う。	

注：施設種別に添え書きしている〔　〕内は，その種別が規定されている児童福祉法の条項・社会福祉法における社会福祉事業の区分・利用区分をそれぞれ示している。
出所：児童福祉法の規定に基づき筆者作成。

（2）児童福祉施設の目的

表 6 - 1 は，各児童福祉施設の目的を表している。「 1 種」および「 2 種」の区分は，社会福祉法第 2 条における「**第 1 種社会福祉事業**」と「**第 2 種社会福祉事業**」を示している。第 1 種社会福祉事業とは，行政（国や地方自治体）の強い監督や指導が必要であり，原則として国，地方自治体，社会福祉法人が経営主体となる事業であり，第 2 種社会福祉事業は，第 1 種社会福祉事業に比べて規制が緩やかな事業をいう。

（3）施設の機能を支える児童福祉事業

「**児童自立生活援助事業**」は，児童福祉法第 6 条の 3 第 1 項に規定される。社会的養護に関わる施設や里親の措置が解除された満20歳未満の子どもに対して，共同生活を営むべき住居（自立援助ホームという）における相談その他の日常生活上の援助および生活指導並びに就業の支援（児童自立生活援助）を行い，あわせて児童自立生活援助の実施を解除された者に対し相談その他の援助を行う事業をいう。2016（平成28）年の児童福祉法改正により，大学の学生である者については，満22歳になった年度の年度末までの利用が可能となった。

「**小規模住居型児童養育事業**」は，児童福祉法第 6 条の 3 第 8 項に規定され，2009（平成21）年度から事業化された事業である。養育者の住居にて，要保護児童 5 ～ 6 名を迎え入れて養育を行う。この事業を行う住居をファミリーホームと呼んでおり，家庭養護の一つである。養育里親や，乳児院，児童養護施設などで養育の経験がある者を養育者の要件としている。

2　児童福祉施設の運営

（1）児童福祉施設の設備及び運営に関する基準

児童福祉施設の運営は，子どもたちの，心身ともに健やかなる成長や生来的に有している権利を保障するものでなければならない。そうした基本的な考え方をもとに適切な養育，保護，指導等が行えるよう「**児童福祉施設の設備及び運営に関する基準**」（昭和23年12月29日厚生省令第63号）（以下，設備運営基準）が定められている。

都道府県は最低基準を常に向上させるように努めること（第 3 条），児童福祉施設は最低基準を超えて，常にその設備および運営を向上させなければならな

いこと（第4条）が求められる。また，第5条第1項では，「入所している者の人権に十分配慮するとともに，一人一人の人格を尊重して，その運営を行わなければならない」として，児童福祉施設の一般原則が明記されている。この他，入所した者を平等に取り扱う原則（第9条），虐待等の禁止（第9条の2），懲戒に係る権限の濫用禁止（第9条の3），秘密保持等（第14条の2）などがそれぞれ定められる。

（2）社会的養護に関わる施設の運営指針

2012（平成24）年3月に，厚生労働省雇用均等・児童家庭局長通知（当時）として発出された，乳児院，児童養護施設，母子生活支援施設，情緒障害児短期治療施設（現：児童心理治療施設），児童自立支援施設といった社会的養護に関連する施設の各運営指針や，里親及びファミリーホーム養育指針がある。これにより，施設間や地方自治体の間にある格差を是正することや，第三者評価を受けることが義務づけられた。

運営指針における共通した社会的養護の原理に，①家庭養育と個別化，②発達の保障と自立支援，③回復をめざした支援，④家族との連携・協働，⑤継続的支援と連携アプローチ，⑥ライフサイクルを見通した支援がある。

（3）措置制度と利用・契約制度

社会福祉基礎構造改革の流れにおいて，2000（平成12）年5月に「社会福祉の増進のための社会福祉事業法等の一部を改正する等の法律」が成立し，従来の「社会福祉事業法」は「社会福祉法」へとその名称を改正した。これにより，戦後から長きにわたって**措置制度**（行政による決定）に依拠してきた社会福祉行政の仕組みが大きく変わった。利用者とサービス提供者の間に結ばれる契約関係を中心とした**利用・契約制度**が導入された。

しかしながら，原則として満18歳未満を対象としている児童福祉施設では，乳幼児から幅広い年齢の子どもが利用するため，その判断力や権利擁護などの観点から，子どもが単独で入所し，生活するタイプの施設では，措置を残している。児童福祉施設の利用方法は，従来の措置を残したもの，利用・契約によるものと，**自立支援給付**によるものに分けられる。

乳児院，児童養護施設，児童心理治療施設，児童自立支援施設といった社会的養護関連施設には措置が適用されている。行政からの情報提供に基づき，利

用申請を行ったうえで，施設を利用する方式を採り入れているのが，保育所，
助産施設，母子生活支援施設である。保育所を利用する場合は市町村に申請を
行い，助産施設および母子生活支援施設を利用するに当たっては福祉事務所に
申請する。自立支援給付に基づき施設を利用する場合は，施設を運営する指定
事業者に利用申し込みを行い，説明を受けたうえで，その施設の利用を選択す
る場合は，市町村への利用申請を行うことになる。障害児入所施設（医療型・
福祉型）や児童発達支援センター（医療型・福祉型）といった障害児関連施設，
障害児通所支援事業，また，障害者総合支援法に基づく短期入所事業（ショー
トステイ）や居宅介護事業（ホームヘルプ）がこれに当たる。

3　児童福祉施設の専門職と実施者

（1）専門職の連携と協働が求められる背景

　児童福祉施設を利用する子どもたちの中には，貧困家庭やひとり親家庭，子
ども虐待や DV（ドメスティックバイオレンス）など，複雑かつ多様な家庭環境
において生育してきた子どもたちも数多くいる。また，障がいのある子どもや
外国に由来（ルーツ）のある子どもなど，配慮が必要な子どもたちもいる。

　こうした子どもたちには，身体的・心理的側面からのケアのみならず，人的
資源や地域資源とのつながりを子どもたちが実感できるような社会的側面から
の支援が必要である。快適で居心地の良い生活空間を創るために，様々な**専門
職**（profession）がそれぞれの**専門性**を発揮しながら，施設運営に携わる。

　児童福祉施設や児童福祉事業が実践される現場が抱えている課題は，複雑で
多岐に及んでおり，各々の専門性だけでは限界を感じる場面に直面することが
ある。そのため，**多職種連携・協働**の視点が求められる。また，市町村を核と
した子ども家庭支援体制の構築のためにも，それぞれの専門職が有する専門性
が内包している価値や倫理，実践の特性について，専門性の垣根を越えて共通
理解を図ることが必要になっている（図6-1）。

（2）子ども家庭福祉の支援体制を支える専門職

　①　施設の特性に応じて子どもや保護者への直接支援を担う専門職

　設備運営基準では，先に述べた児童福祉法に定められる児童福祉施設の特性
を踏まえて，施設の種別に合わせた専門職を配置するよう規定している。

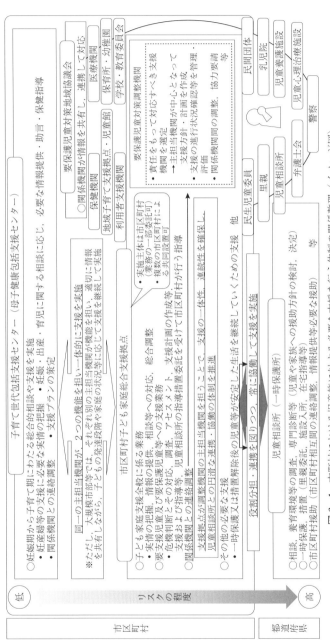

図6-1　市町村における児童等に対する必要な支援を行う体制の関係整理（イメージ図）

注：子育て世代包括支援センターや市区町村子ども家庭総合支援拠点の設置に当たっては、同一機関が2つの機能を担うなどの措置方法を含め、各市区町村の母子保健及び子ども家庭相談の体制の実情に応じて検討すること。
出所：厚生労働省子ども家庭局（2018）「市町村・都道府県における子ども家庭相談支援体制の整備に関する取組状況について」（https://www.mhlw.go.jp/content/11920000/000044962.pdf　2022年1月10日閲覧）。

・**保育士／保育教諭**…**保育士**は，「登録を受け，保育士の名称を用いて，専門的知識及び技術をもつて，児童の保育及び児童の保護者に対する保育に関する指導を行うことを業とする者」（児童福祉法第18条の４）として規定されている。保育士は名称独占の国家資格であり，保育技術を用いて行う子どもの保育と，保育相談支援の技術を用いて行う保護者への支援が求められている。なお，幼保連携型認定こども園では，保育士と幼稚園教諭の両資格・免許を保有する職種として「保育教諭」が配置される。

・**児童指導員**…**児童指導員**は，児童養護施設や児童心理治療施設，障害児入所施設，児童発達支援センターなどの児童福祉施設において，子どもたちの直接支援に携わるために配置されている職種である。児童指導員には，子どもの生活環境や関係性を調整するソーシャルワークの視点が求められる。たとえば，設備運営基準の第43条では，児童養護施設の児童指導員は，社会福祉士や精神保健福祉士といった国家資格の有資格者，大学（短期大学を除く）で，社会福祉学，心理学，教育学，社会学を専攻して卒業した者，幼稚園，小学校，中学校，高等学校等の教諭免許状を有する者で都道府県知事が適当と認めた者などでなければならないとされる。

・**母子支援員／少年指導員**…**母子支援員**は，母子生活支援施設において，入所する母子に対して生活上の支援を行う職種であり，設備運営基準の第28条では，母子生活支援施設の母子支援員について，保育士や社会福祉士，精神保健福祉士といった国家資格の有資格者などでなければならないとされる。**少年指導員**は，設備運営基準で「少年を指導する職員」とされ，入所児童に対する生活指導や学習指導を行う職員である。20世帯以上が入居する母子生活支援施設では２人以上配置しなければならない。

・**児童自立支援専門員／児童生活支援員**…児童自立支援施設固有の専門職として，いずれも任用資格である**児童自立支援専門員**と**児童生活支援員**が配置される。児童の自立支援，生活面や学習面，職業的側面からのそれぞれの支援，家庭環境の調整などの役割を果たしている。児童自立支援専門員の資格要件は，設備運営基準の第82条において，医師であり精神保健に関する学識経験を有する者，社会福祉士資格の有資格者，地方厚生局長等の指定する児童自立支援専門員を養成する学校その他の養成施設を卒業した者などが挙げられる。また，児童生活支援員は，設備運営基準の第83条において，保育士や社会福祉士の有資格者，３年以上児童自立支援事業に従事した者をその要件としている。

• **児童の遊びを指導する者**（児童厚生員）…児童の遊びを指導する者（児童厚生員）は，児童厚生施設に配置される任用資格であり，遊びを通して子どもの健康を増進したり，情操を豊かにしたりすることにより，自立心や社会性を育むことをめざしている。設備運営基準の第38条第2項では，都道府県知事が指定する児童福祉施設の職員を養成する学校その他の養成施設を卒業した者，保育士や社会福祉士の有資格者，幼稚園・小学校・中学校・高等学校等の教諭免許状を有する者などをその資格要件としている。

②　ソーシャルワークや心理的側面からの支援を行う専門職

児童福祉施設や学校では，子どもが抱えるそれぞれの事情を把握し，心理・社会的課題の解決を図るソーシャルワークや心理領域の専門職・有資格者が配置されている。

• **家庭支援専門相談員**（ファミリー・ソーシャルワーカー）／**里親支援専門相談員**(里親支援ソーシャルワーカー)…家庭支援専門相談員および里親支援専門相談員は，児童福祉施設においてソーシャルワークを担う専門職であり，児童相談所や福祉事務所等との連携を図りながら，家族再統合，里親委託や養子縁組の推進などの環境調整を行う。**家庭支援専門相談員**は，施設へ入所してから退所に至るまで，家族間の関係調整を担う職種である。1999（平成11）年度に定員20名以上の乳児院において非常勤職員として配置され，その後，2002（平成14）年度にはすべての乳児院へ，2004（平成16）年には児童養護施設，情緒障害児短期治療施設（現：児童心理治療施設），児童自立支援施設での配置も始まった。現在では，それらの施設への配置が義務づけられた。**里親支援専門相談員**は，2012（平成14）年度から，乳児院および児童養護施設に配置が可能になった職種である。家庭的な養育環境を保障する観点から，里親委託の推進や委託先となった里親に対する専門的な支援，退所後の児童へのケアなどを行っている。

• **臨床心理士／公認心理師**…児童養護施設，母子生活支援施設，児童心理治療施設，また，心理療法を行う必要があると認められる児童が10人以上いる児童自立支援施設では，心理療法担当職員を配置しなければならない。こうした施設では，家庭環境や学校環境などで心理的外傷を負い，心理的課題を抱えている子どもが多く入所している。このため，心理療法を行う職員として，臨床心理士や公認心理師の有資格者に対する期待が高まっている。**臨床心理士**は，5年ごとの更新制をとっている民間の資格であり，**公認心理師**は，2015（平成27）年に公布された公認心理師法に基づく国家資格である。公認心理師は，2016

（平成28）年の児童福祉法改正において，新たに児童相談所に配置する専門職として規定された児童心理司の任用要件として期待される資格でもある。

・スクールソーシャルワーカー（SSWer）／スクールカウンセラー（SC）…スクールカウンセラーは，学校においていじめや不登校等の児童生徒を取り巻く問題が顕在化してきたことを背景として，1995（平成7）年に当時の文部省（現：文部科学省）の「**スクールカウンセラー活用調査研究委託事業**」として始まった，学校における心理専門職である。しかしながら，現実的には，子どもが抱える問題は貧困や子ども虐待などのように家庭や地域での生活環境が影響し派生していることも多く，近年では，人と環境の関連性を視野に入れながら，社会資源とつなぐ支援を行う**スクールソーシャルワーカー**の学校への配置が期待されるようになった。2000年代の前半より，全国に先駆けて兵庫県赤穂市や大阪府が行政としてスクールソーシャルワーカーの配置に取り組み，2008（平成20）年には，文部科学省によりスクールソーシャルワーカー活用事業が始まった。

③　保健医療・リハビリテーションに関わる専門職

児童福祉法において，要保護児童等と思われる者を把握した際の情報提供の規定である同法第21条の10の5には，従来より児童福祉施設職員や学校教職員，医師，看護師などが重要な役割担う者として定められていたが，2016（平成28）年の改正では，新たに，歯科医師，保健師，助産師が専門職の例示として追加された。また，児童虐待の防止等に関する法律における第5条の児童虐待を発見しやすい立場にある者として，従来の児童福祉施設の職員や学校の教職員，医師，保健師，弁護士などに加え，歯科医師，助産師，看護師が追加された。

・医師／歯科医師…乳児や障がい児，医療的ケア児など医療を必要とする子どもに対して，**医師**や**歯科医師**などには，多様な医療スタッフと連携を図りながら，チーム医療を牽引する役割が期待される。また，2016（平成28）年の児童福祉法改正において，精神保健に関する学識経験を有する医師が，新たに児童相談所に配置する専門職である児童心理司の任用要件とされた。

・看護師／保健師／助産師…いずれも「保健師助産師看護師法」に規定される免許である。第2種助産施設では，1人以上の**助産師**（専任または嘱託）を配置しなければならない。助産師は周産期の女性のケア・助言，出産時の分娩介助，新生児・乳児のケアなどを行う。**保健師**は，母子保健の観点から，乳児家庭全戸訪問事業や養育支援訪問事業などのような児童福祉事業を推進するに当たっ

て重要な役割を占めており，虐待の予防や相談・助言をも含めた健康相談や保健指導などその役割は多岐にわたっている。**看護師**は，医師の診断・治療の補助や療養上のケアに携わるが，児童福祉施設のうち，第１種助産施設，乳児院，医療型障害児入所施設，医療型児童発達支援センター，児童心理治療施設では必置である。

・作業療法士（OT）／理学療法士（PT）／言語聴覚士（ST）…従前の機能の維持・回復，予防のためのリハビリテーションを行う専門職である。リハビリテーションは，何らかの損傷による障がいに対して，失われた能力のみならず奪われた尊厳や人権までをも視野に入れ，本来の姿への復権を意味している。児童発達支援における機能訓練担当職員は，作業療法士，理学療法士，言語聴覚士，または心理指導担当職員が配置される。**理学療法士**と**作業療法士**は，「理学療法士及び作業療法士法」に基づく国家資格である。理学療法士は，治療体操等の運動や電気刺激，マッサージなどの物理的な手段をもって基本動作の能力回復を図る。また，作業療法士は，手芸や工作などの作業を取り入れることにより応用的な動作能力や社会的な適応能力の回復を図る。**言語聴覚士**は，「言語聴覚士法」に基づく国家資格であり，音声，言語，聴覚の機能に障害のある者に，言語訓練等，検査，助言，指導などの援助を行う。

・**義肢装具士**（PO）…義肢装具士は，「義肢装具士法」に基づく国家資格であり，病院やリハビリテーション施設において，欠かせない専門職である。医師の処方に基づき，身体の型をとって義肢装具を製作し，微細な調整を行いながら適合を図っていく。

・栄養士…栄養指導に関わる専門職には，**栄養士**と**管理栄養士**がある。栄養士は，栄養指導に従事する者であり，管理栄養士は，高度の専門的知識および技術を要する健康の保持・増進のための栄養指導や，特別の配慮を必要とする給食管理などを行う。

　④　その他，地域ネットワークにおいて連携・協働する専門職

　改正児童福祉法第３条の２において，家庭と同様の環境における養育を推進する理念が明確に規定され，親子関係再構築への支援も相まって，家庭養育に携わる専門職の社会的役割がより鮮明となった。

　また，住民に最も身近な行政の単位である市区町村において，子どもや保護者等に必要な支援を行うことができるよう，体制整備を図ることが急務である。子育て世代包括支援センターや要保護児童対策地域協議会など，子どもやその

家庭が抱える課題に応じて，様々な領域の専門性を有する専門職が協働し，速やかに協力体制を構築できる環境を整備していかなければならない。

• 里親…里親は，専門里親を含む養育里親，親族里親，養子縁組里親に区分される。基本が養育里親となるが，その中には児童福祉事業経験者があり専門里親研修を受けて委託される専門里親が含まれる。また，3親等以内の親族に委託する親族里親，養子縁組を希望する者にマッチングを図る養子縁組里親がある。「里親が行う養育に関する最低基準」が定められており，里親養育の一般原則を規定した第4条第1項では，養育は「委託児童の自主性を尊重し，基本的な生活習慣を確立するとともに，豊かな人間性及び社会性を養い，委託児童の自立を支援することを目的として行われなければならない」とされる。

• 家庭的保育者…家庭的保育事業における保育を行う職員であり，特別区の区長を含む市町村長が行う研修を修了した保育士，また，同等の知識や技能を有する者として市町村長が適当と認める保育を行っている乳幼児の保育に専念できる者である。なお，「家庭的保育事業等の設備及び運営に関する基準」第23条第3項では，家庭的保育者一人が保育することができる乳幼児の数は3人以下とされる。ただし，市町村長が行う研修を修了した家庭的保育補助者とともに保育する場合は，5人以下と定められる。

• 弁護士…弁護士は，基本的人権の擁護と社会正義の実現を使命としており，児童福祉施設や学校生活における人権問題や，家庭内での体罰や虐待など様々な社会問題に対して，福祉専門職と協働して法的側面から課題解決に取り組むことが期待される。なお，法的な専門知識が問われる複雑かつ困難なケースが増加していることが背景となって，児童相談所について規定する改正児童福祉法第12条第3項において，弁護士の配置またはこれに準ずる措置が規定された。

参考文献

一般社団法人日本ソーシャルワーク教育学校連盟編（2020）『児童・家庭福祉』中央法規出版。

公益財団法人児童育成協会監修（2021）『目で見る児童福祉2021』中央法規出版。

厚生労働省「社会的養護の施設等について」（https://www.mhlw.go.jp/stf/seisakunitsuite/bunya/kodomo/kodomo_kosodate/syakaiteki_yougo/01.html　2022年1月10日閲覧）。

厚生労働省子ども家庭局（2018）「市町村・都道府県における子ども家庭相談支援体

制の整備に関する取組状況について」（https://www.mhlw.go.jp/content/1192
0000/000444962.pdf　2022年1月10日閲覧）。

保育福祉小六法編集委員会編（2021）『保育福祉小六法2021版』みらい。

吉田幸恵・山縣文治編（2019）『新版　よくわかる子ども家庭福祉』ミネルヴァ書房。

学習課題

① あなたが在住している都道府県に設置されている児童福祉施設について調べたう
えで，ホームページが開設されているようであれば，施設の運営理念や沿革，取り
組みなどを記録するとともに，考えたことをまとめてみよう。

② 各児童福祉施設には，どのような専門職が配置されているか調べ，その専門職が
果たしている役割について具体的にまとめてみよう。

第Ⅱ部

児童・家庭福祉の課題と対策

第 7 章

幼保一体化と教育・保育施設の現状と課題

　家庭環境などにかかわらず，同じ年齢の子どもが同じ内容の幼児教育・保育を受けられるよう，管轄省庁が異なる幼稚園と保育所を所管も制度も一元化する「幼保一元化」の議論が繰り返されてきた。施設や設備，人員基準，運営の完全な一元化が何度も模索されたが，現状，限定的な「幼保一体化」にとどまっている。一方，近年の少子化や保護者の就労形態の多様化，地方分権や規制緩和の推進など，複合的な要因から社会における幼稚園と保育所の役割やあり方があらためて問われている。本章では幼児教育と保育の関係性・一体化の歴史的な流れとこれからの児童・家庭福祉について述べ，保育者やソーシャルワーカーが果たすべき役割について考えるきっかけとしたい。

1　幼保一体化にまつわる制度・議論の変遷

（1）幼稚園と保育所それぞれの誕生と交差

　乳幼児のための保育・教育施設の始まりは，1876（明治9）年に東京女子師範学校附属幼稚園（現：お茶の水女子大学附属幼稚園）が設立されたことといわれている。ドイツの教育者フレーベル（F. W. A. Fröbel）をはじめ，欧米の幼児教育に関する知見をベースとして作られ，その後，東京以外にも公立幼稚園が設置されていった。ただし，当時の幼稚園は都市部を中心に設置され，経済的に中流階層家庭以上の乳幼児が通うケースが多かった。1899（明治32）年には「幼稚園保育及設備規程」，1926（大正15）年には「幼稚園令」が定められ，大正デモクラシーの中，自由主義的な教育実践も行われていた。

　第二次世界大戦に突入すると幼稚園・保育所は一部閉鎖されたが，戦後の1947（昭和22）年には「学校教育法」が制定され，**幼稚園も学校教育機関とし**て位置づけられた。その後，マスコミが5歳児就園の義務化の声を取り上げた

こともあり，幼稚園ブームが到来した。

　一方，保育所の源流となる施設は，1871（明治4）年横浜にアメリカ人宣教師によって開設されたとされる。現存する保育所の中で最も早くに開設した保育所は，1890（明治23）年，新潟県での新潟静修学校に附設の託児施設といわれている。また，1902（明治35）年には企業内保育施設をもつ紡績工場が設立され，第一次大戦後の特需景気による労働力不足を背景に，低コストの労働力として，生活に困窮する女性を積極雇用し，企業内に託児所が設置されていく。しかし，託児所を備えた事業所でも子どもが生きるのに最低限必要な授乳時間を確保する程度で保育の質を考えるようなことはなく，昭和期，特に戦時体制になってから女性労働力の必要性から保育施設の設置が奨励されていくが，法制度としては1938（昭和13）年の社会事業法に「児童保護ヲ為ス事業」として「託児所」が簡単に位置づけられているのみであった。

　戦後の1947年（昭和22）年，児童福祉法の中に**保育所**が規定され，厚生省の所管のもと「児童を心身ともに健やかに育成」することを目的とする児童福祉施設として「日々保護者の委託を受けて，その乳児又は幼児を保育する」（第39条）と規定する厚生省管轄の施設となった。1951（昭和26）年の児童福祉法第39条の改正によって，保育所は「保育に欠ける乳児又は幼児を保育する」施設とされ，文部省初等中等教育局長・厚生省児童局長通知「幼稚園と保育所との関係について」（昭和38年10月28日文初第400号・児発第1046号）では，幼稚園は幼児に対し，学校教育を施すことを目的とし，保育所は「保育に欠ける児童」の保育を行うことをその目的とするもので，両者は明らかに機能を異にするものとされた。現状においては，両者ともその普及の状況は不十分であるから，それぞれその充実整備を図るとされ，さらに1953（昭和28）年文部省は学校教育法施行規則を改正し，「保育要領」から「**幼稚園教育要領**」へと名称変更を行った。小学校教育との一貫性を意識し，「保育」という言葉を使用せず，幼稚園教育の目標を具体化することによって，幼稚園は教育の場であり，保育所は児童福祉施設であるとして幼稚園と保育所が法規上も行政上も異なる施設であることが明確になった。

　このように，幼稚園は様々な教育理念に基づいた中流階級以上の家庭の子どもが通う学校として，保育所は女性を労働力として確保することや生活困窮家庭に対する福祉を目的とする施設として誕生した。その後の幼稚園・保育所の発展過程は，国家レベルの歴史的背景と社会情勢，様々な教育観・保育観の交

錯，都市部と地方の地域性，子育て家庭の労働形態と経済状況の影響を受け，大きな変化を繰り返してきた。

　幼稚園と保育所という名称と制度のみならず，主に経済状況が異なる世帯間で，保育や教育に対する考え方，その根本となる子どもの捉え方や実践が大きく異なり，存在する目的や意義についても大きな隔たりが生じた。

　ただし，幼稚園も保育所も**家庭教育**を補うものであり，次の小学校教育のための準備の場，あるいは労働力確保が主な目的とされ，今日いわれているような「子ども主体の保育」という発想は乏しかったと推察される。

　経済成長が右肩上がりだった高度経済成長期は，保育所と幼稚園の量的充実が優先され，幼保一元化の議論はあまり進まなかったが，その後1980年代後半からの出生率の低下，1989（平成元）年の合計特殊出生率**1.57ショック**[1]を迎え，高度経済成長も終わり，バブルの崩壊などで，あらゆる分野において既存の制度では社会が立ち行かなくなる中で，幼稚園と保育所の関係性も新たな局面を迎えることになった。

（2）社会構造の変化と保育ニーズの多様化

　1990（平成2）年の1.57ショックから，政府は**エンゼルプラン**をはじめ様々な少子化対策を打ち出したが，その後も子どもの人口は減少の一途をたどっている。一方，共働き世帯は増加し，0歳児から2歳児の低年齢保育や長時間保育へのニーズは高まり，経済成長を維持するために保育所が重要視されるようになった。乳児保育のさらなる拡大に加え，**休日保育・延長保育体制**の整備，地域子育て支援センターの設置が進められた。

　2000（平成12）年以降の小泉政権による構造改革の一環として，「保育所経営への株式会社等の営利企業参入の容認」「保育所への定員超過入所の容認」「公立保育所の民営化推進」など，規制緩和・社会福祉基礎構造改革という潮流と，社会の多様な保育ニーズにこたえる形で次々と改革が行われた。

　そして，2006（平成18）年に「就学前の子どもに関する教育，保育等の総合的な提供の推進に関する法律」（認定こども園法）が施行され，幼稚園と保育所の機能をあわせもった「**認定こども園**」が誕生した。

　保育所は従来，利用を「保育に欠ける子」に限定した，公的・限定的な給付という色合いが強かったが，競争原理の導入として子育てを広く社会全体で支えるためのものとする大きな政策転換であった。

　2007（平成19）年3月，日本経済団体連合会（以下，経団連）は，少子化問題への対策として，経済成長最優先型の構造改革を推進する立場から，「営利法人の参入機会拡大」「利便性がよい場所での保育施設の整備促進のために建物の容積率緩和，固定資産税減免，自治体の家賃補助拡充」「認可外施設やベビーシッター等への公費補助制度の導入」「認定こども園の設置の促進」などを提言した。2008（平成20）年には福田内閣により「新待機児童ゼロ作戦」が打ち出され，幼稚園の認定こども園への転換，企業内保育所・認可外保育所の増設，保育所への直接契約の導入など，保育の質の議論が不十分なまま，新しい保育サービス整備への重点化が要求された。

　2009（平成21）年民主党への政権交代がおこり，子育て政策に大きな変化をもたらした。2010（平成22）年には「子ども・子育てビジョン」が閣議決定され，「幼児教育と保育の総合的な提供（幼保一体化）」が盛り込まれた。2010（平成22）年4月には子ども手当の支給が開始され，子育て世帯にとっては，幼稚園・保育所の保育料の負担軽減にもつながったと推測される。2011（平成23）年7月には「子ども・子育て新システムの基本制度について」が発表され，政府の推進体制・財源の一元化，社会全体（国・地方・事業主・個人）による子育てに関する費用負担，基礎自治体（市町村）の重視，幼稚園・保育所の一元化，多様な保育サービスの提供などが提案され，「待機児童解消」「二重行政をなくす」という触れ込みで幼稚園と保育所を廃止し，幼稚園と保育所を10年かけて「こども園」に統合する「幼保一元化」が検討されたが，再度の自民党への政権交代により，計画は頓挫することとなった。

　このように，幼稚園・保育所の発展過程は歴史的背景や社会情勢，様々な教育観・保育観の交錯，都市部や地方の地域性，子育て家庭の労働形態と経済状況や政治体制の変化によって紆余曲折してきたのである。

2　子ども・子育て支援新制度

（1）子ども・子育て支援新制度とは
　2012（平成24）年8月自民党政権において「子ども・子育て支援法」「認定こども園法の一部改正法」「子ども・子育て支援法及び認定こども園法の一部改正法の施行に伴う関係法律の整備等に関する法律」の子ども・子育て関連3法に基づく「子ども・子育て支援新制度」が創設され，2015（平成27）年4月本

格施行された。幼児教育・保育・地域の子ども・子育てを総合的に推進すると　したこの制度の趣旨として，自民党・公明党・民主党の3党合意を踏まえ，　「保護者が子育てについての第一義的責任を有するという基本的認識の下に，　幼児期の学校教育・保育，地域の子ども・子育て支援を総合的に推進」すると　した。

　子ども・子育て支援新制度の主なポイントは以下の7項目である。

---

①　認定こども園，幼稚園，保育所を通じた共通の給付（「**施設型給付**」）および小規模保育等への給付（「**地域型保育給付**」）の創設…地域型保育給付は，都市部における待機児童解消とともに，子どもの数が減少傾向にある地域における保育機能の確保に対応。

②　認定こども園制度の改善（**幼保連携型認定こども園の改善等**）…幼保連携型認定こども園について，学校および児童福祉施設として法的に位置づける。また認定こども園の財政措置を「施設型給付」に一本化。

③　地域の実情に応じた子ども・子育て支援（利用者支援，地域子育て支援拠点，放課後児童クラブなどの「**地域子ども・子育て支援事業**」）の充実。

④　基礎自治体（市町村）が地域のニーズに基づいて事業を実施。国・都道府県は実施主体の市町村を支える。

⑤　社会全体による費用負担…消費税率の引き上げによる，国および地方の恒久財源の確保を前提とする。幼児教育・保育・子育て支援の質・量の拡充を図るためには，消費税率の引き上げにより確保する0.7兆円程度を含めて1兆円超程度の追加財源が必要であるとした。

⑥　政府の推進体制…制度ごとにばらばらな政府の推進体制を整備（内閣府に子ども・子育て本部を設置）した。

⑦　子ども・子育て会議の設置…国に子ども・子育て会議を設置した。市町村等の合議制機関（地方版子ども・子育て会議）は設置努力義務とした。

（2）認定こども園とは

　認定こども園とは，教育と保育を一体的に行う施設であり，表7−1で示す　4つのタイプがある。就学前の子どもに幼児教育・保育を提供する機能と，地　域における子育て支援を行う機能を備え，基準を満たす施設は，都道府県等か　ら認定を受けることができる。既存の幼稚園や保育所が認定こども園としての　基準を満たすよう機能を付加し，認定を受けるケースも多い。

　認定こども園の数はこれまで右肩上がりで推移しており，2020（令和2）年

表7-1　認定こども園のタイプ

種　類	概　要	設置主体	職員資格
幼保連携型	幼稚園的機能と保育所的機能の両方の機能をあわせもつ単一の施設として，認定こども園としての機能を果たす	国，自治体，学校法人，社会福祉法人	保育教諭（幼稚園教諭免許状と保育士資格を併有）を配置。ただし，認定こども園法の施行から10年間は，一定の経過措置あり
幼稚園型	認可幼稚園が，保育が必要な子どものための保育時間を確保するなど，保育所的な機能を備えて認定こども園としての機能を果たす	国，自治体，学校法人	● 満3歳以上：保育教諭（幼稚園教諭免許状と保育士資格の併有）が望ましい ● 満3歳未満：保育士資格が必要
保育所型	認可保育所が，保育が必要な子ども以外の子どもも受け入れるなど，幼稚園的な機能を備えることで認定こども園としての機能を果たす	制限なし	
地方裁量型	認可保育所以外の保育機能施設等が，保育を必要とする子ども以外の子どもも受け入れるなど，幼稚園的な機能を備えることで認定こども園の機能を果たす	制限なし	

出所：内閣府子ども・子育て本部「認定こども園概要」より筆者作成。

　4月現在の認定こども園数は全国で8016園であり，うち幼保連携型認定こども園が5688園と約70％を占め，幼稚園・保育所の認定こども園への転換も進んでいる。

（3）子ども・子育て支援新制度における教育・保育の利用

　子ども・子育て支援法においては，教育・保育の利用を希望する場合は市町村から利用の認定を受ける必要がある。認定は，子どもの年齢や保護者の勤務状況などにより，基本的には1号，2号，3号の認定区分に分かれている（表7-2）。

　1号認定については，利用者が施設に直接申し込み契約する。定員超過等の場合の選考は施設が行う。2号・3号認定については，利用者が市町村に認定を申請し，認められた場合，施設の利用希望を行う。定員超過等の場合，市町

表7−2　教育・保育の利用認定

区　分	年　齢	保育の必要な事由（※1）に該当	利用時間	利用する施設等
1号認定	満3〜5歳	×	教育標準時間（※2）	認定こども園 幼稚園
2号認定	満3〜5歳	○	保育短時間（※3） 保育標準時間（※4）	認定こども園 保育所
3号認定	0歳〜満3歳未満	○	保育短時間 保育標準時間	認定こども園 保育所 地域型保育

注：※1　就労，妊娠・出産，疾病・障害，親族の介護・看護，虐待等の恐れがあること，求職活動，就
　　　　学など。
　　※2　標準4時間。
　　※3　最長8時間（パートタイム就労を想定した利用時間）。
　　※4　最長11時間（フルタイム就労を想定した利用時間）。
出所：内閣府子ども・子育て本部（2021）「子ども・子育て支援新制度について」より筆者作成。

表7−3　地域型保育事業の分類

種　類	概　　要	人　数
家庭的保育（保育ママ）	家庭的な雰囲気の下できめ細かな保育を行う	5人以下
小規模保育	家庭的保育に近い雰囲気の下できめ細かな保育を行う	6〜19人
事業所内保育	会社の事業所の保育施設などで従業員の子どもと地域の子どもを一緒に保育する	19人以下
居宅訪問型保育	個別のケアが必要な子どもや，施設がなくなった地域で保育を維持する必要がある場合などに1対1で保育を行う	1対1

注：小規模保育事業には，保育所の分園，へき地保育所などからの移行を想定し，子どもの人数や職員数，
　　職員資格によって3つの種類がある。
出所：内閣府子ども・子育て本部（2021）「子ども・子育て支援新制度について」より筆者作成。

村が保護者の状況などに応じ保育の必要性などから優先度を判断し利用調整を行う。

（4）地域型保育事業とは

　地域型保育事業は，子ども・子育て支援新制度の中で，主にニーズの高い0歳から満3歳未満児に対応する目的で設けられた小規模（定員20人未満）の保育事業である。地域型保育事業には4つの形態があり，自治体から認可を受けた事業として行われる（表7−3）。

　待機児童問題の解決という意味合いも大きい地域型保育事業だが，卒園となる3歳になる時に入園できる連携先が決まらなかったり，連携先の認定こども園や保育所等の3歳児以上の定員が満員で，入園・入所が決まらなかったりするケースも多く（いわゆる「3歳の壁」），地域型保育後の受け皿の整備が急がれている。

3　多様な保育ニーズに応じた保育サービス

（1）求められる多様な保育サービス

　近年，保育ニーズは多様化の一途をたどっている。男女共同参画社会推進の動きの中，共働き世帯は年々増加しており，夜間保育や一時保育，病児・病後児保育など保護者のライフスタイルに合ったサービスの充実が求められている。

　しかし，実施している場所や定員数等が地域によるばらつきが大きく，いざ必要になった時に立地や利用可能な時間帯等から活用できない場合も多いのが実情である。社会資源としての側面が大きい病児・病後児保育事業をはじめとした多様な保育サービスは，今後の拡充が期待されるが，民間の力の活用とチェック体制整備や地域格差是正の仕組みの導入など，様々な課題と向き合う必要がある。

（2）障害児保育から考える幼保一体化に関わる混乱と課題

　認定こども園における障害児保育は教育と福祉という2つの異なる文化をどのように捉えていくかが課題となっている。つまり，学校教育法に基づく幼稚園における特別支援教育と，児童福祉法に基づく障害児福祉との関係性をどう捉えていくかが問題となってくる。

　保育計画で示されるような，乳幼児期に身に付けるべきスキル等の心身の発達を保障するために個別性の高い関わりの中での学習機会を重視する方向性と，子どものありのままを受け入れ，主体的な活動への意欲や関心を高め，それを支えていくことを重視する方向性があり，**幼保一体化**が行われる中で現場の保育者は迷い，試行錯誤している状況がある。縦割り行政の弊害をなくすために幼保一元化を何度もめざし，幼保一体化の状況にとどまっている日本の一連の歴史的経過のうちに，子育てを社会全体で支えるというコンセンサスが徐々に得られるようになってきた。しかしその一方で，国家全体の利益，子どもに関

わる関係者の負担軽減やスムーズな連携が求められる中で，制度や仕組みだけでなく，異なる文化や価値観を融合していくことが幼保一元化の課題となってきている。あらためて「保育・教育とは何か」ということを問い直してみること，社会の要請や保護者の事情を踏まえながら子どもの未来の幸せをも見据えた，真の「最善の利益」につながる保育・教育・福祉のあり方が問われているのかもしれない。

注
⑴　前年（1989年）の合計特殊出生率が1.57と，「ひのえうま」という特殊要因により過去最低であった1966年の合計特殊出生率1.58を下回ったことが判明した時の衝撃を指している。

参考文献
株式会社明日香（2020）「2019年度は『保育無償化』『幼保一元化の副作用』『新型コロナウイルス』と激動　多様な保育ニーズを乗り越えるには保護者との『共創力』が鍵となる」（https://prtimes.jp/main/html/rd/p/000000018.000043389.html　2021年9月1日閲覧）。
河合隆平・髙橋智（2004）「戦間期日本における保育要求の大衆化と国民的保育運動の成立――保育要求のなかの保育困難児問題を中心に」『東京学芸大学紀要第1部門　教育科学』55，185～202頁。
小林浩子（2017）「幼稚園・保育所の戦後から平成までの制度と保育教育の変遷」『羽陽学園短期大学紀要』10（4），429～439頁。
櫻井慶一（2015）「保育所での『気になる子』の現状と『子ども・子育て支援新制度』の課題――近年における障害児政策の動向と関連して」『生活科学研究』37，53～65頁。
社会福祉法人全国社会福祉協議会全国保育協議会（2010）「幼保一体化について」（http://www.zenhokyo.gr.jp/annai/h22/youho_iken.pdf　2021年9月1日閲覧）。
鈴木ゆみこ（2017）「幼保連携型認定こども園の教育・保育・障がい児保育を考える――幼保連携型認定こども園教育・保育要領から」『札幌大谷大学・札幌大谷大学短期大学部紀要』47，129～142頁。
手塚崇子（2014）『幼保一体化施設の運営と行財政――就学前教育・保育の一元化をめぐって』専修大学出版局。
内閣府子ども・子育て本部（2021）「子ども・子育て支援新制度について」3～42頁。
日本共産党しんぶん赤旗（2011）「『幼保一体化』菅政権　新たな政府案　公的保育の

解体狙う　完全市場化　国・自治体の責任放棄」（https://www.jcp.or.jp/akahata/
aik10/2011-01-26/2011012603_01_1.html　2021年9月1日閲覧）。

福田いずみ（2014）「子ども・子育て支援新制度の背景と目的——JA の子育て支援
への新たな関与と可能性」『共済総研レポート』2〜8頁。

文部科学省（2019）「幼児教育の現状」幼児教育の実践の質向上に関する検討会。

廖于晴・門松愛（2020）「制度から見た『幼保一元化』政策の比較研究——台湾の幼
児園と日本の認定こども園の位置付けと役割に焦点をあてて」『地域連携教育研究』
5，66〜83頁。

学習課題

①　自分の住んでいる市区町村の認定こども園では，地域でどのような取り組みをし
ているか調べてみよう。

②　自分の地域でどのような保育サービスがあると良いと思うか，3つ以上挙げ，そ
の理由も考えてみよう。

コラム1　保幼小連携とスクールソーシャルワーク

幼稚園・保育所から小学校に入学する際，子どもたちは様々な壁に突き当たる。教科
や時間で区切られた小学校での学びは，すべての子どもに等しい教育環境を効率的に作
るために必要なものであるかもしれないが，子どもたちにとっては時として窮屈なもの
であり，その窮屈さに耐えられない子どもは問題児として扱われる。

また，多様な事情で子どもと十分に向き合える状況にない親の存在が，コロナ禍にお
いてより顕著になっている。そうした中で教師や保育者は子どものことを考えるあまり，
子どもと向き合えていない保護者に対して批判的な意識をいだきがちであり，時にはそ
の思いを口に出し，態度に出してしまうこともある。結果，保護者との溝は深まり，そ
の狭間で子どもたちにしわ寄せがいく……。

そんな時，子ども・保護者・教員等それぞれの周囲の環境にアプローチし，溝を埋め
る存在として期待されるのがソーシャルワーカーである。学校現場ではスクールソー
シャルワーカーとして予算化され，2017年の「学校教育法施行規則」の改正により，小
学校における児童の福祉に関する支援に従事するものとしてその役割が明文化された。
幼稚園や保育所においてもソーシャルワークの必要性を考える機運が高まり，2013年に
は子どもの最善の利益の尊重を前提に，子どもと家庭のウェルビーイングの実現を掲げた
「日本保育ソーシャルワーク学会」が誕生した。その後，学会認定保育ソーシャルワー
カー資格が創設され，保育現場でのソーシャルワークが認知されるきっかけとなった。

さらに幼稚園へのスクールソーシャルワーカー配置の予算化や，新しい国家資格の創設も検討される等，保幼小という異なる文化や考え方から連携の不具合が起こりがちな三者と，子ども・家庭との協働に導く重要なキーパーソンとしての活躍が期待されている。

　乳幼児期に関わるソーシャルワーカーは，今日の前にある問題を解決することだけでなく，今行おうとしている取り組みやその方向性が子どもの10年後，20年後の未来を見据えたうえでの取り組みなのかを問うことが必要になる。子どもの発達過程を踏まえた保育の知識と，社会環境に働きかけるソーシャルワーカーの視点をあわせもつ人材が求められる。

⚬⚬⚬ コラム２　幼保一元化議論と子どもに関わる私たちの役割 ⚬⚬⚬

　2021年，「こども庁」の設立を検討することが政府から発表された（設置は2023年度以降）。子どもに関する施策を一元化し，妊娠期から成人するまで，切れ目なく支援する体制・施策を作ること，縦割り行政を見直すことを目的とし，こども政策の推進に係る有識者会議で議論している。こども庁設立に伴い，筆者が最も気になることは幼保一元化が実現するのか，また実現するとしたらどのような形になるのかということである。

　先に幼保一元化がなされた諸外国の社会福祉におけるケアと教育との一元化を図るアプローチは，各国の政策の方針によって就学前教育と初等教育を接近させるための学習カリキュラムを重視した「就学準備型」と，子どもの興味関心を重視し，日常の生活の中で包括的な生活基盤を身に付けることを重視した「生活基盤型」に大別されるが，幼保一元化に関連して政治的な力動に翻弄されてきた国も少なくない。たとえば子どものケアには国家は介入すべきではないという風潮が強かったイギリスでは，1990年代後半から「全国児童ケア戦略」と銘打ち，急速な保育サービスの拡充と幼保一元化が図られた。またニュージーランドでは1985年に「今後，保育所は家庭問題の解決の鍵」という答申が発表され，1986年には保育所の所管が社会福祉省から教育省に移管され，その後幼保統合型保育者養成課程を設置する改革が行われた。

　両国とも改革のきっかけは政権交代であり，背景には労働者の社会運動も見え隠れしている。政治を背景とした改革は教育水準を高め，女性の社会進出を促進し，国家繁栄のために持続的な労働力を確保すること等を背景として推し進められる面が強くなり，子どもの主体的なのびのびとした育ちを保障するという観点がおざなりになることが改革の中で今後危惧される。

　乳幼児は選挙で一票を投じることはできない。現に，様々な政治的背景から「こども

庁」という名称が「こども家庭庁」に変更される見込みであるが，これは家庭に対する一体的な支援をめざすことを明確化する一方で，「権利の主体としての子ども」という観点が後退するのではないかと虐待経験のある当事者を主体とした団体等からも不安の声がある。だからこそ多様な子どもたち・関係者に直接関わっていく保育者やソーシャルワーカーが，子どもの最善の利益とは何かを考える議論の場を関係者と共に創ることが必要である。子どもを取り巻く周囲の大人の都合で，子どもの教育や福祉が左右されてしまいがちな状況を踏まえ，自らの経験と専門的な知見だけでなく，現場の様々な声を汲み取り，多様な立場・視点から議論をする場を作り，広く社会に問題提起をしていくことが重要であろう。

第8章

子育て支援サービスの現状と課題

　少子化の進行に伴い，子どもと子育てを取り巻く環境は大きく変化した。家庭の養育力の低下，子どもの遊びの変化や体力低下等の課題が生じており，安心して子どもを産み育てられる環境の実現が求められている。

　本章では，少子化の進行等から子どもと子育てを取り巻く状況を理解したうえで，少子化対策から次世代育成支援へとシフトした子育て支援施策を概説する。さらに，子育て支援サービスについて，地域子育て支援事業の概要とその内容，地域に開かれた子育て支援の現状とその課題について説明する。

1　少子化と子ども・家庭を取り巻く現状

（1）少子化の進行

　子育て支援は，1989（平成元）年の合計特殊出生率が1.57を記録し，翌年判明した衝撃が込められた「1.57ショック」を契機に始まった。人口が増加も減少もしない均衡した状態となる合計特殊出生率を指す人口置換水準2.07を下回った1974（昭和49）年から少子化が始まっている。2005（平成17年）には1.26と最低の合計特殊出生率となり，出生数（推計）をみると，86万4000人と過去最少を記録し，「86万ショック」とも呼ぶべき状況となっている。その後，わずかに増減を繰り返しているが，2020（令和2）年は1.34と低下傾向である[1]。合計特殊出生率が人口置換水準に達していない状態にあっても，出生数，死亡数，自然増減数，合計特殊出生率の推移から総人口をみると人口減少は生じていなかった。ところが2011（平成23）年に，本格的な人口減少時代に入っている。さらに現在，世界中で流行している新型コロナウイルス感染症は，私たちの生活に大きな影響と変化を及ぼしている。婚姻件数の減少やコロナ禍による産み控えの影響により，これまでの想定を上回るペースでの出生数の減少が懸

念されている。

　少子化の急速な進行は，人口構造の歪みを起こし，社会や経済，地域の持続可能性の根本を揺るがす状況を引き起こしている。子育てをしている家庭とこれから子育てをしようとする次世代の若者たちが，安心して子どもを産み育てられる環境づくりが急務である。

（2）子ども・家庭を取り巻く現状

　少子化の背景には，多世代同居の減少や核家族化，都市化による家庭の養育力の低下，家庭生活と仕事の両立が困難な職場の状況，結婚や家族に関する意識の変化，若年失業の増大など若者の社会的自立を難しくしている社会経済状況といった種々の問題がある。また親族や近隣から得られていた支援や知恵が得られにくくなったことで，育児の負担感が大きくなっている。子育ての負担感の中には，子育てや教育にかかる費用の負担が重いと感じていることも含まれる。未婚化・晩婚化，有配偶出生率の低下が起き，特に若い世代での未婚率の上昇，初婚年齢の上昇が生じている。

　かつては，地域全体と家族の中で子育てを見守り支えていた。子ども同士のふれあいも多く，子どもの頃の異年齢間での遊び，子どもと関わったり，遊んだりする地域の人たちの様子を通した親育ちの学習機会があった。現在では，こういった学習機会は減少し，このことも養育力の低下につながっている。

　一方で，少子化は子どもにも影響を与えている。子どもが子どもと出会い，共に過ごし，育ちあう機会が減少し，子どもの遊びの変化や遊びの場の減少，体力低下が懸念されている。昨今注目されている非認知能力は，子どもの自主的・主体的な遊びや様々な人間関係の中で培われるものである。同年齢の子どもと遊んだり，喧嘩したり，勝ち負けで悔しい思いをしたり，乳幼児や高齢児とふれあう環境までも失われつつあることは，子どもにとっての不利益である。

　子どもと子育て家庭が安心して子どもを育てたいと思える環境であるよう，子どもや子育て家庭に身近な専門職は，子どもたちの健やかな育ちや自立といった子どもの最善の利益のもとに，子育て支援を行う必要がある。

（3）生活の多様化とワーク・ライフ・バランス

　1980（昭和55）年から共働き世帯が増加し，1997（平成9）年では専業主婦世帯と共働き世帯の数が逆転し，以後，共働き世帯が増加している。女性就業率

の上昇に伴い，女性のライフステージは多様になった反面，様々な調整や選択が必要になっている。産休・育休中に社会から取り残されたような感覚から抱かれる孤立感，子育てと仕事の両立の難しさを予想して子どもを産むことにためらいが生じていることも指摘されている。

　共働き家庭が増え，**仕事と生活の調和**（ワーク・ライフ・バランス）が推進され，国により働き方改革が進められているが，子育て家庭が両立できると感じられるまでには改善されていない。日本の男性の有償労働時間の長さ，女性に無償労働が偏る傾向は，先進国の中で，非常に際立っている。⁽³⁾就業形態や就業の有無にかかわらず，依然として家事や子育ては女性に偏っており，いわゆる「ワンオペ育児」の状況がある。結婚・子育て世代が将来にわたる展望を描ける環境をつくることが急務であり，子育て支援においては子育てにのみ注目するのではなく，地域社会とのつながり，生活と子育てと仕事の全体を見据えた**ソーシャルワーク**の視点で現状を見つめる必要がある。

2　次世代育成支援施策

　子育て支援施策の歩みは図8−1のようになっている。少子化対策として始まった子育て支援施策は，次世代育成の視点のもとに進められるようになった。

（1）少子化対策を中心にした子育て施策
　子育て支援のはじまりは，1994（平成6）年の「**今後の子育て支援のための施策の基本的方針について**」（エンゼルプラン）である。子育てと仕事の両立支援を推進し，在宅子育て家庭等の育児負担の軽減，住環境の整備や経済的支援等を行った。同時に，「**緊急保育対策等5カ年事業**」を策定し，保育所の低年齢児受け入れ枠の拡大や延長保育の拡充，放課後児童対策の充実等の多様な保育サービスの提供，子育て支援のための基盤整理として地域子育て支援センターの整備といった7つの重点施策について数値目標を掲げた。1999（平成11）年には，「**重点的に推進すべき少子化対策の具体的実施計画**」（新エンゼルプラン）が策定された。保育サービス等子育て支援サービスの充実，仕事と子育ての両立のための雇用環境の整備といった8分野について，具体的な事業の目標値が設定された。

（2）次世代育成支援を中心とした子育て支援施策

　次世代育成支援への転換は，2003（平成15）年の少子化対策推進関係閣僚会議において「家庭や地域の子育て力の低下に対応して，次世代を担う子どもを育成する家庭を社会全体で支援——『次世代育成支援』——することにより，子どもが心身ともに健やかに育つための環境を整備する」という基本的な考えによって示された。

　2001（平成13）年に「待機児童ゼロ作戦」，2002（平成14）年に「少子化対策プラスワン」が策定され，後者では，「子育てと仕事の両立支援」が中心であったこれまでの対策に加え，「男性を含めた働き方の見直し」「地域における子育て支援」等の4つの主な取り組み，少子化社会への対応を進める際の留意点として，「子どもにとっての幸せの視点で」「産む産まないは個人の選択」「多様な家庭の形態や生き方に配慮」を掲げた。この内容を具体化する法律として，**次世代育成支援対策推進法**が時限立法で制定され，法改正により法律の有効期限が2025年3月末まで延長されている。次世代を担う子どもの健やかな育ちを社会全体が保障する方向に向かう。

　2003（平成15）年に少子化社会対策基本法が制定され，2004（平成16）年に**少子化社会対策大綱**が閣議決定し，「**子ども・子育て応援プラン**」が策定された。少子化社会対策大綱では，「若者の自立とたくましい子どもの育ち」「仕事と家庭の両立支援と働き方の見通し」「生命の大切さ，家庭の役割等についての理解」「子育ての新たな支え合いと連帯」の4つの重点課題が掲げられ，子育てと仕事が両立できる職場づくりの推進に向けて，次世代育成支援対策推進法に基づいて行動計画を策定し，実行することが規定された。社会全体で子育てを行う枠組みが整備されつつある。2020（令和2）年に見直された少子化社会対策大綱では，深刻さを増す少子化に対して，「希望出生率1.8」の実現に向けて，ライフステージに応じた総合的な少子化対策を大胆に進めていくとある。

　2010（平成22）年の「**子ども・子育てビジョン**」は，「子どもが主人公（チルドレン・ファースト）」の考えに立ち，すべての子どもの生きる権利，育つ権利，学ぶ権利がくまなく保障されることをめざしている。これまでの「少子化対策」から「子ども・子育て支援」へと視点を移し，子どもと子育て家庭の目線で，社会全体で子育てを支えるとともに，「生活と仕事と子育ての調和」をめざしながら，子どもと子育てを全力で応援することを目的に策定された。

　2012（平成24）年に，**子ども・子育て支援関連3法**が成立し，2015（平成27）

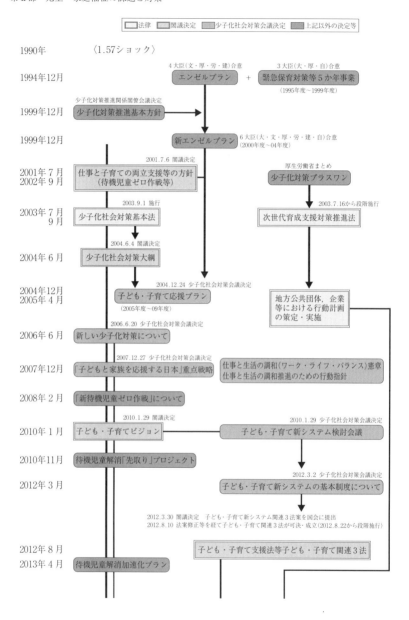

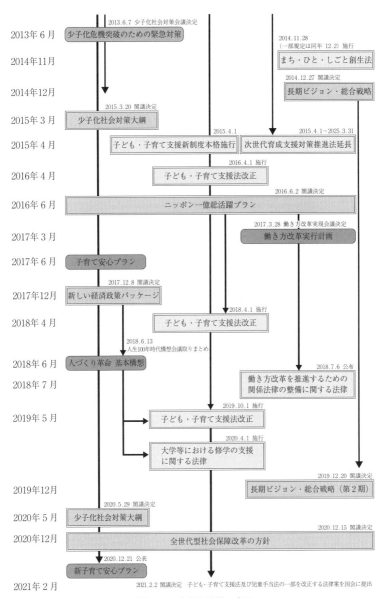

図 8-1　少子化対策の歩み

出所：内閣府（2021）「これまでの国の取組」（https://www8.cao.go.jp/shoushi/shoushika/data/ pdf/torikumi.pdf　2021年 9 月28日閲覧）。

年の「子ども・子育て支援新制度」によって，子育て支援を「量」と「質」の両方から社会全体で支える仕組みの構築に向かっている。質の高い幼児教育・保育の総合的な提供，地域の子ども・子育て支援の充実等が主たる取り組みである。この翌年には，子ども・子育て支援法の改正によって，「仕事・子育て両立支援事業」が創設された。2017（平成29）年に「新しい経済政策パッケージ」が閣議決定され，2019（令和元）年に教育の無償化が実施されている。

3　子育て支援サービスの現状

（1）地域子ども・子育て支援事業

　地域子ども・子育て支援事業とは，子ども・子育て支援法第59条の1において，「子ども及びその保護者が，確実に子ども・子育て支援給付を受け，及び地域子ども・子育て支援事業その他の子ども・子育て支援を円滑に利用できるよう，子ども及びその保護者の身近な場所において，地域の子ども・子育て支援に関する各般の問題につき，子ども又は子どもの保護者からの相談に応じ，必要な情報の提供及び助言を行うとともに，関係機関との連絡調整その他の内閣府令で定める便宜の提供を総合的に行う事業」と明記されている（図8-2）。

　市町村が地域の実情に応じ，市町村子ども・子育て支援事業計画に従って実施する事業であり，①利用者支援事業，②地域子育て支援拠点事業，③妊婦健康診査，④乳児家庭全戸訪問指導，⑤養育支援訪問事業，⑥子どもを守る地域ネットワーク機能強化事業（その他要保護児童等の支援に関する事業），⑦子育て短期支援事業，⑧ファミリー・サポート・センター事業（子育て援助活動支援事業），⑨一時預かり事業，⑩延長保育事業，⑪病児保育事業，⑫放課後児童クラブ（放課後児童健全育成事業），⑬実費徴収に係る補足給付を行う事業，⑭多様な事業者の参入促進・能力活用事業の全14事業がある。

　ここでは，「利用者支援事業」「地域子育て支援拠点事業」「子育て支援短期事業」「ファミリー・サポート・センター事業（子育て援助活動支援事業）」「放課後児童クラブ（放課後児童健全育成事業）」について述べていく。

①　利用者支援事業

　利用者支援事業は，子どもやその保護者等，または妊娠している人の身近で集まりやすい場所で，教育・保育施設や地域の子育て支援事業等の情報提供および必要に応じて相談・助言等を行うとともに，関係機関との連絡調整等を実

| 背景 | ●3歳未満児の約7〜8割は家庭で子育て
●核家族化，地域のつながりの希薄化
●男性の子育てへの関わりが少ない
●児童数の減少 |

| 課題 | ●子育てが孤立化し，子育ての不安感，負担感
●子どもの多様な大人・子どもとの関わりの減 |

子育て中の親子など

地域子育て支援拠点の設置

子育て中の親子が気軽に集い，相互交流や子育ての不安・悩みを相談できる場を提供

地域で子育てを支援し，育児不安を解消

図 8-2　地域子育て支援拠点事業

出所：内閣府・文部科学省・厚生労働省（2015）「子ども・子育て支援新制度ハンドブック　施設・事業者向け」（https://www.8.cao.go.jp/shoushi/shinseido/faq/pdf/jigyousya/handbook.pdf　2021年7月1日閲覧）。

施する事業である。子育て家庭の個別ニーズを把握し必要な援助を行う「利用者支援」と，子育て支援関係機関とネットワークを作り，地域の子育て資源の開発や共有等を行う「地域連携」を行っている。当事者ニーズの把握に加えて，当事者の気づかぬニーズに気づき援助につなげていくアウトリーチが重要になる。実施形態としては「基本型」「特定型」「母子保健型」がある。この事業は，妊娠期から子育て期にわたるまで，地域の特性に応じ，「専門的知見」と「当事者目線」の両方の視点を活かし，必要な情報を共有して，切れ目なく支援が行える体系づくりとして推進されている子育て世代包括支援センターとしての役割も期待されている。[4]

② 地域子育て支援拠点事業

地域子育て支援拠点事業は，児童福祉法第6条の3第6項において，「乳児又は幼児及びその保護者が相互の交流を行う場所を開設し，子育てについての相談，情報の提供，助言その他の援助を行う事業をいう」と明記されている。

乳幼児およびその保護者が相互の交流を行う公共施設や保育所，児童館等の地域の身近な場所で，子育てについての相談，地域の子育て関連情報や子育て講座等での情報の提供，助言その他の援助を行う事業である。対象は，主としておおむね3歳未満の子どもとその保護者である。NPOなど多様な主体の参

画による地域における支え合いと，子育て家庭同士の支え合いにより，地域の子育て力の向上を図ることもめざしている。実施形態は「一般型」と「連携型」がある。「一般型」は，常設の地域の子育て拠点で行うもので，保育所，公共施設や商店街の空きスペース，マンション等の一室等で行っている。「連携型」は，児童福祉施設等の多様な子育て支援に関する施設に親子が集う場を設けて行っている。

③　子育て短期支援事業

子育て短期支援事業は，ひとり親家庭や保護者の疾病等の理由により子育てをしながら働くことができる環境を整備するために，市町村が一定の事由により，家庭において養育を受けることが一時的に困難となった児童について，児童養護施設，乳児院，保育所または里親に委託し，必要な保護を行う事業である（児童福祉法第6条の3第3項）。短期入所生活援助（ショートステイ）事業と夜間養護等（トワイライトステイ）事業の2つがある。

④　ファミリー・サポート・センター事業（子育て援助活動支援事業）

ファミリー・サポート・センター事業は，乳幼児や小学生等の児童を有する子育て家庭を会員として，児童の預かり等の援助を受けることを希望する者と，当該援助を行うことを希望する者との相互援助活動に関する連絡と調整を行う事業である。活動例としては，保育施設までの送迎，冠婚葬祭やきょうだいの学校行事等の間の子どもの預かり，病児・病後児の預かり，早朝・夜間の緊急預かりがある。

⑤　放課後児童クラブ（放課後児童健全育成事業）

共働き家庭など保護者が昼間家庭にいない小学校に就学している子どもに対して，放課後に小学校の余裕教室，児童館等で過ごすことができる。**放課後児童クラブ**は，その際，適切な遊びおよび生活の場を与えて，健全な育成を図る事業である（児童福祉法第6条の3第2項）。小学校6年生までが対象となる。放課後学童保育の待機児童対策も急務であり，2014（平成26）年の「放課後子ども総合プラン」ならびに2018（平成30）年の「新・放課後子ども総合プラン」において待機児童の解消に向けた整備を行っている。

（2）地域に開かれた子育て支援

保育所をはじめとして各施設が，それぞれの機能と環境の特性を活かして，地域に開かれた子育て支援を展開している。たとえば，保育所では，児童福祉

法第48条の4の規定に基づき，保育に支障がない限りにおいて，地域の子育て家庭に対する保育所の機能と専門性を活かした子育て支援を行うことが明記されており，地域子育て支援センターの併設や，保育所の環境を活かした園庭開放，育児相談等を行っている。乳児院，母子生活支援施設，児童養護施設，児童心理治療施設および児童自立支援施設も児童福祉法第48条の2において同様に規定されている。

　また，子どもの健やかな成長を願い，貧困問題等の解決や支援をめざして誕生した子ども食堂は，地域交流拠点と子どもの貧困対策の2つの役割をもって，地域社会で子どもと子育て家庭を支えていこうとしている。

　地域に開かれた子育て支援は，専門機関および専門職の専門性を活かしたり，子育て中の当事者，子育て経験者や子育て家庭を見守る地域の人によって展開されている。

4　子ども・子育て支援の課題

　子どもの保護者等は，育児と家事と仕事あるいは介護等との両立をしながら子育てをしている。少子化の傾向に歯止めがかからない状況をみると，男女共同参画社会の推進によって男女が対等に家族の構成員としてお互いに協力すると謳うようになり，性役割分業への違和感を抱くようになりながらも，子育てを安心して，楽しんで取り組めそうだと子育て家庭が思える社会には至っていない。

　子どもと子育て家庭に身近な専門職である，保育士，社会福祉士，精神保健福祉士等は，子育て支援が子どもの生活を豊かにし，健やかな成長につながるよう子どもの最善の利益に対する価値・倫理をもち，保護者等の子育ての負担感や孤立感に対して共感性をもって関わり，保護者の養育力の向上に向かうよう，様々な子育て支援事業を活用したり，開拓・開発しながら進めていくことが望まれる。子育て支援は子育てを見ているだけでは解決できない。子育ては生活の一部であり，子どもや保護者等は社会や地域と関係している。当事者理解とともに，子育て家庭を取り巻く環境にも目を向けたソーシャルワークの視点で，適切にニーズを把握し，援助することが求められる。また，どの子育て支援サービスにおいても，量と質のバランスがとれ，子育て家庭が安心して子育てにのぞめる社会になるよう専門職の人材育成が重要である。

　児童福祉法第3条の2において，子育てについての第一義的責任を有するのは父母などの保護者とある一方で，その家庭を社会全体が支えていくことを謳っている。地域や家族が担っていた子育てを支える機能は，子育て環境の急速な変化によって低下しているが，変わらず必要とされている。時代の変化によってその時代らしい方法として，保育士や社会福祉士等の専門職や専門機関，NPOや心あるシニア層の参画による地域における子育て支援が期待されている。

注

(1)　厚生労働省（2021）「子どもを産み育てやすい環境づくり」『令和3年度版厚生労働白書――新型コロナウイルス感染症と社会保障』(https://www.mhlw.go.jp/wp/hakusyo/kousei/20/dl/2-01.pdf　2022年1月13日閲覧)。

(2)　独立行政法人労働政策研究・研修機構（2021）「早わかり　グラスで見る長期労働統計」(https://www.jil.go.jp/kokunai/statistics/timeseries/html/g0212.html　2021年9月1日閲覧)。

(3)　内閣府男女共同参画局（2020）「コラム1　生活時間の国際比較」『令和2年版男女共同参画白書』(https://www.gender.go.jp/about_danjo/whitepaper/r02/zentai/html/column/clm_01.html　2021年9月28日閲覧)。

(4)　厚生労働省（2015）「『子育て世代包括支援センター』と利用者支援事業等の関係等について」(https://www8.cao.go.jp/shoushi/shinseido/administer/office/pdf/s41-2.pdf　2021年9月30日閲覧)。

学習課題

①　あなたの住んでいる地域における子育て支援サービスを調べてみよう。

②　子ども・子育て支援において，専門職がどのような価値や倫理をもって支援にあたることが望ましいか，考えてみよう。

〜〜〜〜〜〜 **コラム　子どもと家庭に笑顔を！　地域一体の子育て支援** 〜〜〜〜〜〜

　保護者にとって子育ては生活。保護者の力を信じ，遊びの大切さ，共食の大切さといったあたたかく豊かな生活を大切にする子育て支援を紹介する。

〇遊びは楽しい，一緒に遊ぶのはもっと楽しい！

神奈川県社会福祉法人久良岐母子福祉会久良岐保育園〈園庭開放〉

　ある日の保育所の園庭。子どもたち，お母さんたちの声が聞こえてくる。

　お水じゃぶじゃぶ……　土に水を加えて，どろどろ……。

　手で混ぜて，足を入れて，よいしょよいしょと歩く子ども。

　そこに，お母さんも加わって，みんなで泥んこ。最後は，集った地域の親子みんなで綱引きをしておしまい。

　子どもが遊んでいる様子を見守るだけでなく，お母さんたちも一緒になって遊ぶ。遊びの楽しさを親子で，集った家庭みんなでわかち合う久良岐保育園の園庭開放は笑顔があふれている。

　見守るだけじゃない。支えられるだけじゃない。

　保護者のもっている養育力を信じて，遊びを一緒に楽しむことを通した子育て支援は，保育所の機能や保育者の専門性が活かされている。

○地域一体となった世代間での助け合いによる子育て支援
神奈川県中里こどもふれあい広場いきいき〈人と人のつながり。そして，「水」「火」「土」。〉

　子育ての土台となる生活の充実を軸にしたブレない姿勢。

　親も子どもも自然と遊びはじめ，いきいきと満足するまで遊び込む。「おいしいね」と満面の笑みから，なんとも言えないあたたかさが広がる。

　気長にあたたかく見守り支えていこうとする姿勢。世代を超えて，地域一体となって，子どもたちがいきいきと過ごす居場所作りをしている。

　子ども食堂は，久良岐母子福祉会館地域交流室の開設に合わせて，横浜市南区中里第三自治会地域運営委員会によって始まった。70年以上，この地で社会貢献や社会使命を果たし続ける久良岐母子福祉会と地域の人たちの愛情たっぷりの世代間での助け合いによる地域一体となった子育て支援である。

＊写真提供：社会福祉法人久良岐母子福祉会。

第 ⑨ 章

母子保健に関する支援と対策

母子保健は妊娠・産褥期，乳幼児期にある母子が心身ともに安定し，健康的な生活をするという目標に向かってきた。その対象は時代とともに広がり，妊産婦，母，子のみならず，父や養育者なども含まれる。さらに，胎児の健やかな健康や，思春期など健康の基礎形成時期にある人も対象である。つまり，新たな生命の誕生を機に，家族の構成人数が増え，新たな役割を担っていく子どもと家族が，地域で安定した健康的な生活を送ることができるようにすることをめざしているものである。

本章では，母子保健が発展してきた社会的背景を理解し，母子保健の支援に加えて，子育て中の母親・父親への就労・経済的支援も説明する。

1　母子保健の概要

（1）戦後の女性と子どもの保健

戦後，人々の生活は窮乏を極めた。特に養育者がいない孤児は，大人の養護を受けられず，衣食住がままならない生活をしていた。また，乳幼児や妊産婦は劣悪な衛生環境や栄養不足などがあり死亡率が高かったため，当時 GHQ の指令と支援によって，母子保健は重要分野として位置づけられた。1947（昭和22）年には厚生省児童局（現：厚生労働省雇用均等・児童家庭局）が設置され，母子衛生課によって妊産婦手帳制度および妊産婦登録制度が導入された。また同年に日本国憲法が施行され，児童福祉法が成立し，母子保健と児童福祉は同一官庁内に所管されることとなった。

さらに同年，教育基本法や学校教育法が公布され，すべての子どもは教育を受けられるようになった。1965（昭和40）年には，アジア救済公認団体（LARA）から「ララ物資」が贈られ，その食料や医薬品などは学校給食や児童

福祉施設等に配分され，子どもの生活を支えた。

　妊産婦手帳は1942（昭和17）年から交付開始され，1948（昭和23）年には，子どもを含めた母子健康手帳の配布が開始され，「妊産婦保健指導要領」「乳幼児保健指導要領」「母子衛生対策要綱」が策定された。この時の母子保健の目標は，①妊産婦と乳幼児の死亡率低下，②罹患率低下，③健康・発育状態の改善であった。

　同年は**優生保護法**（現：**母体保護法**）も制定された。当時は避妊の知識，避妊用具や薬品も普及しておらず，危険な非合法の人工妊娠中絶が横行していた。優生保護法よって，条件つきではあるが専門医による人工中絶が認められた。これらの施策は，妊産婦と子どもの死亡率の低下や健康の保持・増進につながることとなる。

　それまで保健師の訪問を中心とした母子の健康教育や保健指導が実施されていたが，1952（昭和27）年には「保育所保育指針」が定められ，保育所の保育者も親とともに，子どもの健全育成を支えることになった。

　1954（昭和29）年には育成医療と妊産婦保健指導が強化され，1958（昭和33）年には未熟児医療，訪問指導制度，**母子保健センター**設置整備補助事業が実施された。母子保健センター設置整備補助事業によって全国に母子保健センターが普及し，母親と子どもの支援体制が公的に整備されはじめた。

（2）母子保健法の制定

　1965（昭和40）年には**母子保健法**が制定された。第1条には母子保健の目的として「母性並びに乳児及び幼児の健康の保持及び増進を図るため（中略），保健指導，健康診査，医療やその他の措置を講じ，もつて国民保健の向上に寄与すること」と定められた。そこには母性を尊重すること，母性および保護者の努力等が明記されている。この法律によって，母子保健の対象は妊産婦と子ども，さらに青少年・成人期の女性，保護者へと拡大し，女性が自らの健康管理を行うという総合的な母子保健対策を推進するものとなった。施策としては，妊産婦と乳児の検診の一部公費負担育成医療，小児慢性特定疾患治療研究事業等の改正が実施された。その後，公衆衛生の向上や栄養状態の改善などもあり，乳児死亡率は激減した。また当時，地域の婦人ボランティアである「母子保健推進員」の活動により，母子保健はより身近な地域での実践になった。

　1970年代後半から80年代は，きめ細かな母子保健サービスが実施された。当

時は疾病や障がいの早期発見・予防と治療の重要性がいわれ，検診，マス・スクリーニング，Ｂ型肝炎母子感染防止事業等が実施された。この時期に始まった多くの施策が現在も継続して行われている。

（3）母子保健と児童福祉分野が連携した子ども・家族支援

　1990年代には，合計特殊出生率が減少し少子高齢対策が重要な課題となった。また核家族化や都市化の進行，地域のつながりの希薄化等から，親と子どもの様々なストレスや心の問題が注目されるようになった。

　2001（平成13）年に策定された「健やか親子21」は，関係機関や団体が一体となって推進する国民運動計画である。また，2014（平成26）年6月厚生労働省では母子保健計画について，2015（平成27）年の子ども・子育て支援新制度と10年間延長になった次世代育成支援対策推進法の動向を踏まえ，妊娠・出産・子育てへの継続的支援体制づくりを行っている。さらに2015（平成27）年から2023年には「健やか親子21（第2次）」が10年計画で開始される。これは親子を取り巻く現状の課題を踏まえ，すべての子どもが健やかに育つ社会の実現をめざす計画である。

　2017（平成29）年には，「児童福祉法などの一部を改正する法律」が施行され，母子保健は児童虐待の発生予防において，①子育て世代包括支援センターの法定化（2017（平成29）年4月施行），②支援を要する妊婦に関する情報提供（2016（平成28）年10月施行），③母子保健施策を通じた虐待予防等（2016（平成28）年6月施行）の措置を行うこととなった。①は，市町村は妊娠期から子育て期まで各関係機関を連携し，切れ目のない支援を妊産婦や母親に提供するセンター（法律上の名称は「母子健康包括支援センター」）を設置するよう努めるものである。同センターでは保健師，ソーシャルワーカー等を配置し，地域における子育て世代が安心できる細やかな支援を行う。②は，支援を要する妊婦や児童およびその保護者を把握した各機関（医療・福祉・教育等）とそこで従事する者は，情報を市町村に提供するように努めるものである。市町村が把握しきれない困難な状況にある人（妊娠期から一人で悩みを抱えている者，特定妊婦，産前産後の心身不調者，母子健康手帳の未発行者，妊婦健診の未受診者等）の支援につなげるものである。③では母子保健施策を通じて育児不安や虐待などの悩みを抱える妊産婦などを早期に発見し相談支援につなげる。このように地域で安心して子育てができる支援体制を構築しつつある。

　さらに，2016（平成28）年 6 月に施行の「障害者の日常生活及び社会生活を総合的に支援するための法律及び児童福祉法の一部を改正する法律」（障害者総合支援法）によると，母子保健施策の健康診査等を通して知り得た医療的ケア児やその保護者についての情報を，保護者の同意のもとに各関係支援と共有し[1]連携することに努めることが明記され，地方公共団体は医療的ケア児が，その心身の状況に応じた適切な保健，医療，福祉，保育，教育，就労等の支援を受けられるよう連携に努めることとなる。また，2021（令和 3 ）年 6 月には「医療的ケア児及びその家族に対する支援に関する法律」が施行され，その目的は，医療的ケア児の健やかな成長を図るとともに，その家族の離職を防ぎ安心して子どもを産み育てることができる社会の実現に寄与することである。国・地方公共団体の責務と保育所・学校の設置者等の責務が盛り込まれた。医療的ケアを必要とする子どもと家族にとって QOL の向上につながる一歩である。

　このように母子保健は，時代とともに様々な関係機関との協働により，目的を達成していることがわかる。

（4）成育基本法と健やか親子21の関係

　2019（令和元）年12月には，「**成育過程にある者及びその保護者並びに妊産婦に対し必要な成育医療等を切れ目なく提供するための施策の総合的な推進に関する法律**」（平成30年法律第104号。以下，**成育基本法**）が施行され，保健・医療・福祉・教育などが連携して子どもたちの健やかな成育を途切れることなく社会全体で支える環境の整備が始まった（図 9 - 1 ）。

　同法の目的は，次世代の社会を担う成育過程にある者の個人としての尊厳が[2]重んじられ，その心身の健やかな成育が確保されることが重要な課題になっていることなどに鑑み，児童の権利に関する条約の精神にのっとり，国，地方公共団体，保護者および医療関係者等の責務などを明らかにし，成育過程にある者およびその保護者並びに妊産婦に対し必要な成育医療等を切れ目なく提供するための施策を総合的に推進することである。

　加えて，2021（令和 3 ）年 4 月に施行された「母子保健法の一部を改正する法律」では，妊娠期から子育て期にわたる切れ目のない支援を図るために，心身の不調や育児不安などを抱える出産後 1 年以内の母親とその子を対象に，産後ケア事業を実施することを市町村の努力義務とした。また，2020（令和 2 ）年 5 月第 4 次少子化社会対策大綱では，2024年度までに全国展開することをめ

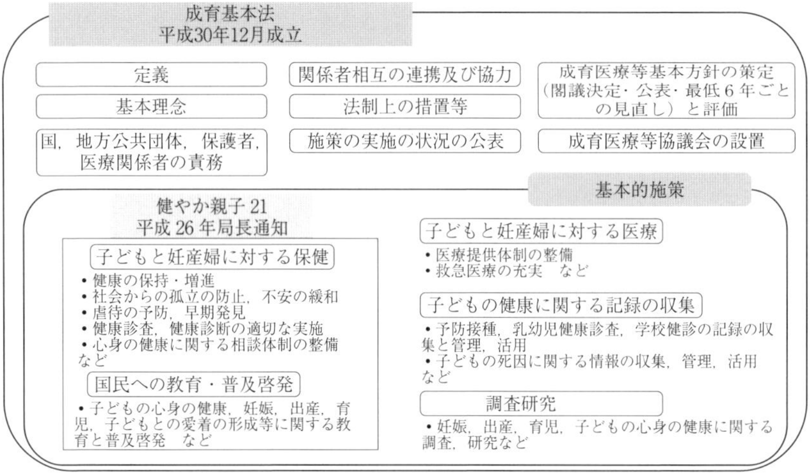

図 9 - 1　成育基本法と健やか親子21の関係

出所：厚生労働省子ども家庭局母子保健課（2021）「成育基本法を踏まえた『健やか親子21（第 2 次）』及び関連施策について」（https://www.mhlw.go.jp/stf/shingi/other-kodomo_237773.html　2021年 9 月26日閲覧）。

ざすこととなった。

　産前・産後サポート事業とは，身近に相談できる人がいないなど支援を受けることが適当と判断される妊産婦およびその家族を対象に，妊娠・出産や子育てに関する悩み等について助産師などの専門職，子育て経験者やシニア世代などの話しやすい相談相手などによる相談支援を行い，家庭や地域での妊産婦などの孤立の解消を図ることを目的とするものである。実施主体者は市町村である。

　産後ケア事業とは，家族等から十分な家事および育児などへの援助が受けられない産褥婦とその子ども（新生児，乳幼児など）を養育する者で心身の不調などにより支援が必要と認められた者に対して，退院直後の母子に対して心身のケアや育児のサポートなどを行い，産後も安心して子育てができる支援体制を確保することを目的とする。実施主体は市町村である。

2　子ども・母親・父親への保健サービス

（1）主な母子保健の対策

現行行われている主な母子保健の対策（図9-2）について説明する。

①　健康診査

妊産婦健康診査は，妊産婦が正常に経過し分娩に至ることを目的としている。市町村に実施義務があり，必要な妊婦健康診査のすべての回数（約14回程度）が公費助成される。**乳幼児健康診査**は，1歳6か月児健康診査と3歳児健康診査があり，市町村に実施義務がある。前者は満1歳6か月を超え満2歳に達しない幼児に，後者は満3歳を超え満4歳に達しない幼児に対して行われる。それ以外にも通常健診が行われている。診査には疾病・障がいの早期発見，発育・発達の総合評価，子育て支援を含めた親子への総合的な支援を提供する目的がある。新生児マス・スクリーニングには，先天性代謝異常等を早期発見し治療につなげるという目的がある。

②　保健指導等

妊娠の届出と**母子健康手帳**（以下，**母子手帳**）の交付がある。妊娠した者は市町村に届出をし，母子手帳を受け取る。母子手帳は一冊で，各種健診（妊娠経過の記載），乳幼児の成長発達確認，母子保健支援の内容と利用記録，予防接種等の記録ができる。しかし最近では，妊娠の届出や母子手帳の交付や保健指導・健康診査を受けずに出産する女性が多くなっている。その背景には，経済的理由，予期せぬ妊娠や性犯罪，DV などがあるといわれている。

妊娠から育児に関する保健指導・訪問指導は，妊産婦，新生児，未熟児のいる家庭に必要に応じて保健師などが訪問して保健指導を実施している。その内容は，保健衛生面や健康保持・増進等日常生活全般についての指導，栄養，環境，疾病予防等の指導である。特に保護者に育児不安がある場合は，継続的に指導が行われる。また，すべての乳児を対象として，**乳児家庭全戸訪問事業**（こんにちは赤ちゃん事業）がある。これは生後4か月までの乳児のいる自宅を保健師や助産師などが訪問し，子育て支援に関する情報や養育環境などの把握，育児に関する不安や悩みの相談等の支援を行うものである。さらに**妊産婦と乳幼児の栄養指導**（母子栄養管理事業と食育の推進など）事業では，低所得の妊産婦や乳児に栄養食品を支給する。近年の低出生体重児の増加に伴い，妊産婦への

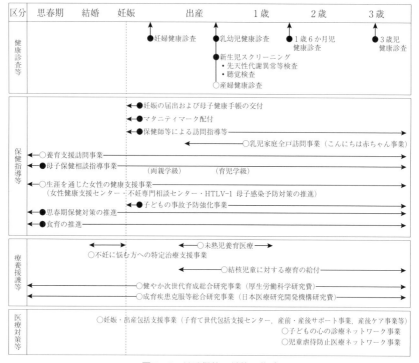

図9-2　母子保健の対策の体系

注：○国庫補助事業　●一般財源による事業
出所：厚生労働統計協会（2021）『国民衛生の動向2021/2022』110頁。

栄養指導も充実させている。

③　療養援護等

　妊婦高血圧症候群等の養育援護は，健康診査の結果，妊娠合併症により入院して治療する必要性がある低所得者に対して医療援助を行う。低出生体重児の届出は，出生体重が2500グラム未満の乳児が出生した場合に必要である。また未熟児療育医療では，出生体重が2000グラム以下で，生活力が特に弱く低体温，強い黄疸やチアノーゼなどの症状の乳児が出生した場合，医療機関に収容して医療給付が行われる。その保護者が速やかに乳児のいる現住所の市町村まで届ける。

　小児慢性特定疾患治療研究事業は，治療が長期にわたり医療費が高額になる特定の疾患に対し，治療の確立と普及を図り，家族の医療費負担軽減を図るも

のである。これは医療保険制度とは別の公費を財源とした医療費負担軽減制度である。自立支援医療費制度（育成医療等）は，生活の能力を得るために必要な自立支援医療費の支給をするものである。実施主体は市町村で，対象は児童福祉法第4条第2項に規定される障害児である。

不妊に悩む夫婦への支援は，不妊治療の不妊検査，治療等に関する情報提供や相談体制を強化する目的がある。不妊専門相談センター事業では，専門医による不妊症の人の悩みや不妊に関する医学的な相談を実施している。所得制限があるものの，体外受精および顕微授精には治療費用の一部助成がある。

④　医療対策

子どもの心の診療ネットワーク事業は，子どもの心の問題，児童虐待や発達障害に対応するため拠点病院を中核として多機関（児童相談所，保健所，要保護児童対策地域協議会，発達障害者支援センター，児童福祉施設，教育機関等）と連携した支援体制の構築を図っている。

（2）妊娠・出産・子育てに関する母親・父親への就労・経済的支援

①　就労している妊婦への就労・経済的支援

妊娠中や産後の女性には，「雇用の分野における男女の均等な機会及び待遇の確保等に関する法律」（男女雇用機会均等法）に基づき**母子健康管理措置**として，保健指導や検診を受けるための時間の確保が義務づけられている。さらに医師から勤務軽減や就労時間変更などの指導がある場合は，本人等の申し出により事業主はその措置を講じなければならない。労働基準法による**母子保護措置**には，産前・産後休業（産休），時間外・休日労働・深夜勤務の制限等がある。産休は，妊産婦の産前6週間，産後8週間の休業を雇用主に義務づけている。また，出産育児一時金支給制度もある。

②　母親・父親，そして子どものための育児休業と経済的支援

育児休業については「**育児休業，介護休業等育児又は家族介護を行う労働者の福祉に関する法律**」（育児・介護休業法）に定められているが，これに関連して「育児休業，介護休業等育児又は家族介護を行う労働者の福祉に関する法律施行規制の一部を改正する省令」により2022（令和4）年4月から**育児休業取得促進**のため子の出生直後の時期における柔軟な育児休暇の枠組みの創設などが行われ，企業には，育児休業の取得の状況の公表の義務づけ等が行われる。現在の大きな課題は，育児休業の対象にならない非正規雇用（パートや派遣な

ど）の労働者への支援は十分ではなく，子どもを産むと経済的に厳しい状態に陥りやすいといわれていることで，育児の支援と経済的支援が求められている。

③　子どもの看病や介護時の就労支援

育児・介護休業法に規定されている**看護休暇**は，小学校入学前の子どもが病気や怪我をした場合，養育している労働者が事業主へ申し出ることにより取得できる。1人の子どもに対し1年につき5日，2人以上なら10日まで取得できる。**介護休業**は，労働者が要介護状態にある対象家族を介護するための休業である。対象家族は配偶者（事実婚を含む），父母（義父母），子ども等である。休暇日数は看護休暇と同様である。

3　母子保健に関する今後の展望

日本では，2017（平成29）年の母子保健法の改正で子育て世代包括支援センターを市町村に設置することが努力義務とされてから，母子保健と子育て支援を包括するシステム作りが各市町村で模索されている。その中で，**フィンランドの母子保健サービスのネウボラ**（neuvola）への関心が高まっており研究が進んでいる。

ネウボラとは，妊娠期から就学前の子どもと，その家族の健康を地域で支援するためのセンターであり，そこで行われているサービスの内容を示している。Neuvo とはフィンランド語で英語にすると，advice，give guidance，すなわちアドバイスや指導する，手引きなどを示す言葉である。具体的な内容はコラムを参照。他機関連携や包括的な支援の取り組みとして参考になる。

フィンランドでは，こどもや妊婦，子育て中の家族を対象に，母子保健と医療，子育て支援を連携して行い，家族間の課題を早期発見し課題が大きくなる前に専門職が介入し包括的な支援を構築している。現在日本では，母子健康や児童・家庭福祉等，様々な事業を実施している。その一方で，特定妊婦や児童虐待，DV，貧困などの問題が山積している。これらは一見，個人の問題として捉えられやすく，表面化してから支援が開始されることが多い。日本でもフィンランドのような**予防を重視した家族全体の保健分野の支援システム**が必須である。

注

⑴　医療的ケア児とは，日常生活および社会生活を営むために恒常的に医療的ケア（人工呼吸器による呼吸管理，喀痰吸引その他の医療行為）を受けることが不可欠である児童（18歳以上の高校生などを含む）である。

⑵　成育過程は，出生に始まり新生児期，乳幼児期，学童期及び思春期の各段階を経て大人になるまでの一連の成長の過程をいう。

参考文献

川原由佳里（2013）「戦後の母子保健行政の歴史——各時代における重要施策の形成と成果に焦点を当てて」厚生労働科学研究費補助金成育疾患克服等次世代育成基盤研究事業。
厚生労働統計協会編（2020）『国民衛生の動向2019/2020』。
厚生労働省（2020）「母子保健施策を通じた児童虐待防止対策の推進について」（https://www.mhlw.go.jp/content/11900000/000589310.pdf　2021年9月30日閲覧）。

学習課題

①　あなたが暮らす市町村，および関心のある地域の市町村のホームページを参照し，地域で具体的に行われている母子保健のサービスを調べてみよう。

②　なぜ母子保健は母子だけなくパートナー（父親）や家族の健康に対しても注意が向けられるようになったか考えてみよう。

コラム　フィンランドの母子保健のサービス（ネウボラ）

　第一次世界大戦後の1920年代のフィンランドは，他の海外諸国と同じく，乳児死亡率が高く，母子保健の課題が山積していた。そのため，公衆衛生の向上と母子の栄養状態の改善，子育て環境の充実などが社会に求められており，その支援の一つとしてネウボラが設立された。

　ネウボラには，"妊産婦ネウボラ"と"子どもネウボラ"があり，前者は妊産婦と胎児の健康を守るために，家族全員の健康習慣と身体的健康，精神・心理的健康を向上し，福祉的側面も促進する目的がある。最近は，母子だけなくパートナー（父親）の健康に対しても注意が向けられるようになっている。主に保健師，助産師がサービスを担っている。後者は，就学前の子どもの家庭において，子どもの健康と養育環境，身体的・心理的・社会的発達を総合的に支援し，それとともに，子育て家族が抱える課題についてもモニタリングし，包括的に家族支援を行う目的がある。保健師がサービスの中心を担っている。必要時には，他機関などの連携も行っている。

　両者は連携しており，妊娠期から子どもの就学前までの家庭の支援を同じ保健師が担当している。この担当制により，個人の心身，成長の課題はもちろんのこと，子育て家庭全員の健康の問題や社会的な困難さを早期に発見し，適切な支援に結びつけるなど，継続的な支援を実施できている。ネウボラには，保健師，助産師以外に医師，ソーシャルワーカー，理学療法士，心理療法士，栄養士などが働いており，必要に応じて支援が行われている。

　現在ではフィンランドは妊産婦や乳児死亡率が最も低い国であり，2015年の乳幼児死亡率は出生1000人あたり1.7人，生後1年以内に死亡した子ども数は100人以下であった。妊産婦や乳児死亡率の低さには，複数の要因が関連しており，医学の進歩，公衆衛生と栄養の向上とともに子ども・家族政策の一つとしてのネウボラのサービスも大きい。

　筆者はフィンランドの子どもネウボラを1年半ほど利用した。定期健康診査のために家族でネウボラに行き，医師や担当保健師が子どもの健診を行う。その時にヘルスカウンセリングも一緒に受けられる。子ども一人ひとりに「パーソナルヘルスカード＝健康手帳」があり，その手帳に健診事項（身長，体重，予防接種，健康状態など）を保健師が記入する。また，子どもが病気の時にもネウボラに連絡し医師に受診するが，その時も健康手帳を持参する。医師は過去の病歴や健診などの記録を確認し，子どもを総合的に診断し，その内容を健康手帳に記入する。健康手帳は親が管理するが，健康手帳の記録により子どもの成長や病気などを専門職と共有できる。

　親は，子どもに関することで，成育情報や既往歴などの説明を専門職に繰り返す必要はなく，現在の状況を説明するだけでよかった。子どもが病気の時は他のきょうだいの対応にも追われるなど，親は余裕がなくなりやすい。専門職が記入した健診，予防接種，病気などの記録は，繰り返しの説明を省略するだけでなく，後で子どもの状態を振り返るのにとても役に立った。乳幼児を養育している親は，その都度都度の対応に追われ，正しく記録に残すことは難しいことだったので，とても助かった。また，その来所ごとに，顔見知りの担当保健師が困っていることはないかなど親身になってくれ，地域で身近に相談できるところがあることは心強かった。

　このようにネウボラでは子どもや家族に関する健診，医療，相談などのサービス窓口が一本化されている。また，子どもと家族に携わる職種が一か所で連携し協力しながら支援することは，家族全体の課題の把握や情報の共有，さらにフォローアップにもつながる。このことが親の不安を軽減し，地域で安心して子育てできる環境になると考える。

参考：Ministry of Social Affairs and Health（2013）"Child and Family Policy in Finland"（https://julkaisut. valtioneuvosto. fi/bitstream/handle/10024/69916/URN_ISBN_978-952-00-3378-1. pdf? sequence＝1&isAllowed＝y　2021年 9 月30日閲覧）．
　　マルクス・コッコ（2018）「実体験から語るフィンランドのネウボラ──フィンランドのネウボラと日本の母子保健の両方を利用した体験から」『保健師ジャーナル』74（6）。

第 10 章

女性への支援と対策

　2021（令和3）年，東京オリンピック・パラリンピックが開催された。複数のオリンピック関係者が女性や障がい者，歴史上の人権侵害に関する不用意な発言をしていたことを理由に辞任したことも社会問題となった。人々の中にある差別意識への違和感とオリンピック関係者との意識との間に乖離があったと評価することができる。これは一例に過ぎないが，人々の意識や文化の違いによる社会が存在することで，その人らしさを認める場が設けられない場合もある。本章では，その対象として女性を取り上げて考えてみたい。女性の一生涯は日本国内だけを見て語られるべきものではなく，まさしく渡り鳥のように全世界を鳥瞰し，検討することが必要である。

1　女性福祉の全体像を知る

（1）婦人保護事業から女性支援へ
　なぜ女性への支援が必要なのだろうか。
　2019（令和元）年度の東京大学入学式において上野千鶴子氏が述べた祝辞が，大きな話題となった。他大学の入試で女子学生と浪人生に差別があったことや，男子学生が女子学生を集団で性的に凌辱した事件に言及した内容であったからだ。さらに大学に入る時点で隠れた性差別が始まっている，社会に出ればもっとあからさまな性差別が横行していることにまで論及した。⁽¹⁾
　歴史を繙くと，近代化が進む江戸時代を境に男性至上主義が拡大し，女性の地位や権利を認めない社会へと後退していったことが知られている。明治時代に制定された民法が**家制度**を採用したことは，その最たるものである。また，女性の「性」はかつて商品化されていた。もしくは今も商品化されていると言った方が正確なのかもしれない。遊女や公娼，私娼，売春婦など，いずれも

表 10-1　女性福祉の対象

	救　護		支　援
	保護対象	援護対象	支持対象
女　性	DV ストーカー 犯罪・性犯罪 ハラスメント など	女性の貧困 健康・からだ 女性支援など	男女共同参画社会 女性のエンパワーメント 産前休業
母　子		ひとり親 母子の貧困 健康・からだ 女性支援など	産後休業 育児休業 介護休業など

出所：筆者作成。

男性に対して性行為を提供する女性を指している。女性の「性」の商品化は，女性の存在そのものを著しく蔑むようなものであり，不当な優劣関係を生み出す。そして「性」にまつわる過去に限らず，男女の役割分担や社会的慣習など，「性差」による格差も許してきた歴史がある。時代が移り変わっても，私たちが生活する社会には，いまだに女性と男性との間にどうやら根深い差別が存在しているようである。それゆえに，女性と男性との境界を取り除き，対等な関係を獲得するためにも，まずは女性支援が必要なのである。

　ここからは女性支援の必要性を具体的に理解するため，女性の置かれた状況の実際と女性に焦点を当てた福祉政策のあり方を見ていこう。

（2）女性福祉の定義

　ここでは**女性福祉**の定義を確認する（表10-1）。女性福祉とは，婦人保護事業のみを，すなわち売春防止法第4章の保護更生を女性福祉とする考え方と，性差別の結果として生じた生活不安に直面している女性たちの諸問題を指す考え方がある。[2]

　前者は女性を保護対象として犯罪からの保護・被害回復を支える側面をもち，後者は女性を援護対象として福祉的支援を行うものと整理することができる。ここでいう援護とは，生活困難から回復保全まで持続的に行われる福祉支援のことをいう。加えて女性の人権を尊重し，その人らしく活躍できる社会を推進するために，支持対象として福祉的支援を行う枠組みがある。

2　保護対象としての女性福祉

（1）婦人保護事業の概要

　まずは保護対象の枠組みで女性福祉の実際を見てみよう。現在，公的に行われている支援は，**婦人保護事業**の枠組みで実施されている。

　婦人保護事業とは，①「**売春防止法**」に基づき**要保護女子**（性行または環境に照らして売春を行うおそれのある女子）について，その転落の未然防止と保護更生を図ること，および，②「**配偶者からの暴力の防止及び被害者の保護等に関する法律**」（改正 DV 防止法）に基づき配偶者からの暴力の被害者である女性の保護を図ることを目的として，社会環境の浄化，配偶者からの暴力の防止等に関する啓発活動を行うとともに，要保護女子および暴力被害女性の早期発見に努め，必要な相談，調査，判定，指導・援助，一時保護および収容保護を行うものである。

　もともと婦人保護事業は売春防止法を根拠として，売春に関連する行為を禁止し，婦人相談所や婦人保護施設などの機能を活用して要保護女子の支援を行っていた。しかし，売春関係事犯の検挙率の低下，買売春形態の多様化・潜在化，性意識の変化といった社会状況の変化に伴い，要保護女子の姿は見えなくなっていった。社会情勢の変化に伴って売春ではなく，生活困難や家族問題など婦人相談所の相談内容は多様化した。1970（昭和45）年 9 月，厚生省はいわゆる「四五通達」（厚生省社会局長通知「昭和四五年度婦人保護事業費の国家負担及び補助について」）を発出し，要保護女子の解釈を拡大した。

（2）DV 防止法と女性被害

　配偶者（事実婚，恋人などの親密な関係にある者を含む）からの暴力（DV）を防止するため，2001（平成13）年 4 月「**配偶者からの暴力の防止及び被害者の保護に関する法律**」（DV 防止法）が制定された。この法律では DV に関する通報，相談，保護，自立支援等の体制を整備すること，そして被害者を保護するために，2004（平成16）年，2007（平成19）年と改正を重ねた。2014（平成26）年の法改正時には「配偶者からの暴力の防止及び被害者の保護等に関する法律」（改正 DV 防止法）に改題され，一定の関係にある交際相手からの暴力も法適用の対象となった（図10 - 1）。なお，DV 防止法施行前には，女性を暴力から護

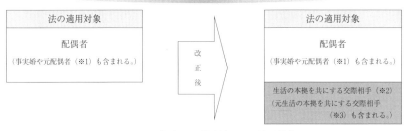

図 10 - 1　改正 DV 防止法による適用拡大

注：※1　離婚前に暴力を受け，離婚後も引き続き暴力を受ける場合。
　　※2　婚姻関係における共同生活に類する共同生活を営んでいないものを除く。
　　※3　生活の本拠を共にする交際関係を解消する前に暴力を受け，解消後も引き続き暴力を受ける場合。
出所：裁判所「配偶者からの暴力の防止及び被害者の保護に関する法律の一部を改正する法律について」
　　（https://www.courts.go.jp/vc-files/courts/file5/qanda-minji-79.pdf　2022年 1 月11日閲覧）。

る方法として特別な制度があったわけではなく，売春防止法を根拠とする通達行政を積み重ね，婦人保護事業の一つとして行われていた。

（3）ストーカー規制法と女性被害

　女性の被害性に着目するならば，ストーカー規制法も理解しておきたい。この法律は正式には「**ストーカー行為等の規制に関する法律**」という。特定の者に対する恋愛感情その他の行為の感情，またはそれが満たされなかったことに対する怨恨の感情を充足する目的で行われる行為を規制対象としている。DVおよびストーカーに関する統計によると，男性よりも女性が被害者となった割合が高いことは明らかである。ただし，これらの行為は，特定の年代に見られる現象ではなく，また決して男性固有のものでもない。女性の被害性ばかりが語られるのではなく，女性にも加害性があることを付記しておく必要があるだろう。

3　援護対象としての女性福祉

（1）ひとり親家庭の貧困

　次に援護対象の枠組みで女性福祉の実際を見てみよう。**ひとり親家庭**の実態

表 10 - 2　母子家庭・父子家庭の現状

		母子世帯	父子世帯
1	世帯数［推計値］	123.2万世帯 （123.8万世帯）	18.7万世帯 （22.3万世帯）
2	ひとり親世帯になった理由	離婚79.5%（80.8%） 死別 8.0%（ 7.5%）	離婚75.6%（74.3%） 死別19.0%（16.8%）
3	就業状況	81.8%（80.6%）	85.4%（91.3%）
	就業者のうち 正規の職員・従業員	44.2%（39.4%）	68.2%（67.2%）
	うち 自営業	3.4%（ 2.6%）	18.2%（15.6%）
	うち パート・アルバイト等	43.8%（47.4%）	6.4%（ 8.0%）
4	平均年間収入 ［母又は父自身の収入］	243万円（223万円）	420万円（380万円）
5	平均年間就労収入 ［母又は父自身の就労収入］	200万円（181万円）	398万円（360万円）
6	平均年間収入 ［同居親族を含む世帯全員の収入］	348万円（291万円）	573万円（455万円）

注：1）　平成28年度全国ひとり親世帯等調査より。
　　2）　（　）内の値は，前回（平成23年度）調査結果を表している。
　　3）　「平均年間収入」及び「平均年間就労収入」は，平成27年の1年間の収入。
　　4）　集計結果の構成割合については，原則として，「不詳」となる回答（無記入や誤記入等）がある
　　　　場合は，分母となる総数に不詳数を含めて算出した値（比率）を表している。
出所：厚生労働省子ども家庭局家庭福祉課（2021）「ひとり親家庭等の支援について」（https://www.
　　　mhlw.go.jp/content/000827884.pdf　2022年1月11日閲覧）。

を知るには，全国ひとり親世帯等調査が参考になる。なお，この調査が示す世帯数は推計値であること，母子以外の同居者（父母，兄弟姉妹など）がいる世帯数であることに注意が必要である。より正確な世帯数を知るためには，国勢調査の結果が参考になる（表10-2，表10-3）。

　母子世帯になった理由は，離婚が79.5%と最も多く，次いで未婚の母8.7%，死別8.0%となっている。父子世帯になった理由は，離婚が75.6%と最も多く，次いで死別が19.0%となっている。なお，1983（昭和58）年は母子世帯，父子世帯のいずれも離婚が約5割，死別が約4割である。これらの数値が示すように，約40年間で家族の意識や価値観が大きく変わったと認められる。続いて収入に関する各項目を見ると，母子世帯と父子世帯との間に約200万円前後の開きがあり，母子世帯の生活の厳しさが読み取れる。

　一般的に女性は貧困に陥りやすいと考えられている。その要因として性別役

表 10 - 3　母子世帯，父子世帯に占める子供の数別割合及び
最年少の子供の年齢別割合

子供の数，最年少の子供の年齢	実数（世帯）		割合（％）	
	母子世帯	父子世帯	母子世帯	父子世帯
総　数	754,724	84,003	100.0	100.0
（子供の数）				
1 人	406,006	48,125	53.8	57.3
2 人	268,807	28,504	35.6	33.9
3 人以上	79,911	7,374	10.6	8.8
（最年少の子供の年齢）				
6 歳未満	132,108	6,175	17.5	7.4
6 〜14歳	401,481	42,880	53.2	51.0
15〜17歳	153,784	22,679	20.4	27.0
18〜19歳	67,351	12,269	8.9	14.6

出所：総務省統計局（2017）「平成27年国勢調査　世帯構造等基本集計結果」(https://www.stat.go.jp/data/kokusei/2015/kekka/kihon3/pdf/gaiyou.pdf　2022年 1 月11日閲覧)。

割分業による近代家族社会の姿がある。現在の社会保障や税制度，労働政策は，女性が被扶養者となることを標準として設計されている（たとえばパートタイム労働者や扶養控除制度）。貧困の議論が「子どもの貧困」に特化して語られることが，社会全体の貧困問題を矮小化し，女性の貧困は「子どもの貧困」と同議論の中で触れられるものの「女性の貧困問題」そのものについての議論は十分になされているとはいえないとも指摘されている。特に高齢女性は，十分な社会保障も受けることができず非常に厳しい状況に置かれている。

（2）女性の健康支援

「子どもを産み，育て，誰かを支える自分」と「個としての自分」の双方をよいバランスで保ち，人生を豊かにしていくのが女性である。女性は男性とは異なり，妊娠・出産することのできる身体構造をもつ。医療が発達し，妊娠・出産に伴う母子健康のリスクは低減した。しかし，女性が妊娠・出産することに関する健康上の課題，出産後の子どもを中心とした生活など，妊娠・出産は女性のライフサイクル（人の誕生から死に至るまでの成長過程）を大きく左右することに変わりはない。中でも，望まない妊娠・出産があった場合は，女性の健康，夢，将来，キャリアなどに支障をきたすことは避けられない。

　私たちが豊かな生涯を送るための基本として「心とからだの健康づくり」は必要不可欠である。女性の健康については，これまでにも世界レベルで検討が進められてきた。1994年，世界保健機関（WHO）はカイロで開催された国際人口開発会議において「**リプロダクティブ・ヘルス／ライツ**」を提唱した。この概念は，「**性と生殖に関する健康と権利**」と訳され，女性の生涯にわたる健康問題に対応し，健康を確保することを意味している。自分たちの子どもの数，出産間隔，出産する時期を自由に決定でき，そのための健康を享受できること，それに関する情報と手段を得ることができる権利のことをいう。

4　支持対象としての女性福祉

（1）男女共同参画社会

　次に支持対象という枠組みで，女性福祉を見てみよう。生物学的な性差やジェンダー（社会的・文化的性差）にとらわれることなく，すべての人が平等に個人として尊重され，自身の能力を発揮し活躍できる社会を実現することを**男女共同参画社会**という。男女共同参画社会の形成とは，法律の定義によれば「男女が，社会の対等な構成員として，自らの意思によって社会のあらゆる分野における活動に参画する機会が確保され，もって男女が均等に政治的，経済的，社会的及び文化的利益を享受することができ，かつ，共に責任を担うべき社会を形成することをいう」（男女共同参画社会基本法第2条）。

　日本に限らず，世界各国で平均寿命が延び続けていることを受けて，高齢化に絡んだ脅威が盛んに論じられている。福祉国家に革命的な変化をもたらした要因は，女性の社会的地位の変化である。男性と同等の教育を受け，就労に見合う賃金を得られるようになってきた。この変化は女性革命であり，社会基盤に根源的な変化をもたらしたとされている。[5]

（2）男女雇用機会均等法

　1960年代から1970年代の高度経済成長期，女性の社会進出の機会が増加したにもかかわらず，女性は変わらず差別的な扱いを受け続けていた。1972（昭和47）年，勤労婦人の福祉の増進と地位の向上を図るため，「勤労婦人福祉法」が成立・施行された。その後，**女子に対するあらゆる形態の差別の撤廃に関する条約**（女子差別撤廃条約）を批准するにあたり，国内法を整備する必要があっ

たことから，1985（昭和60）年に「**雇用の分野における男女の均等な機会及び待遇の確保等に関する法律**」（男女雇用機会均等法）が制定された。労働者が性別にかかわらず，雇用における均等な機会を獲得し，その意欲と能力に応じて均等な待遇を受けられるようにすること，企業の制度や方針において，労働者が性別を理由として差別を受けることをなくしていくことなどを目的として法整備を行った。

（3）女性とハラスメント

ハラスメントとは，「いやがらせ」「人を悩ますこと」「いじめ」のことである。女性に関係するハラスメントとして，**セクシュアル・ハラスメント**，**マタニティ・ハラスメント**，モラル・ハラスメント，ジェンダー・ハラスメント，パワー・ハラスメント，アカデミック・ハラスメントなどが挙げられる。中でもセクシュアル・ハラスメントは，1980年代から社会問題として取り上げられるようになった。1989（平成元）年には，日本で初めてセクシュアル・ハラスメントを争点とした訴訟（福岡セクシュアルハラスメント事件）が提起された。[6]

（4）女性のエンパワーメント（エンパワメント）

女性のエンパワーメント原則（Women's Empowerment Principles）（以下，WEPs）は，企業がジェンダー平等と女性のエンパワーメントを経営の核に位置づけて自主的に取り組むことで，企業活動の活力と成長の促進をめざして，女性の経済的エンパワーメントを推進する国際的な行動原則のことである。

女性のエンパワーメント原則（WEPs）（内閣府仮訳）[7]
① トップのリーダーシップによるジェンダー平等の促進
② 機会の均等，インクルージョン，差別の撤廃
③ 健康，安全，暴力の撤廃
④ 教育と研修
⑤ 事業開発，サプライチェーン，マーケティング活動
⑥ 地域におけるリーダーシップと参画
⑦ 透明性，成果の測定，報告

2010年3月，国連と企業の自主的な盟約の枠組みである国連グローバル・コンパクト（GC）と国連婦人開発基金（UNIFEM）（現：UN Women）が女性の活躍推進に積極的に取り組むための行動原則を共同で作成した。企業は，WEPs

に沿ってジェンダー平等を推進することで，SDGs（**持続可能な開発目標**）の達成に貢献している。2021年6月現在，約270の日本企業が WEPs に署名している。

（5）女性の生涯と社会保障

　社会のあらゆる領域へ女性が参加するためには，女性のライフステージ（独身期，家族形成期，家族成長期，家族円熟期）に合わせた社会保障の整備が進まなければならない。子どもを連れてでも安心して就職支援を受けることのできる**マザーズハローワーク，産前・産後休業**や**育児休業，介護休業**がその代表例である。これらは女性に限ったものではなく，男性も積極的に取得できるよう様々な政策を打ち立てているが，その成果は低水準で推移しており，抜本的な改革には結びついていない。産前・産後休業や育児休業の取得は，キャリアを第一に見据えるとブランクともいえる。休業中は昇給しないという場合には，将来の社会保険の給付水準にも影響が及ぶ。女性の長期勤続を図るとともに，キャリア開発，ポジティブ・アクションを通じて，現役時代の男女の賃金格差を是正していくことが必要である。

5　新たなフェーズの女性福祉へ

　ジェンダーバイアス（男女の役割について固定的観念をもつこと）のかかった社会は，私たちの生活に様々な制限を加えることになり，かえって自らを生きづらくしてきたように思われる。女性福祉とは，保護的支援や援護的支援を端緒とするものの，女性の生き方そのものを支援する支持的支援にまで達することがめざされる。「婦人保護」という女性のニーズに合わない法制度は，今まさに「女性福祉」へと新しいフェーズに踏み出そうとしている。

　厚生労働省子ども家庭局は，2019（令和元）年6月21日に「婦人保護事業の運用面における見直し方針について」を取りまとめ，次の10項目の見直しを進めることを公表した。

① 他法他施策優先の取扱いの見直し
② 一時保護委託の対象拡大と積極的活用
③ 婦人保護施設の周知・理解，利用促進
④ 携帯電話等の通信機器の使用制限等の見直し
⑤ 広域的な連携・民間支援団体との連携強化

⑥　SNS を活用した相談体制の充実
⑦　一時保護解除後のフォローアップ体制等の拡充
⑧　児童相談所との連携強化等
⑨　婦人保護事業実施要領の見直し
⑩　母子生活支援施設の活用促進

　2019（令和元）年10月11日には，厚生労働省「困難な問題を抱える女性への支援のあり方に関する検討会」が中間まとめを発表した。その中で，女性が抱える困難な問題は，近年，複雑・多様化し，かつ，複合的なものとなっており，売春防止法を根拠とした従来の枠組みでの対応は限界が生じているとされた。そのため，女性を対象として専門的な支援を包括的に提供する制度について，法制度上も売春防止法ではなく，新たな枠組みを構築していく必要がある。新たな理念を示すことにとどまらず，DV 防止法等の既存の法体系との関係にも留意し，具体的な女性福祉を実現する法制度をめざして検討を進めていくことが求められると言及した。2022（令和 4）年 5 月19日には「困難な問題を抱える女性への支援に関する法律」が成立した。

　ここまで概観してきた通り，女性の置かれる立場は歴史的に見ても，その実際を見ても不条理なものが多くある。女性福祉には見落としてしまっている（もしくは初めて気づく）視点もあるが，そのことが明らかとなった際，社会福祉専門職は，理論に裏付けられた専門的知識と技術をもって社会変革を起こすことができる力をもっている。ここでの学びが次世代の新たな女性福祉の可能性を切り開くことを期待したい。

注
⑴　平成31年度東京大学学部入学式祝辞（https://www.u-tokyo.ac.jp/ja/about/president/b_message31_03.html　2022年 1 月11日閲覧）。
⑵　林千代編（2004）『女性福祉とは何か』ミネルヴァ書房，2 頁。
⑶　阿部彩（2017）「『女性の貧困と子どもの貧困』再考」松本伊智朗編『「子どもの貧困」を問いなおす』法律文化社，57頁。
⑷　女性の暮らしやすさを考えるソーシャルワーク研究会編（2019）『ソーシャルワーカーのための女性支援ガイドブック』中央法規出版，20頁。
⑸　エスピン-アンデルセン，G.／林昌宏訳（2008）『アンデルセン，福祉を語る』NTT 出版，2 頁。

⑹ 厚生労働省「セクシュアルハラスメントに関する主な裁判例（https://www.mhlw.go.jp/shingi/2005/04/s0408-4i.html 2022年1月11日閲覧）。

⑺ 内閣府男女共同参画局「女性のエンパワーメント原則（WEPs）」（https://www.gender.go.jp/international/int_un_kaigi/int_weps/index.html 2022年1月11日閲覧）。

参考文献

戒能民江・堀千鶴子（2020）『個人保護事業から女性支援法へ』信山社。

戒能民江（2002）『ドメスティック・バイオレンス』不磨書房。

杉本貴代栄（2008）『女性が福祉社会で生きるということ』勁草書房。

森田明美編（2011）『よくわかる女性と福祉』ミネルヴァ書房。

内閣府男女共同参画局（2021）『令和3年版男女共同参画白書』（https://www.gender.go.jp/about_danjo/whitepaper/r03/zentai/index.html 2022年1月11日閲覧）。

高橋和之ほか編（2016）『法律学小辞典 第5版』有斐閣。

国際連合広報センター「国連経済社会局プレスリリース 20-088-J」2020年11月11日（https://www.unic.or.jp/news_press/info/40400/ 2022年1月11日閲覧）。

日野林俊彦ほか（2013）「発達加速現象に関する研究・その27──2011年2月における初潮年齢の動向──」日本心理学会大会発表論文集。

NHKスペシャル ジェンダーサイエンス 第2集「月経 苦しみとタブーの真実」2021年11月6日放送。

学習課題

① これまでに女性が経験してきた権利侵害の事例を調べてみよう。また日本と海外との事例比較も行ってみよう。

② 子育てを行う女性のライフサイクルに合わせた福祉的支援にはどのようなものがあるだろうか。「進学」「就職」「結婚」「出産」「育児」「老い」の各段階に分けて整理してみよう。

〜〜〜 **コラム　グローカルな女性福祉が，持続可能な社会を開発する** 〜〜〜

（1）気候変動と女性

2020年10月に公表された国連報告書によると，労働市場に参加する生涯年齢女性は全体の50％に満たないため，女性の雇用と生計にさらに大きな影響が出ていると警告している。女性は，飢餓や暴力のほか，災害や気候変動の打撃を受ける可能性が高いともいわれている。途上国の中には根深い男女格差が存在し，水汲みや薪集め，農作業などの仕事は女性の仕事であるからだ。ジェンダーの平等と女性のエンパワーメントは，ジェ

ンダーに基づく暴力に終止符を打ち，女性の農民とともに気候変動に対処し，ビジネスと政治の世界で女性のリーダーシップを前進させるとも言及している。

（2）ニューノーマルな女性福祉

　これまで見えてこなかった新しい女性特有の貧困が話題となっている。生理の貧困である。生理はこれまで見過ごされてきた，あるいは取り組もうとしてこなかった，古くて新しい問題である。生理学的に見ても，初潮年齢が早まっていることや，未婚化，晩婚化，少子化により，女性が一生涯で経験する月経回数は大幅に増加していることがわかっている。生理用品に使う金額は数十万円，鎮痛薬などを含めると100万円を超えるという試算もある。身体的負担だけではなく，金銭的負担も明るみに出てからは，地方公共団体が生理用品を配布したり，学校のトイレに生理用品を置くようになったりするなどの動きが見られる。これまで触れてはいけないとされていたことが表立って議論されることも増えてきた。女性の健康課題をテクノロジーで解決する製品やサービスであるフェムテック（Femtech）（Female 女性と Technology 技術を掛け合わせた造語）もその一例である。月経周期や妊活・不妊の状態を管理することのできるスマートフォンのアプリケーションが開発されたり，チャットやビデオ通話などで医師や助産師に健康上の課題を相談したりすることができるサービスが提供されている。今後ますます性に関する市場は，拡大の一途をたどることが見込まれる。このような社会動向にも鋭く反応できるよう，福祉だけではなく政治・経済にも関心を置いておくようにしたい。

第11章

ひとり親家庭への支援と対策

　本章では，まず，離婚件数やひとり親家庭の数などを通して，ひとり親家庭に関する数字の推移をつかむ。そして，ひとり親家庭の福祉の増進を図ることを目的とした母子及び父子並びに寡婦福祉法の概要を理解する。そのうえで，ひとり親家庭の就業や生活を支援する様々な制度や福祉資金，ひとり親家庭を対象とする福祉施設などの福祉サービスについて理解を深める。最後に，ひとり親家庭の福祉サービスの展望について考える。

1　ひとり親家庭の現状

（1）離婚件数の推移
　「令和2年（2020）人口動態統計（確定数）」によると，2020（令和2）年の離婚件数は19万3253件となっている。この数字は，2019（令和元）年の離婚件数20万8496件と比べて，1万5243件の減少となっている。従来，離婚件数は増加傾向にあったが，図11-1にみるように，2003（平成15）年以降，減少する傾向にある。とはいえ，離婚件数は毎年20万件前後にのぼる。

（2）ひとり親家庭の数の推移
　図11-2は，1998（平成10）年から2019（令和元）年にかけて，ひとり親家庭の数がどのように推移したのかをまとめたものである。これによると，2019（令和元）年は，361万6000世帯ものひとり親家庭がいることがわかる。

（3）ひとり親家庭の現状
　ひとり親家庭の現状においては，貧困率が問題となっている。図11-3は，ひとり親家庭を含む大人1人と子どもでなる家庭の貧困率と，大人が2人以上

図 11-1　離婚件数の年次推移

出所：厚生労働省（2021）「令和 2 年（2020）人口動態統計（確定数)」(https://www.mhlw.go.jp/toukei/saikin/hw/jinkou/kakutei20/dl/04_h2-1.pdf　2021年 9 月30日閲覧）をもとに筆者作成。

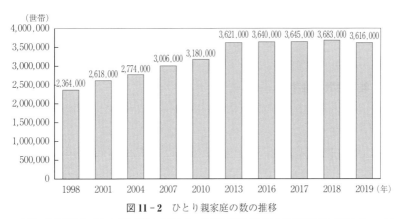

図 11-2　ひとり親家庭の数の推移

出所：厚生労働省（2020）「世帯数と世帯人員の状況」「2019年国民生活基礎調査の概況」(https://www.mhlw.go.jp/toukei/saikin/hw/k-tyosa/k-tyosa19/dl/02.pdf　2021年 9 月30日閲覧）をもとに筆者作成。

と子どもでなる家庭の貧困率を示したものである。2018（平成30）年を例にとると，大人が 2 人以上の家庭の貧困率10.7％に対し，ひとり親家庭を含む大人 1 人と子どもでなる家庭の貧困率は48.1％となっており，後者の貧困率が極めて高いことがわかる。こうした事態は，子どもの衣食住，学習，身体および精神的な健康など，子どもの生活のあらゆるところに深刻な影響を与えている。

図11-3　貧困率の推移

出所：厚生労働省（2020）「貧困率の状況」「2019年国民生活基礎調査の概況」（https://www.
mhlw.go.jp/toukei/saikin/hw/k-tyosa/k-tyosa19/dl/03.pdf　2021年9月30日閲覧）をもと
に筆者作成。

ひとり親家庭の支援を行う際には，こうした現状を十分に把握する必要がある。

2　母子及び父子並びに寡婦福祉法

（1）母子及び父子並びに寡婦福祉法の概要

　母子及び父子並びに寡婦福祉法は，2014（平成26）年にひとり親家庭の福祉
の増進を図ることを目的として制定された法律である。

　母子及び父子並びに寡婦福祉法には，総則（第1条～第10条の2），基本方針
等（第11条・第12条），母子家庭に対する福祉の措置（第13条～第31条の5），父子
家庭に対する福祉の措置（第31条の6～第31条の11），寡婦に対する福祉の措置
（第32条～第35条の2），福祉資金貸付金に関する特別会計等（第36条・第37条），
母子・父子福祉施設（第38条～第41条）等が示されている。

　表11-1は，母子及び父子並びに寡婦福祉法で定められている主な福祉サー
ビスである。第8条では，ひとり親家庭の相談援助を行う者として，**母子自立
支援員，父子自立支援員**を都道府県等に配置することが示されている。その主
な業務は，母子福祉資金や父子福祉資金の貸付の相談，資格取得に関する相談，
就業に関する相談等である。

表11-1　ひとり親家庭への主な福祉サービス

母子家庭への福祉サービス	父子家庭への福祉サービス
・母子・父子自立支援員による相談援助（第8条）	
・母子福祉資金の貸付（第13条） ・母子家庭日常生活支援事業（第17条） ・製造たばこの小売販売業の許可（第26条） ・公営住宅の供給に関する特別の配慮（第27条） ・特定教育・保育施設の利用等に関する特別の配慮（第28条） ・雇用の促進（第29条） ・母子家庭就業支援事業（第30条） ・母子家庭自立支援給付金（第31条）	・父子福祉資金の貸付（第31条の6） ・父子家庭日常生活支援事業（第31条の7） ・公営住宅の供給に関する特別の配慮（第31条の8） ・父子家庭就業支援事業（第31条の9） ・父子家庭自立支援給付金（第31条の10）

出所：母子及び父子並びに寡婦福祉法の条文をもとに筆者作成。

表11-2　ひとり親家庭への福祉サービスに対する国，都道府県の費用負担の範囲

都道府県が実施する事業への国の補助の範囲		市町村が実施する事業への国及び都道府県の補助の範囲	
・母子家庭日常生活支援事業 ・母子家庭就業支援事業 ・母子家庭生活向上事業 ・父子家庭日常生活支援事業 ・父子家庭就業支援事業 ・父子家庭生活向上事業	・国1/2以内	・母子家庭日常生活支援事業 ・母子家庭生活向上事業 ・父子家庭日常生活支援事業 ・父子家庭生活向上事業	・国1/2以内 ・都道府県1/4以内
・母子家庭自立支援給付金の支給 ・父子家庭自立支援給付金の支給	・国3/4以内	・母子家庭自立支援給付金の支給 ・父子家庭自立支援給付金の支給	・国3/4以内

出所：母子及び父子並びに寡婦福祉法の条文をもとに筆者作成。

（2）費用負担

　母子及び父子並びに寡婦福祉法に定められた福祉サービスを，都道府県が実施する場合は国が費用の一部を負担する。市町村が実施する場合は，国と都道府県が費用の一部を負担する（表11-2参照）。

3　ひとり親家庭への支援

（1）ひとり親家庭等への支援の体系

　ひとり親家庭等への支援は，図11-4のように「子育て・生活支援」「就業支援」「養育費の確保支援」「経済的支援」の4本の柱により推進されている。

（2）母子家庭等就業・自立支援センター事業

　図11-4にある**母子家庭等就業・自立支援センター事業**は，都道府県・指定都市・中核市が実施主体となり，ひとり親家庭に対して，就業の相談から就業支援講習会の実施，就業情報の提供等の一貫した就業支援サービスの提供や，弁護士等のアドバイスによる養育費の取り決めといった相談を行うものである。図11-5は，母子家庭等就業・自立支援センター事業による支援メニューである。

（3）母子家庭等自立支援給付金事業

　母子家庭等自立支援給付金事業は，ひとり親家庭の母親や父親の雇用の安定

【子育て・生活支援】	【就業支援】
○母子・父子自立支援員による相談支援 ○ヘルパー派遣，保育所等の優先入所 ○子どもの生活・学習支援事業等による子どもへの支援 ○母子生活支援施設の機能拡充 　　　　　　　　　　　　　　　　　など	○母子・父子自立支援プログラムの策定やハローワーク等との連携による就業支援の推進 ○母子家庭等就業・自立支援センター事業の推進 ○能力開発等のための給付金の支給 　　　　　　　　　　　　　　　　　など
【養育費の確保支援】	【経済的支援】
○養育費・面会交流相談支援センター事業の推進 ○母子家庭等就業・自立支援センター等における養育費相談の推進 ○「養育費の手引き」やリーフレットの配布 　　　　　　　　　　　　　　　　　など	○児童扶養手当の支給 ○母子父子寡婦福祉資金の貸付 　（就職のための技能取得や児童の修学など12種類の福祉資金を貸し付け） 　　　　　　　　　　　　　　　　　など

図11-4　ひとり親家庭等の自立支援の体系

出所：厚生労働省（2021）「令和元年度母子家庭の母及び父子家庭の父の自立支援施策の実施状況」
　　　（https://www.mhlw.go.jp/content/11920000/000823666.pdf　2021年9月30日閲覧）をもとに筆者作成。

母子家庭等就業・自立支援センター事業

支援メニュー

就業支援事業

・就業相談，助言の実施，企業の意識啓発，求人開拓の実施　等

就業支援講習会等事業

・就業準備等に関するセミナーや，資格等を取得するための就業支援講習会の開催

就業情報提供事業

・求人情報の提供
・電子メール相談　等

養育費等支援事業

・生活支援の実施
・養育費相談の実施　等

在宅就業推進事業

・在宅就業に関するセミナーの開催や在宅就業コーディネーターによる支援　等

面会交流支援事業

・面会交流援助の実施　等

相談関係職員研修支援事業

・相談関係職員の資質向上のための研修会の開催や研修受講支援　等

広報啓発・広聴，ニーズ把握活動等事業

・地域の特性を踏まえた広報啓発活動や支援施策に係るニーズ調査の実施　等

図 11-5　母子家庭等就業・自立支援センター事業の支援メニュー
出所：図11-4と同じ。

や就業の促進を図るために給付金を支給する制度であり，**自立支援教育訓練給付金事業**や**高等職業訓練促進給付金等事業**といったものがある。

　自立支援教育訓練給付金事業は，ひとり親家庭の母親または父親が仕事をするうえで必要な資格取得や能力開発をするために，就業相談を通じて，指定した講座を受講した場合に自立支援教育訓練給付金を支給する事業である。

　この事業による支給の対象となる講座は，①雇用保険法による「一般教育訓練給付金」の指定講座，②雇用保険法による「特定一般教育訓練給付金」の指定講座，③雇用保険法による「専門実践教育訓練給付金」の指定講座である。具体的な講座の内容については，厚生労働大臣指定教育訓練講座検索システムでインターネット検索できる。

　2021（令和3）年現在の支給金額は，上記の①と②の指定講座の受講に際し，

表11-3 高等職業訓練促進給付金と高等職業訓練修了支援給付金の支給金額
（2021年9月現在）

給付金の種類	市民税非課税世帯	市民税課税世帯
高等職業訓練促進給付金 （就業する期間の最後の1年）	月額10万円 （月額14万円）	月額7万500円 （月額11万500円）
高等職業訓練修了支援給付金	5万円	2万5000円

出所：厚生労働省「母子家庭自立支援給付金及び父子家庭自立支援給付金事業の実施について」（https://www.mhlw.go.jp/stf/seisakunitsuite/bunya/0000062967_00005.html 2021年9月20日閲覧）より筆者作成。

支払った費用の6割相当額（1円未満切り捨て）で，上限20万円，下限1万2000円（1万2000円を超えない場合は支給しない）となっている。③の指定講座の受講に際しては，支払った費用の6割相当額（1円未満切り捨て）で，上限80万円（20万円に修学年数を乗じたもの（最大4年）），下限1万2000円（1万2000円を超えない場合は支給しない）とされている。

　高等職業訓練促進給付金等事業は，ひとり親家庭の母親や父親が，資格の取得をめざして養成機関で修業する場合，修業期間（1年以上，上限4年）の生活の負担を軽減するため，高等職業訓練促進給付金を支給するものである。また，修業を終えた場合は，**高等職業訓練修了支援給付金**が支給される（表11-3）。

　この事業の対象となる資格は，就職の際に有利となるものであり，かつ，養成機関において1年以上のカリキュラムを修める必要があるもの，都道府県等の長が指定したものである。具体的には，看護師，介護福祉士，保育士，歯科衛生士，理学療法士，保健師，助産師等である。

　自立支援教育訓練給付金事業や高等職業訓練促進給付金等事業の利用を勧める場合は，資格取得がひとり親の経済的な自立につながるかを慎重に判断するとともに，資格取得への挑戦が，ひとり親家庭の母親や父親の**エンパワメント**につながるかどうかといった視点をもってほしい。

（4）在宅就業推進事業

　ひとり親世帯の**在宅就業推進事業**は，在宅就業を希望するひとり親に対し，自営での在宅就業や企業での雇用による在宅就業（雇用型テレワーク）への移行を支援するものである。

　この事業に関する検討結果をまとめた「ひとり親家庭等の在宅就業推進事業

評価検討会報告書⁽¹¹⁾」では，在宅ワークの報酬単価の低さが課題の一つとして挙げられている。同報告書は，その理由として，ひとり親の在宅ワークの内容が，対応可能なワーカーが多いデータ入力や文字起こし等の単純作業が中心であるため，報酬単価が低くなるからだと説明している。

　ひとり親家庭の母親や父親にとって，家事や育児と並行しながら家庭内で働ける在宅就業は魅力的である。しかし，報酬単価が低いため，在宅就業だけでの経済的自立は困難である。また，報酬単価が高い在宅就業をするには，それに相応する訓練や準備が必要になろう。こうしたことから，ひとり親家庭の就業支援として，在宅就業推進事業は有効であるとは言い難い。ひとり親家庭に在宅就業推進事業を紹介する際には，以上のような限界があることを踏まえておいてほしい。

（5）ひとり親家庭への福祉資金貸付制度

　ひとり親家庭への福祉資金貸付制度には，**母子福祉資金**と**父子福祉資金**とがある。これらは，子どもを扶養しているひとり親家庭の母親や父親に対して，福祉資金の貸付を行い，その経済的自立と生活意欲の助長を図り，子どもの福祉を増進することを目的としている。

　貸付金の種類は，①事業貸付資金，②事業継続資金，③修学資金，④技能習得資金，⑤修業資金，⑥就職支度金，⑦医療介護資金，⑧生活資金，⑨住宅資金，⑩転宅資金，⑪就学支度資金，⑫結婚資金の12種類である。

　2019（令和元）年度の貸付件数は，母子福祉資金2万6153件，父子福祉資金1351件であった。その約9割が，子どもの修学資金に関する貸付となっている。

　この背景には，ひとり親家庭が抱える子どもの修学に関する経済的負担が多大なものであることがうかがえる。こうした負担に対して，貸付を行うひとり親家庭への福祉資金貸付制度は，重要な意義をもつ。しかし，働きながら借り入れの申し込みに出向くことや，必要な書類を集めることは簡単なことではないという指摘がある。自治体によっては，夜間や土日祝の相談受け付けを行っているところがある。ひとり親家庭の現状に応じた対応が必要であろう。

（6）ひとり親家庭等医療費助成

　各自治体では，ひとり親家庭の保健衛生の向上に資するため，医療費の助成を行っている。**医療費助成**の対象となる者の条件や助成の内容等については，

各自治体によって異なる。利用の際は，各自治体への確認が必要である。

（7）ひとり親家庭を対象とした福祉施設

　ひとり親家庭を対象とした福祉施設として，**母子・父子福祉センターと母子・父子休養ホーム**がある。母子・父子福祉センターは，無料または低額な料金で，各種の相談に応じることや，就業に役立つ技能取得や講座を開催することを通して，ひとり親家庭の福祉に供与することを目的とする施設である。母子・父子休養ホームは，無料または低額な料金で，ひとり親家庭がレクリエーション等で休養することを目的として設置された施設である。「令和2年社会福祉施設等調査の概況」によると，母子・父子福祉センターの数は全国で54か所，母子・父子休養ホームは2か所である。

4　ひとり親家庭への特別な措置

（1）母子家庭の母及び父子家庭の父の就業の支援に関する特別措置法

　母子家庭の母及び父子家庭の父の就業の支援に関する特別措置法は，2012（平成24）年制定，2013（平成25）年より施行された法律である。この法律は，子育てと就業との両立が困難である等のひとり親家庭の特別な事情に対し，特別の措置を講じることで，ひとり親家庭の福祉を図ることを目的として作られた。同法には，①母子家庭の母親と父子家庭の父親の就業の支援に関する施策の充実，②民間事業者に対するひとり親家庭の母親や父親の優先雇用に対する協力の要請，③国および地方公共団体，独立行政法人による母子福祉団体等への受注機会の増大への努力について示されている。

（2）ひとり親世帯臨時特別給付金

　新型コロナウイルス感染症の影響によって，子育ての負担の増加や収入の減少など特に大きな困難が生じている世帯への支援のために，**ひとり親世帯臨時特別給付金**が支給されることとなった。

　給付の対象となるのは，①2020（令和2）年6月分の児童扶養手当の支給を受けている者，②公的な年金の給付等を受けているため，児童扶養手当の支給を受けていない者，③新型コロナウイルス感染症を受けて家計が急変し，収入が大幅に減少した者である。

給付金額は，基本給付として，一世帯当たり5万円が1回限りで支給される。ただし，子どもが2人以上いる場合は，2人目以降の子どもそれぞれに3万円が加算されることになっている。また，上記の①②に該当する者のうち，新型コロナウイルス感染症を受けて家計が急変し，収入が大幅に減少しているとの申し出があった者には，追加給付として一世帯当たり5万円を1回限りで支給するとしている。

5 ひとり親家庭への福祉サービスの展望

ひとり親家庭に対する福祉サービスには，様々なものがある。特に近年は，就業に関する支援に重点が置かれてきた。本章で紹介した母子家庭等就業・自立支援センター事業や母子家庭等自立支援給付金事業（自立支援教育訓練給付金事業・高等職業訓練促進等事業），在宅就業推進事業がそれに当たる。しかし，こうした事業は，それを利用できる条件が整ったひとり親家庭しか活用できない。また，事業を活用して就業に至ったひとり親家庭であっても，現在のようなコロナ禍においては，就業の機会を失う事態が続出している。こうした事態に対して，ひとり親世帯臨時特別給付金の支給がなされたが，果たして効果があったのだろうか。現行のひとり親家庭への福祉サービスが，コロナ禍にあってもなくても，ひとり親家庭の福祉に寄与できているのかどうか，検証し続ける必要がある。

だが，現行のひとり親家庭への福祉サービスを運用することに加え，他の福祉サービスの利用や関係機関との連携により，ひとり親家庭がその生活を向上させ，課題の解決や緩和に向かうケースも少なくない。ひとり親家庭への支援を行う際には，その家庭の抱える課題をしっかりと把握してほしい。そして本章で示した制度を熟知するだけでなく，児童・家庭福祉の法体系や制度，専門機関，施設に関する知識を活かして，その家庭にとって適切な支援を考え続け，実践してほしい。

注
(1) エイジェック（2017）「平成29年ひとり親家庭等の在宅就業推進事業評価検討会報告書」（https://www.mhlw.go.jp/file/06-Seisakujouhou-11900000-Koyoukintou

jidoukateikyoku/0000175816.pdf　2021年9月30日閲覧)。
(2)　厚生労働省政策統括官付社会統計室（2021）「令和2年社会福祉施設等調査の概況」(https://www.mhlw.go.jp/toukei/saikin/hw/fukushi/20/dl/soukatsu.pdf　2022年2月1日閲覧)。

参考文献
赤石千衣子（2014）『ひとり親家庭』岩波書店。
厚生労働省（2016）「ひとり親家庭支援の手引き」(https://www.mhlw.go.jp/content/000463584.pdf　2021年9月30日閲覧)。
高野剛（2016）「母子家庭の母親の就労支援と在宅ワーク——ひとり親家庭等の在宅就業支援事業の実態と問題点」『立命館経済学』64（5），128～154頁。
鳥山まどか・岩田美香（2005）「母子寡婦福祉資金（修学資金）貸付制度の現状と課題に関する調査報告」『教育福祉研究』11，43～65頁。

学習課題
①　ひとり親家庭への福祉資金貸付制度（母子福祉資金，父子福祉資金）にある12種類の貸付金で貸付を受けることのできる限度額について調べてみよう（例：就職支度資金　〇〇円）。
②　自分が住んでいる自治体のひとり親家庭等医療費助成をインターネットで調べ，対象となる者の条件や助成の内容についてメモしてみよう。

コラム　肉と魚を食べることができない子ども，食べることを我慢する親

　2021年9月8日の朝日新聞デジタルに，コロナ禍での活動としてNPO法人キッズドアが始めた食糧支援を受けた子どもと親からの手紙が掲載された。そこには，「わたしはふだん肉と魚をたべていないのでとてもうれしかったです」と書かれた子どもの文字があった。また，親からの手紙には「食べ盛りの子供が2人いるので，自分の分がなかったりしてたのが今回の給付で少しでも食べれました」と書かれていた。育ち盛りの時期に摂取すべきであろう肉や魚といったタンパク質が食べられない子ども，子どものために自分は食べずに我慢する親がいるのである。

　これは，コロナ禍だから起こったのではなく，子どもの貧困の深刻な事態がコロナ禍で露呈した結果ではないだろうか。手紙を書いた子どもや親が，ひとり親家族かどうかはわからない。しかし，ひとり親家庭の貧困率の高さから考えると，手紙を書いた子どもや親と同様の思いをしているひとり親家庭は多いはずである。こうしたひとり親家庭に，現行のひとり親家庭への支援は，何ができて何ができなかったのだろう。子どもや

親が必要とする分だけ食べることができるために，これから何をすべきであろう。ひとり親家庭の支援に関する課題は山積している。

参考：朝日新聞デジタル「『遅すぎ，少なすぎ』だった菅政権，親と子がひもじさ分け合うこの国」（2021年 9 月 8 日）（https://www.asahi.com/articles/ASP973JTDP95UTFL005.html　2021 年 9 月 28 日閲覧）。

第12章

社会的養護の課題と対応

「社会的養護」という用語を聞いたことはあるだろうか。社会的養護という
と，児童養護施設を中心とした施設養護というイメージをもつ人が少なくない
かもしれない。しかし，近年登場した社会的養育の概念により，従来の社会的
養護の意味は変化してきている。そのため本章では，社会的養護の理念や基本
原理，社会的養護の方向性などの基本的内容を学ぶ。また，社会的養護の現状
や対象児への養育指針，支援体系などの概要を学んでいく。

1 社会的養護とは何か

（1）社会的養護の基本理念と原理

　社会的養護とは，「子どもの最善の利益のために」と「社会全体で子どもを
育む」という2つの基本的理念のもと，「保護者の適切な養育を受けられない
子どもを，公的責任で社会的に保護養育するとともに，養育に困難を抱える家
庭への支援を行うもの(1)」である。たとえば，保護者の死亡，疾病や長期入院，
経済的困窮，子どもへの虐待など，何らかの理由により親が子どもを家庭で養
育できない場合，公的な責任で社会的に子どもの養護を行うとともに，家庭へ
の支援を行う仕組みが社会的養護である。

　上記の社会的養護の基本理念を踏まえて，社会的養護の6つの原理が掲げら
れている（表12-1）。**社会的養護の原理**は，社会的養護を必要とする子どもと
家庭を支援し，子どもが健やかに育つための支援の考え方である。保育士や
ファミリーソーシャルワーカーなど，子どもや家庭に関わる専門職は，これら
社会的養護の基本理念や原理を踏まえたうえで，子どもや家庭への適切な支援
を実現していくことが求められる。

表 12 - 1　社会的養護の原理

① 家庭養育と個別化	すべての子どもは，適切な養育環境の中で，安心して自分をゆだねられる養育者によって養育されるべき。「あたりまえの生活」を保障していくことが重要。
② 発達の保障と自立支援	未来の人生を作り出す基礎となるよう，子ども期の健全な心身の発達の保障を目指す。愛着関係や基本的な信頼関係が重要。自立した社会生活に必要な基礎的な力を形成していく。
③ 回復をめざした支援	虐待や分離体験などによる悪影響からの癒しや回復をめざした専門的ケアや心理的ケアが必要。安心感を持てる場所で，大切にされる体験を積み重ね，信頼関係や自己肯定感（自尊心）を取り戻す。
④ 家族との連携・協働	親と共に，親を支えながら，あるいは親に代わって，子どもの発達や養育を保障していく取り組み。
⑤ 継続的支援と連携アプローチ	アフターケアまでの継続した支援と，できる限り特定の養育者による一貫性のある養育。様々な社会的養護の担い手の連携により，トータルなプロセスを確保する。
⑥ ライフサイクルを見通した支援	入所や委託を終えた後も長くかかわりを持ち続ける。虐待や貧困の世代間連鎖を断ち切っていけるような支援。

出所：厚生労働省（2021）「社会的養育の推進に向けて（令和 3 年 5 月）」（https://www.mhlw.go.jp/content/000833294.pdf　2021 年 9 月 30 日閲覧）11 頁。

（2）社会的養護関係施設の小規模化および家庭的養護の推進と課題

　日本の社会的養護は，従来，要保護児童を施設等で養育する家庭の代替養育が中心であった。しかし，2011（平成23）年 7 月に発表された「**社会的養護の課題と将来像**」において，①家庭的養護の推進，②専門的ケアの充実，③自立支援の充実，④家族支援，地域支援の充実という社会的養護の基本的方向性が示された。つまり，**施設の小規模化と家庭的養護**（居住型児童福祉施設において，家庭的な養育環境を保障するために行われる小規模グループケアやグループホームにおける養育）が推進されるとともに，**施設養護**を中心とした家庭の代替機能の見直しや，子育て支援施策との連動など，従来とは異なる社会的養護の方向性が示されている。この「社会的養護の課題と将来像」に沿って，児童養護施設と乳児院の小規模化と家庭的養護の推進を実現していくために，2012（平成24）年11月に「児童養護施設等の小規模化及び家庭的養護の推進について」が通知された。この通知は，小規模化の意義や課題，費用の活用，人員配置や小規模化に対応した運営方法などが取りまとめられており，小規模化や家庭的養護を推進するための手引きとなっている。

　これらの流れから，近年では施設の小規模化と地域分散化が進んでいる。地域の民間住宅を活用する**地域小規模児童養護施設**や，小規模なグループで家庭的養護を行う**小規模グループケア**などの家庭的養護を推進することで，社会的養護の原理に掲げた「家庭的養護と個別化」を行い，子どもに「あたりまえの生活」を保障できる体制づくりが進められている。

　これら児童養護施設や乳児院の小規模化の効果として，個別の職員との関わりが増え，関係性が構築され，子どもとの愛着形成や感情表出などが促されることや，子どもの個別の生活環境が確保されること，日常生活全般において経験・体験を積む機会が増加することが挙げられている[3]。一方，子ども同士や子どもと職員間の距離が密接になることで，課題の大きい子どもがユニットに入った際の影響が大きくなること，子どもの行動に巻き込まれて適切な支援が行えなくなる可能性があること，人材育成や人材確保の問題，乳児院では健康面でのケアを特に求められること等の課題に職員配置や施設設備面で課題があることなどが挙げられている。このような課題を解決しつつ，さらなる小規模化の推進に向けて，職員の孤立や職員による課題の抱え込みを防ぐシステムづくりや，地域の特性等に応じて人材確保や人材育成に関する取り組みが重要であることが示されている[4]。

　その後，2016（平成28）年の**児童福祉法**の改正では，子どもが権利の主体であることを明確化するとともに，**家庭養育優先の原則**が明記された。つまり，まずは子どもが家庭において健やかに養育されるよう保護者を支援する。しかし，保護者による家庭での養育が適当ではない場合，子どもが家庭の養育環境と同様の養育環境において継続的に養育されるよう必要な措置をとる。上記の対応が子どもにとって適当ではない場合，子どもができる限り良好な家庭的環境で養育されるよう必要な措置をとることが示された（図12-1）。そのため，児童相談所が子どもの措置先を検討する際は，家庭養育優先の原則により，養子縁組による**永続的解決（パーマネンシー保障）**や里親・ファミリーホームへの措置が優先される体制がとられている。

（3）社会的養護の体系

　2011（平成23）年の「社会的養護の課題と将来像」を全面的に見直し，2016（平成28）年に改正された児童福祉法の理念を具体化するために，2017（平成29）年8月に「**新しい社会的養育ビジョン**」が報告された[5]。この報告では，社会的

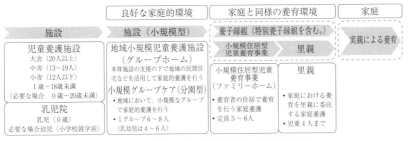

図 12 - 1　家庭と同様の環境における養育の推進

出所：厚生労働省（2021）「社会的養護の推進に向けて（令和 3 年 5 月）」（https://www.mhlw.go.jp/ content/000833294.pdf　2021年 9 月30日閲覧）12頁。

　養育の対象はすべての子どもであり，家庭で暮らす子どもから代替養育を受けている子ども，その胎児期から自立期までとしている。つまり，**社会的養育**とは，従来の社会的養護より広い概念として示された。また，在宅支援が必要な家庭への支援も社会的養護の一部と位置づけるとともに，児童相談所による一時保護や自立援助ホーム，障害児入所施設，ショートステイも社会的養護に含める旨が示されている。従来の要保護児童に対する代替養育としての家庭養護や施設養護だけではなく，要支援児童や家庭に対する在宅支援（在宅措置）も社会的養護の範疇である旨が示されている。社会的養護問題の予防的観点から児童相談所や市町村，児童家庭支援センター，保育所等が相談支援や訪問支援，通所支援などの在宅支援を行うことで家庭を支える体制が求められている。このような要支援児童や家庭に対する在宅支援のうち，施設の機能や役割については第 6 章にて学んでほしい。ここでは，要保護児童の代替養育を中心とした社会的養護の体系を説明する。

　社会的養護の体系は，大きく分けて家庭養護と施設養護に分類される（図12 - 2）。家庭養護とは，社会的養護を必要とする子どもを養育者の家庭で養育することである。家庭養護の種類は，**里親**と**ファミリーホーム**（小規模住居型児童養育事業）がある。里親の種類は，養育里親，専門里親，養子縁組里親，親族里親の 4 種類がある。

　施設養護とは，施設で子どもを養育することである。施設養護の種類は，乳児院，児童養護施設，児童自立支援施設，児童心理治療施設，母子生活支援施設，自立援助ホームおよび障害児入所施設がある（施設の目的や役割などは第 6 章を参照）。社会的養護の対象となる子どもは約 4 万5000人おり，このうち約 8

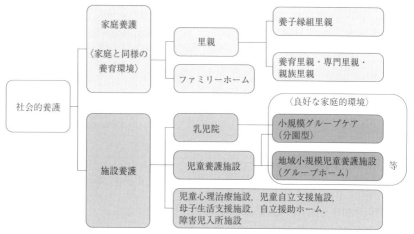

図12-2　家庭養護・施設養護の体系

出所：野澤義隆（2021）「社会的養護の課題と支援」渡部純夫・本郷一夫編『福祉心理学』ミネルヴァ書房，42頁をもとに筆者一部修正。

割は施設養護，約2割は家庭養護で生活している。

　近年，虐待を理由に保護される子どもの割合が高くなっている。厚生労働省の「児童養護施設入所児童等調査」によれば，里親では約4割，乳児院では約4割，児童養護施設と児童自立支援施設では約6.5割，児童心理治療施設では約8割の子どもが，虐待を受けた経験があることがわかっている。また，同調査では，里親では約2.5割，乳児院では約3割，児童養護施設では約3.5割，児童自立支援施設では約6割，児童心理治療施設では約8.5割の子どもが，知的障がいや発達障がいなど，心身に何かしらの障がい等のあることがわかっている。これらは，前回の2013（平成25）年の調査から5年間で増加しており，社会的養護は質・量ともに拡充が求められている。

2　家庭養護における支援と課題

（1）家庭養護に関わる養育指針

　2012（平成24）年3月，厚生労働省雇用均等・児童家庭局長より，「社会的養護施設運営指針及び里親及びファミリーホーム養育指針について」が通知された。この通知により，家庭養護では「**里親及びファミリーホーム養育指針**」が

示され，里親とファミリーホームにおける養育内容と運営に関する方向性を示す指針が定められている。施設養護とは，役割や目的，あり方など異なる内容はあるものの，社会的養護の基本理念や原理は家庭養護と施設養護で共通する方向性が示されている。

　その後，2013（平成25）年3月に，全国里親委託等推進委員会より「**里親・ファミリーホーム養育指針ハンドブック**」が発行された。このハンドブックは，里親・ファミリーホーム養育指針の内容を掘り下げるとともに，里親，児童相談所，里親支援機関等の支援者にとって支援の参考にできる内容となっている。

（2）里親・ファミリーホームの養育制度

　里親制度は，子どもたちが施設で生活するのではなく，地域の一般的な家庭環境のもとで子どもを養育する制度である。歴史的にみると，里親制度は1947（昭和22）年の児童福祉法制定時に，子どもを保護する方法の一つとして挙げられ，1948（昭和23）年の「里親等家庭養育の運営に関して」により，具体的な運営基準が定められた。その後，児童福祉法の改正や「**新しい社会的養育ビジョン**」の発表，2009（平成21）年に国連から報告された「**児童の代替的養護に関する指針**」などにより，里親制度が整備されてきた。

　里親は，児童福祉法第6条の4に定められている。その種類は，養育里親，専門里親，養子縁組里親，親族里親の4種類であり，具体的な対象や認定要件などは「里親制度運営要綱」により定められている（表12-2）。

　ファミリーホームは，2008（平成20）年の児童福祉法改正により創設された。ファミリーホームは，児童福祉法第6条第3項第2号の8により，要保護児童の養育に関し相当の経験を有する者，その他の厚生労働省令で定める者の住居において養育を行う事業であることが定められている。具体的な事業内容は，「養育者の家庭に児童を迎え入れ，家庭における養育環境と同様の養育環境において養育を行う家庭養護の一環として，要保護児童に対し，事業を行う住居（ファミリーホーム）において，児童間の相互作用を活かしつつ，児童の自主性を尊重し，基本的な生活習慣を確立するとともに，豊かな人間性および社会性を養い，児童の自立を支援すること(7)」とされている。

　国は，家庭養育優先の原則に基づき，家庭と同様の養育環境を推進している。以前と比較して，里親等に委託される子どもは増加しているものの，社会的養護を必要とする子どもの約8割は施設養護という現状がある。子どもが心身と

表12-2　里親制度の概要

	養育里親	専門里親	養子縁組里親	親族里親
対象児童	要保護児童（保護者のない児童又は保護者に監護させることが不適当であると認められる児童）	次に挙げる要保護児童のうち，都道府県知事がその養育に関し特に支援が必要と認めたもの ①　児童虐待等の行為により心身に有害な影響を受けた児童 ②　非行等の問題を有する児童 ③　身体障害，知的障害又は精神障害がある児童	要保護児童（保護者のない児童又は保護者に監護させることが不適当であると認められる児童）	次の要件に該当する要保護児童 ①　当該親族里親に扶養義務のある児童 ②　児童の両親その他当該児童を現に監護する者が死亡，行方不明，拘禁，入院等の状態となったことにより，これらの者により，養育が期待できないこと
里親登録認定要件	【基本的要件】 ①　要保護児童の養育についての理解及び熱意並びに児童に対する豊かな愛情を有していること。 ②　経済的に困窮していないこと（親族里親は除く。）。 ③　里親本人又はその同居人が次の欠格事由に該当していないこと。 　ア　禁錮以上の刑に処せられ，その執行を終わり，又は執行を受けることがなくなるまでの者 　イ　児童福祉法等，福祉関係法律の規定により罰金の刑に処せられ，その執行を終わり，又は執行を受けることがなくなるまでの者 　ウ　児童虐待又は被措置児童等虐待を行った者その他児童の福祉に関し著しく不適当な行為をした者			
	・養育里親研修を修了していること。 ※年齢に一律の上限は設けない。養育可能な年齢であるかどうかを判断。	・専門里親研修を修了していること。 ・次の要件のいずれかに該当すること ア　養育里親として3年以上の委託児童の養育の経験を有すること。 イ　3年以上児童福祉事業に従事した者であって，都道府県知事が適当と認めたものであること。 ウ　都道府県知事がアはイに該当する者と同等以上の能力を有すると認めた者であること。 ・委託児童の養育に専念できること。 ※年齢に一律の上限は設けない。養育可能な年齢であるかどうかを判断。	・養子縁組里親研修を修了していること。 ※一定の年齢に達していることや，夫婦共働きであること，特定の疾病に罹患した経験があることだけをもって排除しない。子どもの成長の過程に応じて必要な気力，体力，経済力等が求められることなど，里親希望者と先の見通しを具体的に話し合いながら検討。	・要保護児童の扶養義務者及びその配偶者である親族であること。 ・要保護児童の両親等が死亡，行方不明，拘禁，疾病による入院等の状態となったことにより，これらの者による養育が期待できない要保護児童の養育を希望する者であること。
登録里親数	11,047世帯	716世帯	5,053世帯	618世帯
委託里親数	3,627世帯	188世帯	351世帯	576世帯
委託児童数	4,456人	215人	344人	817人

注：里親数・児童数は令和2年3月末時点

出所：厚生労働省（2021）「社会的養育の推進に向けて（令和3年5月）」（https://www.mhlw.go.jp/content/000833294.pdf　2021年9月30日閲覧）および厚生労働省（2002）「里親制度の運営について（平成29年3月31日雇児発0331第35号　一部改正）」（https://www.mhlw.go.jp/content/000482644.pdf　2021年9月30日閲覧）を参考に筆者作成。

もに健やかに養育されるよう，より家庭に近い環境での養育をさらに推進していくことが今後の課題となっている。

3　施設養護における支援と課題

（1）施設養護に関わる運営指針

　上述の通り，2012（平成24）年に「社会的養護施設運営指針及び里親及びファミリーホーム養育指針について」が通知された。この通知により，乳児院は「乳児院運営指針」，母子生活支援施設は「母子生活支援施設運営指針」，児童養護施設は「児童養護施設運営指針」，児童心理治療施設は「児童心理治療施設運営指針」，児童自立支援施設は「児童自立支援施設運営指針」により，支援の内容や運営に関する方向性を示す指針が定められている。2015（平成27）年４月には，自立援助ホーム（児童自立生活援助事業）の「自立援助ホーム運営指針」が通知されている。各施設の目的や役割，機能，抱える事情は異なるものの，各施設の独自性を活かしながら，社会的養護の基本理念や原理は共通する方向性が示されている。

　その後，2014（平成26）年３月には，運営指針の解説的内容を盛り込んだ各施設の「運営ハンドブック」が発行された。各施設の運営ハンドブックは，施設種別の利用目的に沿いながら，その独自性を活かし，事例や詳細な解説を通じて施設運営を理解できる内容となっている。

（2）親子関係再構築支援

　児童相談所における児童虐待の相談対応件数は増加の一途をたどっている（詳細は第13章を参照）。施設は，親子分離による子どもを養育するケースが増えている。前述の通り，社会的養護のもとで生活する子どものうち，虐待を受けた経験のある子どもは少なくない。一方，2018（平成30）年２月現在の保護者の状況をみると，たとえば児童養護施設で暮らす子どもの９割以上は両親，あるいは父母どちらかがおり，両親ともいる子どもは約４割である。[8] このうち，電話やメール，面会や一時帰宅など，家族との交流がある子どもは７割以上となっている。つまり，両親がない子どもは全体の１割未満であり，多くの子どもには保護者が存在しているのである。そして，家族と交流をしているものの，何らかの事情により，家庭に戻ることができず，施設で生活している子どもが

多く存在しているということである。このような状況下において，児童相談所は，子どもが再度家庭で生活できるよう，施設と協力しながら保護者への支援を行っている。しかし，措置解除後に家庭に戻った後，再度虐待が発生した事例が生じるなど，親子関係の修復に至るには様々な課題がある。しかし，子どものパーマネンシー保障のために，家庭復帰を見据えた親子関係の再構築支援が必要であると同時に，親子分離に至らない段階での家庭への支援が重要となる。

このような状況のもと，2011（平成23）年の「社会的養護の課題と将来像」では，虐待を受けた子どもや虐待を行った保護者に対する**親子関係再構築支援**の重要性が示された。親子関係再構築支援は，親子分離している親子への支援を中心に，子どもが家庭復帰した後の虐待の再発防止や，家庭復帰しない場合の親子関係の回復，親子分離前の段階での保護者支援，虐待防止の保護者援助プログラムを含めた支援の重要性が示されている。これらは児童相談所と施設が連携しながら行うが，それだけではなく，子どもが施設を退所した後は市町村とも連携しながら支援を行っていく。施設では，主に**ファミリー・ソーシャルワーカー**が保護者に対する相談支援を担当している。また，子ども自身が生い立ちや親との関係について心の整理がつけられるよう，現場の保育士や児童指導員，心理療法担当職員などの専門職が連携しながらチームで親子関係の再構築支援にあたるよう，体制整備が進められている。

（3）社会的養護関係施設での第三者評価事業の導入

2011（平成23）年の「社会的養護の課題と将来像」では，社会的養護の現状として，施設等の運営における質の差が大きいことが指摘されている。また，施設や里親等は子どもの人生に影響を与えることから，子どもの生活に不平等がないよう，ケアの質の向上が必要とされている。そのため，同報告では，質の向上の取り組みとして，すべての施設に対して3年に1回以上の**第三者評価**の受審と結果の公表を義務づけることの必要性や，第三者評価を行わない年に自己評価を行う必要性が示された。

その後，2012（平成24）年の「**社会的養護施設運営指針及び里親及びファミリーホーム養育指針について**(9)」により，施設の運営や養育・支援の評価と改善の取り組みとして3年に1回以上，第三者評価を受けるとともに，定められた評価基準に基づいて毎年自己評価を実施するなど評価体制を整備し，機能させ

ることが示された。そして，すでに任意で実施されている社会福祉事業共通の
福祉サービス第三者評価とは別に，社会的養護関係施設は3年に1回以上の第
三者評価の受審と結果の公表が義務づけられるなど，施設が課題に気づき，運
営やケアの質の改善・向上のための取り組みが進められている。

（4）日本の社会的養護が向かう方向性

　これまで，社会的養護の理念や基本原理，体系などの全体像を学んできた。
また，日本の社会的養護の方向性として，施設の小規模化や家庭的養護の推進
がなされていることを学んだ。これら日本の社会的養護の方向性が転換された
背景には，国際的な流れと子どもの権利に関する国際連合からの勧告がある。
　日本は1994（平成6）年に「児童の権利に関する条約」（子どもの権利条約）を
批准した。子どもの権利条約の批准後，欧米を中心とした各国は施設養護から
家庭養護に施策転換する中，日本は施策転換をせず，施設での集団養護を続け
てきた。このような取り組みに対して，2010（平成22）年に国際連合の子ども
の権利委員会は，子どもの権利条約に基づき，日本の社会的養護のあり方の見
直しを求めて勧告を出している。本勧告の⑤「家庭環境及び代替的監護」では，
家族を支援し強化するための措置の導入や，里親や小規模なグループのような
家族型環境における施設で子どもを養護すること，養子縁組の際に裁判所の許
可を必要とするとともに，児童の最善の利益に合致し，すべての養子の登録が
維持されることを確保するための措置を講じることなどが示されている。この
ように，日本の社会的養護のあり方を見直すよう過去に二度勧告がなされてい
たが，三度目である本勧告を受けて，社会的養護のあり方に関する基本方針を
見直すため，「児童養護施設等の社会的養護の課題に関する検討委員会」が設
置され，「社会的養護の課題と将来像」が取りまとめられた経緯がある。
　その後，2016（平成28）年の児童福祉法改正により，すべての子どもは子ど
もの権利の精神にのっとり適切に養育されることが明記され，子どもの権利条
約が児童福祉法に反映されることになった。そして，2017（平成29）年に「社
会的養護の課題と将来像」を見直した「新しい社会的養育ビジョン」がまとめ
られている。
　以上の背景から，日本の社会的養護は施設の小規模化や家庭養護の推進の方
向性が示されているが，これら施策の中心には，子どもの権利があり，**子ども
の最善の利益**を考慮しながら施策を進めることが求められている。

注

⑴　厚生労働省（2021）「社会的養育の推進に向けて（令和 3 年 5 月）」（https://www.mhlw.go.jp/content/000833294.pdf　2021年 9 月30日閲覧）11頁。

⑵　厚生労働省（2011）「社会的養護の課題と将来像」（https://www.mhlw.go.jp/bunya/kodomo/syakaiteki_yougo/dl/08.pdf　2021年 9 月30日閲覧）。

⑶　みずほ情報総研株式会社（2017）「児童養護施設等の小規模化における現状・取組の調査・検討報告書」（https://www.mhlw.go.jp/file/06-Seisakujouhou-11900000-Koyoukintoujidoukateikyoku/0000174956.pdf　2021年 9 月28日閲覧）。

⑷　⑶と同じ。

⑸　厚生労働省（2017）「新しい社会的養育ビジョン」（https://www.mhlw.go.jp/file/05-Shingikai-11901000-Koyoukintoujidoukateikyoku-Soumuka/0000173888. pdf　2021年 9 月30日閲覧）。

⑹　厚生労働省（2018）「児童養護施設入所児童等調査の結果（平成30年 2 月 1 日現在）」（https://www.mhlw.go.jp/stf/newpage_09231.html　2021年 9 月28日閲覧）。

⑺　厚生労働省（2009）「小規模住居型児童養育事業（ファミリーホーム）の運営について（平成29年 3 月31日雇児発0331第39号　一部改正）」（https://www.mhlw.go.jp/content/000482646.pdf　2021年 9 月30日閲覧）。

⑻　⑴と同じ，237頁。

⑼　厚生労働省（2012）「社会的養護施設運営指針及び里親及びファミリーホーム養育指針について」（https://www.mhlw.go.jp/bunya/kodomo/pdf/tuuchi-50.pdf　2021年 9 月30日閲覧）。

⑽　外務省（2010）「同報告審査後の同委員会の総括所見（仮訳）（2010年 6 月）」（https://www.mofa.go.jp/mofaj/gaiko/jido/pdfs/1006_kj03_kenkai.pdf　2021年10月26日閲覧）。

参考文献

伊藤嘉余子・福田公教編（2018）『社会的養護』ミネルヴァ書房。

厚生労働省（2014）「社会的養護関係施設における親子関係再構築支援ガイドライン」。

学習課題

①　社会的養育の意味について，詳しく調べてみよう。

②　施設で生活する子どもの措置理由や生活状況について，厚生労働省の「社会的養育の推進に向けて（令和 3 年 5 月）」から詳しく調べてみよう。

コラム　世界の潮流は家庭養護

　日本では，社会的養護を必要とする子どもの多くは施設で生活している。里親等への委託率は，2019年度末時点で21.5%に上昇し，10年前と比較すると里親等への委託人数は倍近くになっているものの，未だ高い委託率とはいえない現状である。

　一方，欧米諸国の里親等委託率の現状を見ると，里親委託が進んでいる。たとえば，2019年のオーストラリアの里親委託率は92.3%であり，施設養護は1割に満たない。他にも，2018年のアメリカは81.6%，カナダ85.9%，2019年のイギリスは73.2%であり，里親等委託率が比較的高くはない国でも，おおむね半数以上が里親委託であることから，施設養護より家庭養護が中心であることがわかる。このような里親委託率は，欧米特有の傾向とは言い切れない。アジアの中でも，2018年の香港の里親等委託率は57.0%であり，国によってばらつきがある。里親の概念や考え方は国によって異なるため，里親等委託率を一律に定義できない部分はあるが，それでも，日本が里親等委託率を上げていくことが大きな課題となっていることに変わりないであろう。

　では，なぜ里親等委託率が上がらないのか。このことは，里親等への委託が進展しないのかという問題関心のもとで戦後から現在までの里親制度に関する先行研究を概観した三輪（2016）に詳しく示されている。三輪によれば，受け入れ可能な里親登録者が不足しているというよりも，里親委託される子どもが限定・少数化されてきたことが里親委託を停滞させてきた主要な要因であり，児童福祉諸機関が里親に十分な支援や対応をとることが難しかったことが里親委託の停滞を生み出した最大の要因であると結論づけている。

　日本でも，少しずつではあるが家庭養護が広まり，制度が変わりつつある。本書を手にした読者が少しでも家庭養護に関心を広げてくれることを願う。

　参考：三輪清子（2016）「なぜ里親委託は伸展しないのか？——里親登録者不足仮説と里親委託児童限定化仮説」『社会福祉学』56（4），1〜13頁。

第13章

児童虐待の防止と対策

　本章では"子どもの最善の利益"を踏みにじる社会問題である"児童虐待"とは何かを定義したうえで，その原因や対応の課題を明らかにする。また"マルトリートメント"とは何かを定義したうえで，現状と課題を浮き彫りにし，それらの予防と対応について，ペアレント・トレーニングや地域における専門職の協働，さらには日本社会の新たな取り組みや事例を通して「保育者として何をすべきか」「ソーシャルワーカー（社会福祉士や精神保健福祉士）としてどう取り組むべきか」について，検討することとする。

1　児童虐待とは

（1）児童虐待の定義

　近年，日本において児童虐待（child abuse）（「子ども虐待」ともいう）が問題となっており，2000（平成12）年に「児童虐待の防止等に関する法律」（児童虐待防止法）が整備された。第2条では児童虐待とは，保護者（親権を行う者や，未成年後見人その他の者で，児童を現に監護する者）が，その監護する児童（18歳未満の者）について行う行為（身体的虐待，性的虐待，ネグレクト，心理的虐待）と定義されている（表13-1）。

（2）児童虐待の発生要因

　厚生労働省[1]によると，児童虐待のリスク要因は明らかにされてきており，「保護者・養育者の要因（身体的，精神的，社会的，経済的等の要因）」「児童の要因（発達時期，障害状況，気質や性格等の要因）」「養育環境の要因（家族構成，家族関係，血縁，近隣・地域との関係，生活状況等の要因）」「援助側の要因（児童相談所，福祉事務所，保健センター等の要因）」の4つの要因が複雑に絡み合って起こると

表13-1　児童虐待の分類と内容

身体的虐待	児童の身体に外傷が生じ，又は生じるおそれのある暴行を加えること 【具体例：殴る，蹴る，叩く，投げ落とす，激しく揺さぶる，火傷を負わせる，溺れさせる，首を絞める，縄等での室内拘束，戸外へ締め出す，無理心中　など】
性的虐待	児童に猥褻な行為をすること又は児童をして猥褻な行為をさせること 【具体例：子どもへの性的行為，性的行為を見せる，性器を触る又は触らせる，ポルノグラフィの被写体にする　など】
ネグレクト （養育放棄）	保護者や保護者以外の同居人による，児童の心身の正常な発達を妨げるような著しい減食又は長時間の放置，監護を著しく怠ること 【具体例：家に閉じ込める，食事を与えない，ひどく不潔にする，自動車の中に放置する，重い病気になっても受診させない，学校に行かせない　など】
心理的虐待 （精神的虐待）	児童への著しい暴言又は拒絶的な対応，児童が同居する家庭における配偶者への暴力，児童に著しい心理的外傷を与える言動を行うこと 【具体例：言葉による脅し，無視，きょうだい間での差別的扱い，きょうだいに虐待行為を行う，子どもの前で家族に対して暴力を振るう（DV），犯罪の強要　など】

出所：児童虐待の防止等に関する法律および厚生労働省「児童虐待の定義と現状」（http://www.mhlw.go.jp/stf/seisakunitsuite/bunya/kodomo/kodomo_kosodate/dv/about.html　2021年10月1日閲覧）を参照し筆者作成。

考えられている（図13-1）。特に複数の要因が重なれば虐待発生の可能性がより高まり，4つの要因が複層的に存在する場合には，虐待発生可能性が最も高まる。しかし，それらの要因を多く有しているからといって，必ずしも虐待につながるわけではない。適切に判断するためには，リスク要因とともに，虐待を発生させることを防ぐ防御因子があるかどうかが重要なカギを握ると考えられている。また，「児童虐待による死亡事例の検証結果（第17次）」を確認すると，「心中以外の虐待死亡事例」56例のうち，行政機関等による子育て支援事業の利用が18例であり，市区町村の子育て支援事業に結びついていない事例が38例であった。市区町村の子育て支援が，支援を必要とする家庭に届いていないため，児童虐待の発生要因に対して，早期に相談に乗ったり，対応できていない状況が明らかである。反対に，子育て支援事業が関わった18例が虐待死亡につながっている現状は，子育て支援事業に携わる専門職の危機意識が低かったり，情報収集が不充分であったり，課題分析が適切でなかったり，フォローアップができていなかったりするために，児童虐待の発生要因やリスクを見逃している可能性が高い。

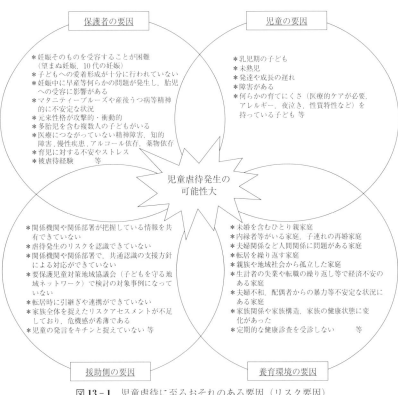

図 13 - 1　児童虐待に至るおそれのある要因（リスク要因）

出所：立花直樹（2018）「児童虐待と子ども育成支援」伊藤良高・牧田満知子・立花直樹編『子どもの豊
　　かな育ちを支えるソーシャル・キャピタル』ミネルヴァ書房，116頁に，厚生労働省（2021）「子ども
　　虐待による死亡事例等の検証結果等について（第17次報告）の概要」4頁の内容を加筆し筆者作成。

2　児童虐待件数の推移と現状

（1）児童虐待の増加

　厚生労働省が統計を取り始めて以降，児童虐待の相談件数は年々増加している。全国の**児童相談所**における「**児童虐待相談対応件数**」は1990（平成2）年度の1年間で1101件であったものが，2020（令和2）年度の1年間で20万5029件となり（図13-2），30年間で約186倍に激増している。1年間で20万5029件の児童虐待相談を単純計算すると，1時間当たり23.4人（約2分34秒に1人のペース）の子どもが全国のどこかで虐待を受けその相談が寄せられていること

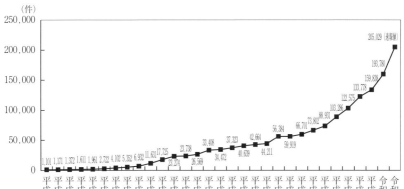

図 13 - 2　全国の児童相談所における児童虐待相談対応件数の推移
出所：厚生労働省（2021）「令和 2 年度の児童相談所での児童虐待相談対応件数（速報値）」1 頁。

になる。このような虐待相談対応件数増加の背景として，「児童虐待」に対する社会の認識が広がったり，児童福祉法や児童虐待防止法で規定された「国民の**通告義務**」（児童虐待を受けた可能性のある児童を発見した者が，福祉事務所や児童相談所に通告する義務）が徐々に浸透したりしてきたことも原因であるといわれている。特に，2013（平成25）年度以降で毎年13万件以上も相談件数が増加しているのは，「**DV（パートナー間暴力）**が子どもの眼前で行われている状況が『**心理的虐待**』と認定されるようになった」という理由も一因である。また，2020（令和 2 ）年度からのコロナ禍において，子どもと家族が過ごす時間が増えたり，外出自粛で保護者のストレスが溜まったり，緊急事態宣言等による経済活動の低下に起因して収入が減少したりしたことなども，児童虐待の増加に拍車をかけているといわれている。

　しかし，発生した児童虐待相談のすべてに児童相談所が関わっていたわけではなく，未認知のケースもある。また，事件化していない軽微な虐待であれば，児童相談所が把握できていないケースも多数あると考えられる。20万5029件というのはあくまでも，全国の児童相談所が把握している数であり，実際には相談件数の 2 ～ 3 倍程度の虐待件数がある可能性が高いと専門家の間でいわれている。仮に，20万5029件の 3 倍の61万5087件の児童虐待件数があると仮定してみる。これを単純に計算すると， 1 時間当たり70.2件の虐待被害が発生してい

表13-2　被虐待児童の年齢別構成割合の推移

	総数	0～3歳未満	3歳～就学前	小学生	中学生	高校生
平成20 （2008）年度	42,664件 （100％）	7,728件 （18.1％）	10,211件 （23.9％）	15,814件 （37.1％）	6,261件 （14.7％）	2,650件 （6.2％）
平成24 （2012）年度	66,701件 （100％）	12,503件 （18.8％）	16,505件 （24.7％）	23,488件 （35.2％）	9,404件 （14.1％）	4,801件 （7.2％）
平成28 （2016）年度	122,575件 （100％）	23,939件 （19.5％）	31,332件 （25.6％）	41,719件 （34.0％）	17,409件 （14.2％）	8,176件 （6.7％）
令和元 （2019）年度	193,780件 （100％）	37,826件 （19.5％）	49,660件 （25.6％）	62,959件 （34.0％）	26,709件 （13.8％）	13,626件 （7.0％）

出所：厚生労働省（2013）「子ども虐待による死亡事例等の検証結果等について（第9次報告）の概要」4頁および厚生労働省（2021）「令和元年度福祉行政報告例の概況」8頁を参考に筆者作成。

る状況（約51秒に1件のペース）が可能性として存在するということになる。

（2）児童虐待の年齢別被害状況

　2008（平成20）年度～2019（令和元）年度の「被虐待児童の年齢別構成割合」を見ると，乳幼児が最も多く，次いで小学生の順となっている（表13-2）。就学前の子どもが通園している保育所の保育士や，幼稚園の幼稚園教諭，認定こども園の保育教諭，児童発達支援センター等の保育者が児童虐待防止のカギを握っているといっても過言ではない。たとえば，「給食やお弁当の際にむさぼり食べる（ネグレクトの可能性）」「プール等の着替えの際に身体に痣や傷がある（身体的虐待の可能性）」「体操時の着替えの際に，いつも下着が汚れている（ネグレクトの可能性）」「最近，笑顔が少なく，喜怒哀楽の表情が乏しい（心理的虐待の可能性）」「更衣や排泄の際に下着を脱ぎたがらない（性的虐待の可能性）」など，様々なサインや兆候を見逃さないことが重要である。

　また，日本では1年間に100名近くの子どもが虐待（心中も含む）により死亡している。意識不明や骨折などの重症の虐待を含めれば，もっと多くの子どもが重篤な虐待を受けている。心中以外の虐待による死亡児童の年齢は，2004（平成16）年度～2019（令和元）年度まで，いずれも0歳児が最も多く被害に遭っており，0～6歳児で大半を占めている。乳児が生まれると，それまでの生活状況とは一変し，昼夜問わず世話をする必要があり，保護者（特に母親）は身体的にも精神的にも疲労や負担等が増大しストレスフルになり，虐待の発生リスクが高い状況となる。また，乳幼児期は子どもの体も小さく抵抗もでき

ないため，虐待を受けた場合，死亡や重篤な状況につながりやすいと考えられる。そのため，乳幼児に関わる可能性の高い保育者や保健師，医師等の観察力や対応力が死亡を防ぐことにつながると考えられる。

3 児童虐待を防ぐ手立て

（1）児童虐待と DV の関係性

児童虐待と DV には密接な関わりがあるといわれきた。

厚生労働省が虐待死事例（心中を除く）を分析したところ，「実母が DV を受けていた」割合は18.9％で，実母の年齢構成をみると，母親の年齢が若い場合に DV 被害を受けている割合が多く，地域との関係性が希薄な場合にも DV 被害を受けている割合が多かった。[3] しかし「実母の DV 被害経験が不明」である死亡事例が半数を超えており，児童相談所が DV の実態や情報を把握できていない状況が明らかとなった。「DV 被害を受けていない」と答えた実母の中でも，**DV サイクル**（第14章参照）に入っているため，自分自身が DV 被害を受けていないと認識しているケースも多く含まれているのではないかと考えられる。

2019（令和元）年の「児童虐待防止対策の強化を図るための児童福祉法等の一部を改正する法律」により，**子どもの権利擁護**に関し，親権者等による体罰の禁止を法定化すること，児童相談所の体制強化に関し，躊躇なく一時保護に踏み切れるよう「介入」担当者と「保護者支援」担当者を分離すること，関係機関間の連携強化に関し，DV 対策と連携すること等の措置が講じられた。[4]

（2）マルトリートメントの防止と対応

日本において「児童虐待」の定義はあっても，**マルトリートメント**（Maltreatment）には明確な定義がない。世界保健機関（WHO）では，**チャイルド・マルトリートメント**（child maltreatment）（現在，一般的に日本国内でマルトリートメントが用いられていることから，以下，本章ではマルトリートメントとする）を「18歳以下の児童に対して起きる虐待やネグレクトを含めたあらゆる児童の権利侵害[5]」と定義している。奥山は，マルトリートメントを「子どもへの重大な権利侵害である[6]」としている。立花は，「児童虐待に加えて，児童虐待とは認定されない不適切な関わりの両行為を含んでいる[7]」と定義し，より幅広い意味を含

161

んでいる。WHO・奥山・立花の定義を整理すれば，マルトリートメントを
「保護者・養育者による不適切な関わりから生じる，18歳以下の児童に対して
起きる虐待やネグレクトを含めたあらゆる児童の権利侵害」と定義すること が
できる。つまり，マルトリートメントは「児童虐待」にとどまらず，児童虐待
の一歩手前の行為をも含んでいるのである。

　世界の先進国によっては児童虐待ではなくても，以下のようなマルトリート
メントの事例についても厳しく取り締まり，逮捕や刑罰を科せられる状況があ
る。

A．共働きの両親が，仕事の後で食材を購入するため，夜遅くにコンビニエンス・
ストアへ乳幼児を一緒に連れて行く。⇒子どもの休養・睡眠する権利を侵害する
行為
B．食材が不足しているので，12歳以下の子どもだけで留守番をさせ，保護者が食
材をスーパーマーケットへ買い物にいく。⇒年少児だけで留守番は，転落事故や
火事発生等の危険にさらす行為
C．高校生の子ども2人と両親の家族4人で居酒屋に行き食事をする。⇒規範や道
徳を重視すべき未成年を飲酒店に親自らが連れていき，その観念を乱す行為

　マルトリートメント（虐待より軽微な行為）でも逮捕されたり懲罰の対象と
なったりするのだから，こうした国では虐待は凶悪犯罪であるという考えが浸
透するだろう。つまり，虐待一歩手前で防止することで，虐待行為の防波堤に
なっているともいえる。しかしながら，日本では軽微な虐待が発覚しても，加
害側の保護者が逮捕されないばかりか親子分離がなされないケースも多い。そ
の理由の一つとして，民法第822条に規定された懲戒権の規定（親権を行う者は，
第820条の規定による監護及び教育に必要な範囲内でその子を懲戒することができる）
が挙げられる。これまで，懲戒行為（厳しいしつけ）と軽微な虐待（暴力・暴言）
の区別がつきにくいという状況から，十分な対応がなされてこなかった。その
ため，日本では，児童虐待の早期発見や防止に関する対策に力を入れてきたが，
マルトリートメント（虐待よりも軽微な不適切な関わり）に対する防止や対応に
ついて等閑に付されてきた。一方で，「親が子どもの生涯を考えて正当なしつ
けや厳しい指導を行う法的根拠として，懲戒権は重要である」「民法の懲戒権
を廃止するより，実子に対する暴行や殺人を一般の暴行・殺人に比べより厳罰
に処する刑法改正を優先すべき」という意見もあり，今後注目すべき論議であ
る。

　ただし，仮にマルトリートメントを防止するとしても，現在は統一した基準がない。具体的にマルトリートメントとは何かを明らかにし，国際的な基準を参照し，国全体として共通のガイドラインを作成していくことが必要である。今後，保育者やソーシャルワーカーとして，どのように対応していくべきか考え，この問題にしっかりと向き合うべきであろう。

（3）ペアレント・トレーニング

　児童虐待をしてしまった保護者が適切に子どもに関われるようになることを目的として，また保護者が子どもに不適切な関わりを行わないようにするために，ペアレント・トレーニング（親訓練ともいう）が実践されている。一方で，就学前や学童期の子どもの行動的な課題（攻撃性，多動，感情爆発，指示やルールに対応できない）を解消し，子どもの行動変容を促すトレーニングとしても有用であり，WHO の「mhGAP ガイドライン」では，薬物等の物質使用による[8]精神疾患，子どもの精神障害および行動障害にもペアレント・トレーニングが推奨されている。厚生労働省は，ペアレント・トレーニングを「保護者や養育[9]者の方を対象に，行動理論をベースとして環境調整や子どもへの肯定的な働きかけをロールプレイやホームワークを通して学び，保護者や養育者の関わり方や心理的なストレスの改善，子どもの適切な行動を促進し，不適切な行動の改善を目ざす家族支援のアプローチ」と定義している。[10]

　児童虐待の予防や防止に関するプログラムとしては，心理行動療法を土台としたコモンセンス・ペアレンティング（オペラント条件付けを利用しながら子どもに対する賞罰の与え方や関わり方を学ぶプログラム）や MY TREE ペアレンツ・プログラム（グループのエンパワメントの力動とホーリスティックなアプローチを活用した虐待・体罰をしている親の回復支援プログラム），主体性やエンパワメントを土台としたノーバディーズ・パーフェクト・プログラム（保護者が多様な文化・習慣や価値，そして主体性を大切にし，助け合って就学前の子どもを育てていくためのプログラム）等がある。近年は，治療効果を土台としたインクレディブル・イ[11]ヤーズ・プログラム（反抗挑戦性障害や素行障害などがある小学生以下の子どもに適切に関わり，行動変容させるプログラム）も注目されている。[12]

　これまでのペアレント・トレーニングの実践研究では，心理行動的なペアレント・トレーニングは，個別に実施すると効果があるが，経済的に恵まれない貧困家庭の保護者や子どもへの効果が低いという指摘もなされている。ノーバ[13]

ディーズ・パーフェクト・プログラムは,「子育て不安因子」について不安感を軽減する効果があるものの,「子育て孤立感因子」や「社会からの隔絶因子」には有意な効果を示さないことがわかった。インクレディブル・イヤーズ・プログラムでは,育児習慣(過酷な規律,体罰,賞賛／インセンティブ,適切な規律および積極的な言葉の規律),親の子どもの行動(行動問題の頻度と問題行動の数)の認識に効果があることを示した。親からの明確な期待や親の自己効力感に変化は認められなかった。

　つまり,ペアレント・トレーニングには,そのアプローチ法によって強みと弱みがあり,保育者やソーシャルワーカーがトレーニングに関与し,実践を積み重ねて"evidence(証拠・根拠)"を集約し,効果的なペアレント・トレーニング法を明らかにすることが保護者の適切な子育てや負担軽減並びに子どもの発達・成長につながると考えられる。

4　児童虐待防止対策の課題

(1) 児童虐待に対応する専門職の課題

　現在,子どもに関する多岐にわたる相談(養護相談:児童虐待・養育困難・養子縁組,保健相談:未熟・虚弱・疾患,障害相談:身体障害・知的障害・発達障害など,非行相談:虞犯・触法行為等,育成相談:性格行動,不登校,進学適性,育児・しつけ等)を受けるのが児童相談所であり,**児童福祉司**が相談対応に当たることになる。しかし,児童福祉司の業務負担が大きく,休職や退職が問題となっている。児童虐待や不登校,貧困や教育格差,いじめや非行問題などを集約して対応するために,子どもや保護者に関わる政策を担当する「こども家庭庁」を行政機関として新たに設置しようとする動きがある。その中で,専門的に対応できる人材(国家資格)である「**子ども家庭福祉士**(仮称)」の養成も検討している。

　才村らが,全国の児童相談所に実施した調査では,保健・医療・福祉・心理・教育等の専門職のうち児童福祉司として任用されている者は59.5％であり,40.5％は一般行政職員・事務職員であった。2019(令和元)年度時点でも,保健・医療・福祉・心理・教育等の専門職が児童福祉司として任用されているケースは76.0％であり,専門性のある職員が十分に増加しているとはいえない。このような状況の中で,厚生労働省は全国共通の「子ども虐待対応の手引き(平成25年8月改正版)」を作成し,一定の質を確保して業務を行えるようにして

いる。しかし，高度な知識や対応を必要とされる児童福祉司の多くは経験年数が少なく，業務過多であり，専門的な教育・訓練が十分にされていない現状では，児童虐待に対応するのは困難であると考えられる。

　全国児童相談所長会が，2018（平成30）年度に実施した「児童相談所の実態に関する調査」の結果について詳細に分析したところ，①児童福祉司に関して3年未満の者が過半数となっている，②児童福祉司スーパーバイザーは，児童福祉司経験5年未満で任用されている者が約3割あった，③児童福祉司，保健師，弁護士，警察官の児童相談所への配置が増加しているが，**児童心理司**については非常に不足している状況にある，④児童虐待相談対応件数は激増しており，安全確認をはじめとして児童相談所の業務はますます多忙・過酷となっている反面，経験1年未満の児童福祉司や児童心理司の割合が高まっている，⑤児童福祉司が，休日でも携帯電話が気になって仕方がないほどストレスフルな仕事を行っているという5点が明らかとなった。[18]

　2017（平成25）年4月から，**要保護児童対策地域協議会**（要保護児童等の早期発見と適切な保護・支援を目的に市区町村が設置する組織）の担当調整部署において，専門職の配置と研修の受講が義務づけられることになった。しかしながら，2019（令和元）年の全国の市町村における担当者の状況は，専門資格を有しない者が全体の24.4％（1945人）[19]となっており，特に町村部でその割合が高い。実際に，児童相談所や要保護児童対策地域協議会の担当者が，専門職である場合と事務職員が担う場合があり，専門職でない担当者は知識や技術もないまま偶然に担当になっているため，孤立するリスクが高まってしまう。そのため，担当者自身の孤立を解消することも必要なのである。

　「子ども家庭福祉士（仮称）」が新たな資格として創設されるとしても，これから数年先である。その間に**子どもの最善の利益**と生命を擁護するのであれば，保育士や社会福祉士・精神保健福祉士等の専門職が，児童虐待防止に貢献できることを真剣に考え取り組む必要がある。

（2）児童虐待に対応する地域の課題

　児童虐待防止法第5条では学校，児童福祉施設，病院その他児童の福祉に業務上関係のある団体および学校の教職員，児童福祉施設の職員，医師，保健師，弁護士その他児童の福祉に職務上関係のある者の「児童虐待の早期発見」の努力義務が規定されている。さらに，児童福祉法第25条の2では要保護児童の適

切な保護又は要支援児童若しくは特定妊婦への適切な支援を図るため，地方公共団体による「要保護児童対策地域協議会」設置の努力義務が規定されている。

　児童福祉法第6条の3第8項において，**「要保護児童」**を「保護者のない児童又は保護者に監護させることが不適当であると認められる児童」と規定しており，①保護者が存在しない，②保護者の事情で養育できない，③保護者が不適切な養育をしている（虐待等），④非行等の状況が児童にあるなどの理由により，家庭での養育が困難な場合には，児童の健全な育成や生活を守るためにも，命や権利を守るためにも，該当児童を保護しなければならない。そのために，「児童虐待を受けている子ども等の要保護児童の早期発見や適切な保護を図るために，多数の関係機関がその子ども等に関する情報や考え方を共有し，適切な連携・協力体制を確保していくこと」を目的として，2004（平成16）年に児童福祉法が改正され，「要保護児童対策地域協議会を全国の自治体に設置することができる」と定められた。厚生労働省は，「要保護児童対策地域協議会」の設置について，次の7つの意義を提言し，要保護児童対策地域協議会の設置を促した。

1．要保護児童等を早期に発見することができる。
2．要保護児童等に対し，迅速に支援を開始することができる。
3．各関係機関等が連携を取り合うことで情報の共有化が図られる。
4．情報の共有化を通じて，それぞれの関係機関等の間で，それぞれの役割分担について共通の理解を得ることができる。
5．関係機関等の役割分担を通じて，それぞれの機関が責任をもって関わることのできる体制づくりができる。
6．情報の共有化を通じて，関係機関等が同一の認識の下に，役割分担しながら支援を行うため，支援を受ける家庭にとってより良い支援が受けられやすくなる。
7．関係機関等が分担をしあって個別の事例に関わることで，それぞれの機関の限界や大変さを分かち合うことができる。

　要保護児童対策地域協議会は，専門機関・施設の孤立や単独対応を防ぎ，機関・施設が連携して虐待問題に対応していくことができるブリッジング・ネットワーク（橋渡し型の協働関係）であるが，「過疎地域で子どもがほとんどいない」「協議会を開くための専門職や委員が確保できない」などの理由により，自治体間で要保護児童対策地域協議会の設置状況に格差が生じた。そのため2007（平成19）年の児童福祉法の改正では，要保護児童対策地域協議会の設置

を努力義務とし，これにより2019（平成31）年4月の全国市町村（1741か所）の設置状況割合は99.8％（1738か所）と設置が促進されている。しかしながら，これだけ児童虐待の増加が深刻な社会問題となっていても，設置率は100％となっていない。状況を改善するために，児童福祉に携わる機関・施設や専門職が行政に働きかけていかなければ，いつまで経っても事態は進展しない。また，構成メンバーが不足するのであれば，職能団体（弁護士会・保育士会・社会福祉士会・精神保健福祉士会など）や研究機関（大学・短大・専門学校など）が人材派遣の調整を担うなどの社会的貢献が必要となる。

（3）児童虐待に対応する新たな取り組みと課題

　児童虐待は生命や成長・発達の大きな影響を及ぼす。特に精神的虐待や性的虐待は，発見されにくくわかりづらい。とりわけ性的虐待は，子どもが一人で抱え込み，その成長や発達に大きな影を落とし，人生を転落させていくことにつながることも多い。だからこそ，早期発見・早期対応が必要になってくる。

　2020（令和2）年度に全国で発生した児童虐待のうち，暴行や傷害などの刑事事件として摘発されたケースが過去最多の2131件に上った。その背景には，国民の児童虐待への意識が高まって通告が増えたり，**警察**が積極的に事件として取り上げたりするようになったことも考えられるが，コロナ禍で家族の在宅時間が延びた影響や外出自粛などによるストレスや経済的な困窮など，虐待を引き起こす家庭のリスクが増していることも大きな原因であると指摘されている。そのため，「LINE」などのSNSを活用して，被虐待児童の見守りを始めている自治体もある。固定電話が減少しスマートフォン所有が増加する状況の中，貧困家庭の保護者とも連絡を取ることが可能となるとすれば，SNSの活用は非常に有効な安否確認手段になりうると考えられる。ただし，保護者によっては"未読スルー""既読スルー""連絡に応じない"などの問題が発生する可能性がある。もし，連絡が取れない場合は，子どもの安否を確認するためにも，警察等と連携しながら立ち入り調査を行うなどの対応が必要である。

　さらには，全国の各児童相談所では，年々増加する児童虐待の通告や相談に対応するとともに，個別対応や立ち入り調査などの業務も増加しているため，人工知能（AI）を活用し，電話の通話内容をリアルタイムで分析し，通話終了後には自動で内容を要約記録する，業務の負担軽減につながるシステムを導入した児童相談所の取り組みも始まっている。実際，増加するケースの電話相談

とその記録や報告書に多大な時間と労力が必要となり，児童福祉司や職員の業務過多や休職につながっている。AI の活用により，虐待相談に伴う事務業務が軽減し，子どもや保護者としっかり向き合うことに時間やエネルギーを活用できれば，支援のタイミングを逃すことによる深刻化に歯止めをかけられる可能性がある。しかし，AI に依存することによって，職員の知識や技術が低下することや，AI が誤って作動をした際の見極めや判断ができずに事件につながる危険性もある。

　そのようなリスクを防ぐためにも，**保育者やソーシャルワーカー等の専門職**が，常に関心をもち注意を払い，危機意識を高める努力を続けることが不可欠になると考えられる。

注

⑴　厚生労働省雇用均等・児童家庭局（2007）『子ども虐待対応の手引き』（http://www.mhlw.go.jp/bunya/kodomo/dv12/00.html　2021年10月 1 日閲覧）および厚生労働省（2022）「令和 3 年度 社会保障審議会児童部会社会的養育専門委員会 報告書」（https://www.mhlw.go.jp/content/11920000/000896223.pdf　2022年 2 月15日閲覧） 5 頁。

⑵　厚生労働省社会保障審議会児童部会児童虐待等要保護事例の検証に関する専門委員会（2020）「子ども虐待による死亡事例等の検証結果等について（第16次報告）」60頁。

⑶　⑵と同じ，55～56頁。

⑷　⑵と同じ， 1 頁。

⑸　世界保健機関（WHO）「Child maltreatment（2016年改訂）」（https://www.who.int/en/news-room/fact-sheets/detail/child-maltreatment　2021年10月 1 日閲覧）。

⑹　奥山眞紀子（2010）「マルトリートメント（子ども虐待）と子どものレジリエンス」『学術の動向』15（4），46～51頁。

⑺　立花直樹（2019）「子ども虐待の防止に向けた支援力を高める事例」西尾祐吾監修／立花直樹・安田誠人・波田埜英治編『保育者の協働性を高める子ども家庭支援・子育て支援』晃洋書房，241頁。

⑻　Maliken, A. C. & Katz, L. F.（2013）"Exploring the impact of parental psychopathology and emotion regulation on evidence-based parenting interventions : a transdiagnostic approach to improving treatment effectiveness," *Clinical Child and Family Psychology Review*, 16（2），pp. 173-186.

⑼　World Health Organization（2019）"mhGAP Intervention Guide - Version 2.0".

（https://www.who.int/publications/i/item/9789241549790　2021年10月 1 日閲覧）。

⑽　厚生労働省障害保健福祉部（2019）「ペアレントトレーニング」（https://www.mhlw.go.jp/stf/seisakunitsuite/bunya/hukushi_kaigo/shougaishahukushi/hattatsu/gaiyo.html　2021年10月 1 日閲覧）。

⑾　遠藤和佳子（2013）「ペアレント・トレーニング・プログラムに関する効果測定の試み」国立情報学研究所（NII）（https://kaken.nii.ac.jp/en/file/KAKENHI-PROJECT-23530788/23530788seika.pdf　2021年10月 1 日閲覧）。

⑿　坂野真理（2018）「最もエビデンスの高いペアトレプログラム，インクレディブル・イヤーズを始めます！」虹の森クリニック（https://ameblo.jp/sakanomari/entry-12405672622.html　2021年10月 1 日閲覧）。

⒀　Lundahl, B. et al.（2006）"A meta-analysis of parent training : Moderators and follow-up effects," *Clinical Psychology Review*, 26, pp. 86-104.

⒁　⑾と同じ。

⒂　Letarte, M. J. et al.（2010）"Effectiveness of a parent training program 'Incredible Years' in a child protection service," *Child Abuse & Neglect*, 34, pp. 253-261.

⒃　才村純研究代表（2013）『児童相談所の専門性の確保のあり方に関する研究（平成21年度研究報告書）』子どもの虹情報研究センター，2～3頁。

⒄　厚生労働省子ども家庭局家庭福祉課虐待防止対策推進室（2020）「虐待対応担当窓口の運営状況調査結果の概要」1頁。

⒅　川﨑二三彦（2020）「児童相談所における職員配置の実情」『児童相談所の実態に関する調査』全国児童相談所所長会，109, 1～2頁。

⒆　厚生労働省雇用均等・児童家庭局（2020）「要保護児童対策地域協議会の設置運営状況調査結果の概要」（https://www.mhlw.go.jp/content/11900000/000824852.pdf　2021年10月 1 日閲覧）6頁。

⒇　厚生労働省雇用均等・児童家庭局（2007）「要保護児童対策地域協議会とは」（https://www.mhlw.go.jp/bunya/kodomo/dv11/05-01.html　2021年10月 1 日閲覧）。

㉑　立花直樹（2018）「児童虐待と子ども育成支援」伊藤良高・牧田満知子・立花直樹編『子どもの豊かな育ちを支えるソーシャル・キャピタル』ミネルヴァ書房，127～128頁。

㉒　厚生労働省子ども家庭局家庭福祉課虐待防止対策推進室（2020）「要保護児童対策地域協議会の設置運営状況調査結果の概要」1頁。

㉓　読売新聞（2021）「児童虐待最多　見守りの方法に工夫が必要だ」（2021年 2 月14日）。

㉔　東京都江戸川区（2021）「2021年（令和 3 年） 9 月 3 日　通話音声分析・モニタリングシステムの運用を区児童相談所で試行的に開始」（https://www.city.

edogawa.tokyo.jp/e004/kuseijoho/kohokocho/press/2021/09/0903-4.html　2021 年 10 月 1 日閲覧）。

参考文献

伊藤嘉余子・澁谷昌史編（2017）『子ども家庭福祉』ミネルヴァ書房。

立花直樹・波田埜英治・安田誠人編（2019）『保育者の協働性を高める子ども家庭福祉・子育て支援』晃洋書房。

学習課題

① 児童虐待を防止・減少させるために実践しているペアレント・トレーニングには，どのような種類があるだろう。それぞれの特徴や強みや弱みを調べてみよう。

② 専門職として，児童虐待を防止・減少するために，具体的にどのような取り組みが必要か考えてみよう。

コラム 1　LINE を活用した児童相談所の見守り

新型コロナウイルス感染症の感染拡大の状況の中，児童虐待の疑いや問題のある家庭への訪問を拒まれるケースが目立っており，全国的に子どもの安否の見守りに工夫が必要な状況となっている。

2020 年 9 月に埼玉県美里町で生後 3 か月の女児が衰弱死した事件では，近隣住民からは「大きな泣き声がする」との通報が寄せられていた。町役場の担当者は，両親に 30 回以上，電話で連絡を試みたが，感染への懸念などを理由に訪問を拒否されていた。

家庭訪問が困難になっている状況を踏まえ，全国の児童相談所のいくつかは，親に電話をかけて子どもに代わってもらい，安全が危ぶまれる場合には，直接会いに行くといった運用をしているケースもある。その中で，2018 年 11 月から東京都では，子どもや保護者からの無料通信アプリ「LINE」による相談受付を始め，東京都江戸川区の児童相談所では，「LINE」のビデオ機能を使い，親や子どもと話しながら様子を見守る取り組みを進めた。茨城県古河市など他の自治体にも広がりを見せている。

相談や対応の選択肢が広がることは，虐待へ移行させないという抑止効果に意味はある。しかし，周囲との信頼関係がなく，自ら相談をしない保護者に対しては，アウトリートや SNS を通じた情報提供なども重要なカギを握る。

参考：読売新聞「児童虐待最多　見守りの方法に工夫が必要だ」（2021 年 2 月 14 日）。

⟞⟞⟞ コラム2　児童相談所で AI を活用し電話対応を効率化 ⟞⟞⟞

　全国の各児童相談所では，年々増加する児童虐待の通告や相談に対応するとともに，個別対応や立ち入り調査などの業務も増加している。さらには，増加するケースの電話相談とその記録や報告書に多大な時間と労力を割き，児童福祉司や職員の業務過多や休職につながっている。児童虐待を防止するために，児童福祉司や職員を増員して職務に当たっているが，知識・技術や経験が乏しく，一定水準の力量を修得するまで年数を要することも大きな課題となっている。

　東京都江戸川区の児童相談所では，児童虐待の通告や保護者からの相談など，1日300件ほど寄せられる電話への対応力の強化や記録作成の効率化を目的に，人工知能（AI）を活用し，電話の通話内容をリアルタイムで分析するシステムを導入した。

　システムを使うことで，通話音声がリアルタイムで画面に文字で表示され，対応が難しいケースでは上司が近くで助言でき，AIが通話内容を分析して参照すべきマニュアルや情報を画面上に示してくれる。また，「虐待」や「リストカット」など一定の注意が必要なキーワードが発言されると，アラームが表示され，通話内容や音声から「イライラしている」「混乱している」等の相談相手の感情を判定できる。さらに，通話終了後に自動で内容が要約記録されるため，業務の負担軽減につながる。

　2021年9月から対応する端末機を10台設置して試行的に運用を始め，2022年1月からは端末機を100台に増やして本格運用することになった。

　AI の活用で虐待相談に伴う事務業務が軽減し，子どもや保護者としっかり向き合うことに時間やエネルギーを活用できれば，支援のタイミングを逃すことによる深刻化に歯止めをかけられる可能性がある。

　児童虐待対応には，知識・技術・価値観（判断基準）といった専門性が必要であり，質を高めていくことや高い専門性のある職員を増やしていくことが求められる。AI やOA 化により，ルーティン業務や専門業務の補助が可能となれば，児童福祉司のバーンアウトを防ぎ，援助の質を高めていくことにつながる。

　参考：読売新聞「『虐待』『警察』の言葉に反応，赤い文字で警告点滅…児相が電話対応に AI 活用」（2021年10月13日）。

第14章

DV の防止と対策

本章では，大切なパートナーの人権を蹂躙し，"子どもの最善の利益"を踏みにじる社会問題である "DV" とは何かを定義したうえで，その原因や対応の課題を明らかにする。また "モラル・ハラスメント" とは何かを定義したうえで，防止対策の現状と課題を浮き彫りにし，それらの対応について，防止プログラムや地域における専門職の協働，さらには日本社会の新たな取り組みや事例を通して「保育者として何をすべきか」「ソーシャルワーカー（社会福祉士や精神保健福祉士）としてどう取り組むべきか」について検討することとする。

1 DV（ドメスティック・バイオレンス）とは

（1）DV の定義

近年，日本において DV（domestic violence）（パートナー間暴力＝配偶者や恋人など親密な関係にある，またはあった者から振るわれる暴力）が問題となっており，2001（平成13）年に「配偶者からの暴力の防止及び被害者の保護等に関する法律」（DV 防止法）が施行され，第 1 条では配偶者（婚姻の届出をしていないが事実上婚姻関係と同様の事情にある者を含む）からの暴力とは，配偶者からの身体に対する暴力，またはこれに準ずる心身に有害な影響を及ぼす言動をいい，配偶者からの身体に対する暴力等を受けた後に，その者が離婚（婚姻の届出をしていないが事実上婚姻関係と同様の事情にあった者が，事実上離婚したと同様の事情に入ることを含む）をし，またはその婚姻が取り消された場合にあっては，当該配偶者であった者から引き続き受ける身体に対する暴力等を含むものと定義されている。内閣府では，①身体的 DV，②精神的 DV，③性的 DV の 3 つを DV として定義している。ただし近年は，④経済的 DV，⑤社会関係の DV，⑥デジタル DV なども新たに定義されている（表 14-1）。

表14-1　DV の分類と内容

身体的 DV	殴ったり蹴ったりするなど，直接何らかの有形力を行使する 【具体例：平手でうつ，殴る，蹴る，叩く，凶器を身体に突き付ける，髪をひっぱる，腕を捻じる，引きずり回す，物を投げる，首を絞める　など】
精神的 DV （心理的 DV）	心無い言動等により，相手の心を傷つける 【具体例：大声で怒鳴る，実家や友人と付き合うのを制限する，電話や手紙を細かくチェックする，無視，人の前でバカする，大切な物を壊したり捨てたりする，外で働くことを禁止したり仕事を辞めさせたりする，子どもに危害を加えると言って脅す，殴る素振りや物を投げるふりをする，命令する　など】
性的 DV	無理に性的行為や中絶などを強要する，避妊に協力しない 【具体例：ポルノビデオやポルノ雑誌を無理にみせる，性行為を強要する，中絶を強要する，避妊に協力しないなど】
経済的 DV	経済的な制限を掛けたりコントロールしたりしようとする 【具体例：生活費や給付金を渡さない，ギャンブルや趣味で生活費を使い込む，外で働くことを禁止する，仕事を辞めさせる，クレジットカードを止める，レシートをチェックしお金の使い方を細かくなじる，教育費用などを「払わない」と脅す，「誰に生活させてもらっていると思っているんだ」などと言う　など】
社会関係 DV	社会的な関係や交流を認めない 【具体例：親やきょうだいとの付き合いを制限する，友人や知人との電話やメールを禁止する，趣味や習い事を禁止する，外出を禁止する　など】
デジタル DV	デジタル機器や SNS を用いて束縛する 【具体例：GPS 機能を使い居場所を管理する，すぐに電話に出なかったり SNS に反応しなかったりすると激昂する，携帯やパソコンの履歴をチェックする　など】

出所：内閣府男女共同参画局「ドメスティック・バイオレンス（DV）とは」（https://www.gender.go.jp/policy/no_violence/e-vaw/dv/02.html　2021年10月1日閲覧）および三重県男女共同参画センター「DV（ドメスティック・バイオレンス）とは」（https://www.center-mie.or.jp/frente/data/zemi/detail/750　2021年10月1日閲覧）を参照し筆者作成。

（2）DV の発生要因

　DV とは，自分自身と相手が心理的に過剰に依存しており，その人間関係に囚われている関係であり，客観的に関係性や状態を把握できなくなっている，「**共依存の関係**（支配─被支配の関係）」といわれている。

　DV には，「**爆発期**」「**ハネムーン期（開放期）**」「**緊張形成期（イライラ期）**」のサイクルがあり，何度も繰り返されるといわれている。爆発期に激しい暴言や暴力を受けても，ハネムーン期には謝罪されたりプレゼントを渡されたりして「あなたしかいない。愛している」等と優しくなるため，被害者は「やっぱり私が何とかしてあげなくては……」「今度こそ暴力がなくなる」「相手を信じよう」と期待する。しかし，加害者はしばらくすると緊張形成期に入りイライ

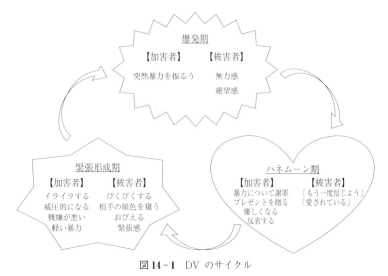

図14-1　DV のサイクル

出所：沼田市「DV のサイクル」（https://www.city.numata.gunma.jp/life/soudan/1010123.html　2021年10月1日閲覧）。

ラし軽い暴言や暴力が出現し，フラストレーションが溜まると再び爆発をして酷い暴言を浴びせたり暴力を振るう。このサイクルが何度も繰り返されエスカレートしていくことで，逃げる機会や自尊心を失い，支配—被支配の関係が強くなり，DV サイクルから抜け出せなくなってしまう（図14-1）。

2　DV 件数の推移と現状

（1）DV の増加

著増し，深刻化する DV に対応するため，2001（平成13）年から施行されたDV 防止法の第3条で，DV の防止と適切な保護や相談援助を行う専門機関として，都道府県に「**配偶者暴力相談支援センター**」を設置する義務が課された。また DV の相談件数が減少しない状況と身近な相談機関の設置の必要性に鑑み，2007（平成19）年からは市町村にも「配偶者暴力相談支援センター」を設置する努力義務が課された。内閣府が統計を取り始めて以降，全国の配偶者暴力相談支援センターにおける DV 相談対応件数は年々増加傾向にあり，2002（平成14）年度の1年間で3万5943件であったものが，2019（令和元）年度の1年間で11万9276件となり（図14-2），17年間で約3.3倍に著増している。[1]　1年

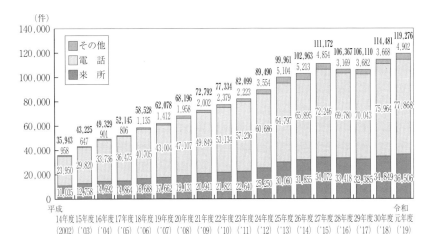

図 14-2　全国の配偶者暴力相談支援センターにおける DV 相談対応件数の推移

出所：内閣府男女共同参画局（2021）「配偶者暴力相談支援センターにおける相談件数等（令和元年度
　　　分）」1 頁。

間で11万9276件の DV 相談を単純計算すると，１時間当たり13.62人（約４分
24秒に１人のペース）の DV 相談が寄せられているということになる。このよ
うな DV 相談対応件数増加の背景として，「DV」に対する社会の認識が広
がったり，DV 防止法で規定された「国民の**通報義務**」（配偶者からの暴力を受
けている者を発見した者が，配偶者暴力相談支援センターや警察に通報する努力義務）
が徐々に浸透したりしてきたことも原因であるといわれている。また，2020
（令和２）年度の１年間の DV 相談対応件数は，19万30件に激増した[(2)]。2020（令
和２）年からのコロナ禍において，失業や収入減少，外出自粛や家族で過ごす
時間の過度な増加等により，ストレスが溜まり，DV の増加に拍車をかけてい
るともいわれている。さらには，「給付金を渡してもらえない」といった金銭
に関する相談も増加し，DV サイクルの中で**マインド・コントロール**され「被
害を認識していない場合も多い[(3)]」という指摘もある。しかし，発生している
DV 事件や問題のすべてに配偶者暴力相談支援センターが関わっていたわけで
はなく，未認知のケースもある。また，相談のない軽微な DV であれば，配
偶者暴力相談支援センターが把握できていないケースも多数あると考えられる。
19万30件というのはあくまでも，全国の配偶者暴力相談支援センターが把握し
ている数であり，実際には相談件数の２～３倍程度の DV 件数がある可能性

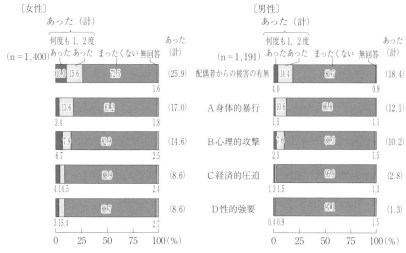

図14-3　配偶者からの DV 被害経験の有無（性別）

出所：内閣府男女共同参画局（2021）「男女間における暴力に関する調査報告書」26頁。

が高いと専門家の間でいわれている。内閣府が全国の20歳以上の男女5000人を対象に調査したところ，全体の22.5％がパートナーからの１回以上の DV 被害を経験していた。また厚生労働省の発表によると，2020（令和２）年中の婚姻数は52万5490組であり，うち22.5％で DV が発生しているとすれば11万8235組が DV 関係にあるといえる。これは１年間で婚姻した数での試算であり，もし婚姻総数にあてはめれば莫大な数の DV が発生していることになる。

（2）DV の被害状況

前述の内閣府が実施した調査では，「配偶者からの暴力の被害経験」については全体の22.5％の人が「あった」と答えた。この結果を男女別に見ると，女性は「被害にあった」が25.9％（「何度もあった」が10.3％，「１～２度あった」が15.6％）で約４人に１人が，男性は「被害にあった」が18.4％（「何度もあった」が4.0％，「１～２度あった」が14.4％）で約5.5人に１人が被害経験者となっており，女性の方が被害経験者の割合が高くなっていた（図14-3）。男女とも被害者となる割合が年々増加している。

内閣府によると，2019（令和元）年度の「配偶者からの犯罪被害事件」については，総数7784件（殺人158件，傷害2639件，暴行4987件）となっており，年々

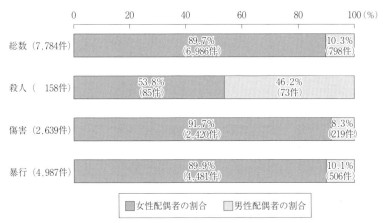

図 14-4　配偶者間（内縁を含む）における犯罪被害者の割合（令和元年・検挙件数）

出所：内閣府（2021）「配偶者暴力相談支援センターの相談件数（令和元年度）」17頁。

増加している（図 14-4）。どの犯罪被害も女性の方が多いが，男性が被害者となる割合が年々増加している。

3　DV を防ぐ手立て

（1）児童虐待と DV の関係性

　児童虐待と DV には，密接な関わりがあるといわれてきた。

　2019（令和元）年度に，配偶者暴力相談支援センターへの DV 相談者で「18歳未満の子どもがいる」と答えた 3 万7044人のうち，「子どもに対する虐待はない」と答えたのは5028人（13.57％）に過ぎなかった[(8)]。つまり，多くの子どものいる DV 相談者のケースで，同時に児童虐待が発生している可能性が高いのである。

　実際に子どもの眼前で DV が起きる場合，①子どもが DV 加害者から直接暴力を受ける事例（DV を受けている人は，加害者に対する恐怖心から判断や感情が麻痺してしまい，虐待が起こっても制止できなくなる），②子どもの面前で DV が行われる事例（子どもの前で DV が行われることは，子どもが恐怖心を抱いたり自らの存在を否定したりすることを引き起こす：心理的虐待），③子どもが DV 被害者から虐待を受ける事例（継続して DV を受けていると，感情がなくなり，加害者から言われるままに，子どもを虐待する），④子どもが加害者と DV 被害者双方から虐待

を受ける事例（DV を受けていると，加害者に対する恐怖心から逆らうことができなくなり，一緒になって子どもを虐待する），⑤加害者が DV 被害者と子どもの関係を壊す事例（加害者が被害者の悪口を子どもに言い続けることで，子どもが被害者を軽んじるようになり，被害者と子どもとの関係が壊れる）といった子どもへの多大な不利益が発生する。[9]

　2019（令和元）年の「児童虐待防止対策の強化を図るための児童福祉法等の一部を改正する法律」により，**子どもの権利擁護**に関し，親権者等による体罰の禁止を法定化すること，**児童相談所**の体制強化に関し，躊躇なく一時保護に踏み切れるよう「介入」担当者と「保護者支援」担当者を分離すること，関係機関間の連携強化に関し，DV 対策と連携すること等の措置が講じられた。[10]

（2）DV 防止プログラムの現状

　DV を防止する方法として，DV を未然に防ぐ防止プログラムの開発が急がれる。しかし，一部の自治体や NPO 団体等が「デート DV 防止プログラム」等の研修を実施しているが，全国での取り組みとしては十分に普及できていない。アメリカやオーストラリアなどでは，幼少期からの DV 被害に遭わないための防止教育プログラムが実施されており，自然と自らの存在や権利を擁護したり，他人の権利や存在を尊重したりすることが修得できる状況である。

　DV の相談件数が年々増加し年間12万件にもなっている状況に鑑みれば，幼少期からの **DV 防止プログラム**の導入を真剣に考える時期に来ている。

　また，DV を防止する方法として，DV の一歩手前の**モラル・ハラスメント**（以下，モラハラ）の段階で阻止するという考えもある。ただし，DV やモラハラの被害者が，自ら被害に遭っているという認識をもつことが重要である。DV やモラハラのサイクルの中で心理的にコントロールされている状況では，モラハラを阻止しようとしても効果はない。

　具体的に，どのような状況が DV やモラハラなのかを，幼少期から，学校教育や社会教育等の場で学ぶ機会を増やしていく必要もある。日本の教育現場で DV について取り上げない理由として，「子どもの家庭で DV があることに気づけば子どもが混乱したり精神的に辛くなったりする」ということもいわれるが，DV 自体が「心理的虐待」なのであるから，**子どもの最善の利益**を鑑みれば，DV 家庭が不適切な養育環境であることを自覚することがまず重要だろう。それにより，子どもから相談をしてくる契機にもなる可能性がある。

　しかし，モラハラには統一した基準がない。具体的にモラハラとは何かを明らかにし，国際的な基準を参照し，国全体として共通のガイドラインを作成していくことが必要である。今後，**保育者やソーシャルワーカー**として，どのように対応していくべきか考え，この問題にしっかりと向き合うべきであろう。

　さらには同時に，DV を起こしてしまった加害者がそれ以上 DV をエスカレートさせないための取り組みも非常に重要である。加害者更生プログラムは，配偶者からの暴力の被害者のみならず，「面前 DV」等の虐待を受けている被害者の子どもの安全・安心の確保につながる支援策の一つとして，活用が期待されている。「**第5次男女共同参画基本計画**」においては，「被害者支援の一環として，加害者の暴力を抑止するための地域社会内でのプログラムについて，試行実施を進め，地方公共団体において民間団体と連携して更生プログラムを実施するためのガイドラインの策定など本格実施に向けた検討を行う」こととされている。また有識者等による事業検討委員会によると，従来は「加害者教育は効果がない」という見方が根強かったが，国は加害者対応に踏み切った。この背景には，相手と別れることを望まない被害者や別れたいと思っても別れられなかった被害者が3〜4割であることや，実施した加害者に対する更生プログラムでは参加した加害者の意識や行動が変容する効果が明らかとなったことがある。DV による刑事事件が年間8000件も発生している状況に鑑みれば，加害者に対する DV 防止プログラムの導入を真剣に考える時期に来ている。

　今後，保育者やソーシャルワーカーは，DV を未然に防ぐ視点と，発生している DV を事件化させない視点の両方をもつことが重要だと考えられる。

4　DV 対策の課題

（1）DV に対応する専門職の課題

　現在，DV に関して主に相談を受けるのは，配偶者暴力相談支援センター（都道府県が設置），**女性センター**（男女共同参画センター：都道府県や市町村が設置），**婦人相談所**（都道府県が設置）等の相談機関である（表14-2）。内閣府の調査によると，主に相談を受けているケースワーカー，面接相談員，電話相談員はいずれも半数以上が3年以下の経験しかなく，多くのボランティアが面接相談や電話相談を担っている現状が明らかとなった。経験が少なく専門性の低い状況で，各専門機関との連絡・調整を行っているのが実態であり，適切な業務や対

表 14-2　DV 被害に対する相談支援機関

相談支援機関	業務内容	法的根拠／数
配偶者暴力相談支援センター （内閣府の管轄）	都道府県には設置義務・市町村にも設置の努力義務がある １．相談や相談機関の紹介 ２．カウンセリング ３．被害者及び同伴者の緊急時における安全の確保及び一時保護 ４．自立して生活することを促進するための情報提供その他の援助 ５．被害者を居住させ保護する施設の利用についての情報提供その他の援助 ６．保護命令制度の利用についての情報提供その他の援助	【設置・運営根拠】 DV 防止法第３条 292か所
女性センター 男女共同参画センター （内閣府の管轄） ＊自治体により呼称が異なる	都道府県，市区町村等が自主的に設置している女性のための総合施設 １．女性が抱える問題全般の情報提供，相談，研究 ２．DV 被害者及び同伴者の緊急時における安全確保及び一時保護	【設置・運営根拠】 各都道府県や市区町村の条例など 355か所
婦人相談所 （厚生労働省の管轄）	各都道府県に設置義務がある １．売春を行うおそれのある女子の相談，指導 ２．売春を行うおそれのある女子の一時保護等を行う ３．DV 被害者の相談援助 ４．DV 被害者及び同伴者の緊急時における安全確保及び一時保護	【設置・運営根拠】 売春防止法第34条 【運営根拠】 DV 防止法第５条 51か所 ＊分室含む

出所：内閣府男女共同参画局（2020）「相談機関一覧」（https://www.gender.go.jp/policy/no_violence/e-vaw/soudankikan/index.html　2021年10月１日閲覧）。

応ができているのか疑問があった。年々，相談機関の数は増加しているが，それ以上に DV 相談数も急増しており，相談員の業務負担が大きいことが問題となっている。

　また，それだけでなく，支援機関における相談受理時に，地域偏差や担当者の経験に左右されず必要な支援を誰もが受けられるよう，その前提として，身体的暴力，精神的暴力等を評価する危険度判定を行う統一のツール（指標）が完成していないことも課題として指摘できる。DV の相談時に，知識・技術や経験のある相談員に当たれば適切な援助や支援がなされるが，そうでなければ

十分な対応がなされない状況がある。全国で統一した**アセスメントツール**の作成が早急に必要である。そのうえで，共通の支援を行った状況や結果をエビデンス（証拠・根拠）として積み重ねるためのデータベースを構築し，効果的な手法を明らかにしていくことも同時に行われる必要がある。

（2）DV に対応する地域機関の課題

　2016（平成28）年の児童福祉法改正や母子保健法改正，また地域のつながりの希薄化等により，妊産婦・母親の孤立感や負担感が高まっている。子どもとその家庭および妊産婦等を対象に，実情の把握，子ども等に関する相談全般から通所・在宅支援を中心としたより専門的な相談対応や必要な調査，訪問等による継続的なソーシャルワーク業務までを行う機能を担う拠点として関係機関と連携し，妊娠期から子育て期まで**切れ目ない支援**を実施するため，2017（平成29）年から地域拠点となる**子ども家庭総合支援拠点**を，2019（令和元）年から中核機関となる**母子健康包括支援センター**（以下，通称の**子育て世代包括支援センター**）を設置する努力義務が市町村に課せられた。乳児期に虐待の死亡事件や虐待の原因となる兆候が起こりやすく，DV 等の家庭問題にも対応するため，子育て世代包括支援センターや子ども家庭総合支援拠点の保健師や社会福祉士等が関わりニーズに応じた連携や調整を図ることで，「母子保健サービス」と「子育て支援サービス」等の関係機関や施設が一体的かつ総合的にきめ細かな相談支援等を行う総合相談・支援拠点ができたのである。しかし，2019（平成31）年4月現在，子ども家庭総合支援拠点の設置状況は，全国1741市町村のうち283市町村（16.3%）で計332か所，子育て世代包括支援センター等の設置状況は，2020（令和2）年現在全国1741市町村のうち552市町村（16.3%）で計1106か所しかない。複数のセンターや拠点を設置している自治体もあれば，まったく設置のない自治体もあり，自治体間の意識格差を生じさせる状況であった。つまり，居住地域の格差を解消するために，努力義務ではなく完全に設置を義務づける必要があっただろう。生まれ育つ場所によって，児童に不公平が生じるのであれば，子どもの最善の利益とはいえない。

（3）DV を防止するための一時保護の課題

　DV 防止法の第6条では，被害者の保護について規定されている。図14-4でみたように年間7000件以上の刑事事件（殺人158件，傷害2639件，暴行4987件）

が発生している状況では，生命の安全確保のための身柄保護が重要になる。

　1957（昭和32）年から**売春防止法**に基づき**要保護女子**の一時保護（当初は売春被害が多数）が開始され，2002（平成14）から DV 防止法に基づき暴力被害女性および同伴家族の一時保護が開始された。2004（平成16）年からは「人身取引対策行動計画」を踏まえた人身取引被害者の一時保護が開始された。さらには，2011（平成23）年から「第3次男女共同参画基本計画」を踏まえた恋人からの暴力の被害者の一時保護および妊産婦の一時保護が開始され，2016（平成28）年から「ストーカー総合対策」や「第4次男女共同参画基本計画」を踏まえたストーカー行為や性暴力・性犯罪の被害女性の一時保護が開始された[19]。

　婦人相談所による一時保護者数は2009（平成21）年度までは年々増加していたが，2010（平成22）年度からは減少に転じ，2019（令和元）年度には過去最少の7555名（家族と女性を合わせて）の一時保護となった[20]（図14-5）。

　年々 DV の相談件数は増加しているのに，なぜ一時保護者数は減少しているのだろうか。その原因としては，①一時保護施設等では携帯電話の通信機器の使用制限がある（居場所を特定されないため），②民間の一時保護委託契約施設に保護を求めても，一度婦人相談所への来所が不可欠となっている（手続きに時間がかかる），③身体的 DV のケースにしか対応できない（柔軟な対応が難しい），④一時保護施設の機能について，広く周知する（周知不足）[21]等が挙げられる。実際，配偶者暴力相談支援センター（婦人相談所）では，一時保護の検討に際し，身体的暴力のみを緊急性の判断材料とする例が多く，また年齢・国籍・障がい・疾病等の属性があることによる集団生活への適応困難，現金（貯金）がある場合は自力での避難可能，加害者が逮捕・拘束されていると危険性がない等の理由で，一時保護されないケースがある[22]。年々 DV が増加し社会的問題となりながら，法律や制度，行政の仕組みに制限を受け，多くの事件が発生している現状を早急に改善する必要がある。

　2001（平成13）年に制定された DV 防止法が施行されて以来，プライバシー保持の観点から公的機関の介入を最小限にするため，通報などの対象は身体的暴力に限定されてきた。そのため，精神的 DV や性的 DV などが理由では，通報があっても行政や**警察**は対応できず，甚大な被害があったとしても，一時保護ができない状況にあった。

　2021（令和3）年3月に，内閣府の専門調査会は，DV 通報や保護命令の対象を身体的暴力に限らず，精神的 DV，性的 DV，経済的 DV も含めるよう求

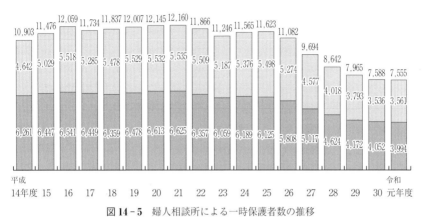

図 14 − 5　婦人相談所による一時保護者数の推移

出所：厚生労働省（2021）「婦人保護事業の全体概要（令和元度版）」(https://www.mhlw.go.jp/content/000833265.pdf　2021年10月1日閲覧）26頁。

める報告書をまとめた。これを受け内閣府は，DV 防止法改正の作業に着手することになった。DV 防止法を改正して，身体的 DV に限らず，精神的 DV や性的 DV にも保護命令が適応され，一時保護や生命を守る対応がなされなければ，いつもまで経っても DV 事件は収まらないままである。

　2010（平成22）年をピークにして年々日本の人口は減少しており，経済・各種店舗や医療・福祉などの社会システムを維持していくためには，海外からの労働者（在留外国人）の人々に頼らざるを得ない状況がある。世界の国や地域によっては，いまだに男尊女卑や男性上位の価値観や文化があたりまえの国もあり，様々な国の人々が日本に流入し，日本の社会システムを支えている。そのような国や地域の人が結婚し子どもが生まれれば，日本の保育所・幼稚園・認定こども園，学校や施設，専門機関やサービス等を利用することになる。DV は日本人のみにとどまらず，在留外国人に波及し，保育者やソーシャルワーカーは国際的な支援や対応が必要になるなど，ますます DV の問題に直面する機会が増加すると考えられる。このような状況の中，保育者やソーシャルワーカーは，児童問題の対応や支援だけでなく，子どものよりよい成長や発達に鑑みて，その生活基盤や環境となる家庭や家族の課題解決に働きかけることも重要である。眼前の子どもだけでなく，今後は保護者自身の課題や家庭の

問題にも，積極的に支援を検討していく必要があるだろう。

注

⑴　内閣府男女共同参画局（2021）「配偶者暴力相談支援センターにおける相談件数等（令和元年度分）」1頁。

⑵　共同通信（2021）「コロナ禍 DV 相談，過去最多：20年度19万件，1.6倍に」（https://nordot.app/768403530707779584?c=39546741839462401　2021年10月1日閲覧）。

⑶　日本経済新聞（2021）「DV 相談件数，過去最多に：男女間の賃金格差も一因」（2021年6月14日）。

⑷　内閣府男女共同参画局（2021）「男女間における暴力に関する調査報告書」25頁。

⑸　厚生労働省（2021）「令和2年（2020）人口動態統計月報年計（概数）の概況：結果の概要」（https://www.mhlw.go.jp/toukei/saikin/hw/jinkou/geppo/nengai20/　2021年10月1日閲覧）2頁。

⑹　⑷と同じ，26頁。

⑺　内閣府（2021）「配偶者暴力相談支援センターの相談件数（令和元年度）」17頁。

⑻　⑺と同じ，4頁。

⑼　内閣府大臣官房政府広報室「DV と児童虐待の関係」（https://www.gov-online.go.jp/cam/no_dvca/kankei/　2021年10月1日閲覧）。

⑽　厚生労働省社会保障審議会児童部会児童虐待等要保護事例の検証に関する専門委員会（2020）「子ども虐待による死亡事例等の検証結果等について（第16次報告）」1頁。

⑾　内閣府男女共同参画局（2016）「『配偶者等に対する暴力の加害者更生に係る実態調査研究事業』報告書」47～48頁。

⑿　内閣府男女共同参画局（2020）「第5次男女共同参画基本計画〜すべての女性が輝く令和の社会へ〜（令和2年12月25日閣議決定）」（https://www.gender.go.jp/about_danjo/basic_plans/5th/index.html　2021年10月1日閲覧）。

⒀　有識者等による事業検討委員会（2021）「令和2年度配偶者暴力に係る加害者プログラムに関する調査研究事業報告書」18～19頁。

⒁　社団法人新情報センター（2004）「配偶者等からの暴力に係る相談員等の支援者に関する実態調査の概要」15～21頁。

⒂　内閣府男女共同参画局（2020）「『DV 等の被害者のための民間シェルター等に対する支援の在り方に関する検討会』による報告書」（https://www.gender.go.jp/kaigi/kento/shelter/siryo/pdf/honbun.pdf　2021年10月1日閲覧）8頁。

⒃　厚生労働省雇用均等・児童家庭局（2017）「市区町村子ども家庭総合支援拠点の

設置運営等について」。

⒄　厚生労働省子ども家庭局家庭福祉課虐待防止対策推進室（2020）「虐待対応担当窓口の運営状況調査結果の概要」17頁。

⒅　厚生労働省子ども家庭局（2018）「市町村・都道府県における子ども家庭総合支援体制の整備に関する取組状況について（追加資料）」3頁。

⒆　厚生労働省（2020）「婦人保護事業」（https://www.mhlw.go.jp/content/000770062.pdf　2021年10月1日閲覧）103頁。

⒇　厚生労働省（2021）「婦人保護事業の全体概要（令和元度版）」（https://www.mhlw.go.jp/content/000833265.pdf　2021年10月1日閲覧）26頁。

(21)　⒇と同じ，5〜6頁。

(22)　⒂と同じ，6頁。

(23)　共同通信（2021）「精神的，性的暴力も通報対象に：内閣府 DV 防止法改正へ」（https://nordot.app/744909154407088128?c=39546741839462401　2021年10月1日閲覧）。

参考文献

橋本真紀・鶴宏史編（2021）『よくわかる子ども家庭支援論』ミネルヴァ書房。

吉田幸恵・山縣文治編（2019）『新版 よくわかる子ども家庭福祉』ミネルヴァ書房。

学習課題

①　専門職として，DV 相談に対応したり DV を防止したりするために，具体的にどのような相談窓口がありますか。あなたの居住している都道府県での相談窓口について具体的に調べてみよう。

②　専門職として，DV を早期に発見し早期に対応するために，具体的にどのような視点が必要か考えてみよう。

〜〜〜〜〜〜 **コラム1　公立中学校で"デート DV 防止講座"を開催** 〜〜〜〜〜〜

　京都府舞鶴市の市立中学校で，市主催の「デート DV（恋人間で起きる暴力）防止講座」が開かれた。NPO 法人女性と子ども支援センターウィメンズネット・こうべから講師を招き，生徒が参加した寸劇を交え，「恋人を友達関係に置き換えてもいい。対等で自立した関係を築くことが大切」と呼びかけた。

　講師は，結婚したことのある人へ内閣府が2017年度に行った調査結果を紹介し，「女性は3人に1人，男性は5人に1人が DV（家庭内暴力）の被害を受けている。DV は個人的な問題ではなく，社会全体で考えないといけない問題」と切り出した。

　デート DV については，「あなたが怖いと思えばすべて暴力」であり，体や心への暴力だけでなく，「メールを送信したら何秒以内に返信しないといけない」と細かい約束を強制するなど相手を支配することもデート DV に入ると指摘した。DV の背景には「男女格差」があり，世界経済フォーラムの「ジェンダーギャップ指数」によると，日本は世界153か国中121位であった。

　さらに，「もし，あなたがデート DV を受けたら」と生徒に問いかけ，「暴力はあなたのせいではない。暴力を振るう人はあなたを大事にしていない。嫌なことには"NO！"と言おう。一人で悩まないで，必ず信頼できる大人に相談しよう」と呼びかけた。また，「別れる時は暴力がひどくなる時が多いので注意してほしい」と語り，「『別れたら死ぬ』と言うのは暴力，別れる時に相手の合意はいらない」と述べた。

　長年の風習や意識を変化させていくためには，幼児教育や学校教育はもちろんのこと，家庭教育に加え，社会教育や社会啓発活動を複層的に行っていくことが重要である。

　参考：毎日新聞「デート DV 防止講座 "対等で自立した関係を" 舞鶴市立中学校／京都」（2020年11月8日）。

コラム2　DV加害者更生プログラムの受講が人生転機のカギを握る

　東京都調布市で，DV 加害者更生プログラムとしてリエゾンちょうふがグループワークを行っている。専任の心理カウンセラーが2011年から，男性向けのグループワークと，夫と妻それぞれに個人面談を実施している。これまでに11組の夫婦が関係を修復したという。

　都内の40代の夫婦は，離婚を前提に家庭内別居をしていた7年前から，リエゾンちょうふに通っている。夫は交際中から，妻の交友関係を束縛したり，人格を否定するような暴言を吐いたりしていた。今は妻を見下すような言動はなくなり，イライラしても穏やかに話せるようになった。「夫を支えるのが妻の役割」と考えていた妻は，自分の意見を主張するようになり，「コロナ禍の外出自粛期間中も楽しく過ごすことができた」と話す。

　妻子と離婚した40歳の男性は，両親が怒鳴り合う姿を見て育ち，「家族には怒鳴ってもいい」と思っていた。4年前からリエゾンちょうふに通い，男性優位の考え方をしていたことや，妻を怖がらせていたことに気づいた。

　日本の DV 対策は，全国の自治体に292か所ある配偶者暴力相談支援センターへ被害

者からの相談を促し，避難させることが中心だった。だが，相談してもシェルターに保護されなかったり，別居したりしなければ，家にとどまるしかない。警察は以前より積極的になったが，加害者からの仕返しをおそれる被害者は通報をためらう。被害者を避難させるだけの対策を見直し，実効性を高めようと，内閣府は今，DV 防止法の改正に向けて，民間で先行する加害者更生プログラムを導入しようとしている。内閣府の有識者会議の委員を務めたカウンセラーは，徳島県で夫が地裁の保護命令を無視して妻を殺害した事件に接し，「加害者に関わり続ける人がいれば殺害は避けられたかもしれない」と感じたという。「今の DV 支援のままでは，加害者が自分の行為を暴力だと認識する機会もない」と指摘する。

　欧米では，DV 加害者に対して適切な更生プログラムを行うことが一般的である。加害者に反省を促したり，被害者を退避させるだけでは，根本的な解決にはつながらない。学校教育や職場研修で DV 防止教育プログラムを積極的に導入することに加え，加害者に対する更生プログラムを義務づけていくことが必要である。

　参考：朝日新聞「DV 対策，避難では限界　加害者更生が鍵／危険度判断基準を」(2020年7月27日)。

　＊　本章は，立花直樹（2022）「日本における DV の現状と防止対策」『聖和短期大学紀要』8 を加筆・修正したものである。

第 15 章

障がいのある児童への対応と支援

　本章において障がいのある児童（以下，障がい児）とは，児童福祉法第4条第
2項で規定されている「身体に障害のある児童」「知的障害のある児童」「精神
に障害のある児童」（発達障害児を含む）または「難病の児童」である。

　近年，障がい児の早期発見・支援の重要性，そのための健診の役割が重要に
なってきている。本章では今後の障がい児の生活を理解するとともに，地域で
暮らしていくためにどのような福祉サービスや教育サービスとしての特別支援
教育が「**児童福祉法**」や「障害者の日常生活及び社会生活を総合的に支援する
ための法律」（**障害者総合支援法**），「**学校教育法**」など障がい児に関連する法律
の中で行われているかの現状とこれからの展望について述べる。

1　各法律における障害の定義

（1）身体障害とは

　身体障害に関しては，児童福祉法で「身体に障害のある児童」という記述が
あるが，**身体障害者福祉法**第4条では「別表に掲げる身体上の障害がある18歳
以上の者であつて，都道府県知事から身体障害者手帳の交付を受けたものをい
う」と定義している。別表とは同法の別表（表15-1）であり，そこには「視
覚障害」「聴覚又は平衡機能の障害」「音声機能，言語機能又はそしゃく機能の
障害」「肢体不自由」「心臓，じん臓又は呼吸器の機能の障害その他政令で定め
る障害で，永続し，かつ，日常生活が著しい制限を受ける程度であると認めら
れるもの」（内部障害）の5つが詳しく述べられている。

（2）知的障害とは

　知的障害に関しては，児童福祉法で「知的障害のある児童」という記述があ

表 15 - 1　身体障害者福祉法・別表

別表（第 4 条，第15条，第16条関係）

一　次に掲げる視覚障害で，永続するもの

　1　両眼の視力（万国式試視力表によって測つたものをいい，屈折異常がある者については，矯正視力について測つたものをいう。以下同じ。）がそれぞれ0.1以下のもの

　2　一眼の視力が0.02以下，他眼の視力が0.6以下のもの

　3　両眼の視野がそれぞれ10度以内のもの

　4　両眼による視野の 2 分の 1 以上が欠けているもの

二　次に掲げる聴覚又は平衡機能の障害で，永続するもの

　1　両耳の聴力レベルがそれぞれ70デシベル以上のもの

　2　一耳の聴力レベルが90デシベル以上，他耳の聴力レベルが50デシベル以上のもの

　3　両耳による普通話声の最良の語音明瞭度が50パーセント以下のもの

　4　平衡機能の著しい障害

三　次に掲げる音声機能，言語機能又はそしやく機能の障害

　1　音声機能，言語機能又はそしやく機能の喪失

　2　音声機能，言語機能又はそしやく機能の著しい障害で，永続するもの

四　次に掲げる肢体不自由

　1　一上肢，一下肢又は体幹の機能の著しい障害で，永続するもの

　2　一上肢のおや指を指骨間関節以上で欠くもの又はひとさし指を含めて一上肢の二指以上をそれぞれ第一指骨間関節以上で欠くもの

　3　一下肢をリスフラン関節以上で欠くもの

　4　両下肢のすべての指を欠くもの

　5　一上肢のおや指の機能の著しい障害又はひとさし指を含めて一上肢の三指以上の機能の著しい障害で，永続するもの

　6　1 から 5 までに掲げるもののほか，その程度が 1 から 5 までに掲げる障害の程度以上であると認められる障害

五　心臓，じん臓又は呼吸器の機能の障害その他政令で定める障害で，永続し，かつ，日常生活が著しい制限を受ける程度であると認められるもの

出所：身体障害者福祉法より筆者作成。

るが，**知的障害者福祉法**では定義されていない。

　これまで知的障害について，文部科学省は1978（昭和53）年文部事務次官通達「教育上特別な取扱を要する児童生徒の判別基準」の 3 「知的障害者について」[1]で，重度知的障害・中度知的障害・軽度知的障害を生活上の問題と IQ（知能指数）（70未満が知的障害）等で説明している。厚生労働省は1990（平成 2）年「精神薄弱児（者）福祉対策基礎調査」[2]において，「知的機能の障害が発達期（おおむね18歳まで）にあらわれ，日常生活に支障が生じているため，何らかの特別の援助を必要とする状態にあるもの」と説明している。

　現在，2004（平成16）年「発達障害者支援法」，2005（平成17）年「障害者総

合支援法」，2012（平成24）年「児童福祉法等の一部を改正する法律」等の法律
が施行されており，教育・福祉・就労等において，共通の定義が必要となって
いるのである。

（3）精神障害（発達障害も含む）とは

　精神障害に関しては，児童福祉法で「精神に障害のある児童（発達障害児を
含む。）」という記述があるが，**精神保健及び精神障害者福祉に関する法律第5
条**で，精神障害者とは「統合失調症，精神作用物質による急性中毒又はその依
存症，知的障害，精神病質その他の精神疾患を有する者をいう」と定義されて
いる。

　発達障害は，**発達障害者支援法**第2条で，発達障害とは「自閉症，アスペル
ガー症候群その他の広汎性発達障害，学習障害，注意欠陥多動性障害その他こ
れに類する脳機能の障害であってその症状が通常低年齢において発現するもの
として政令で定めるものをいう」と定義されている。

（4）難病とは

　難病のある児童については，児童福祉法で「治療方法が確立していない疾病
その他の特殊の疾病であって障害者の日常生活及び社会生活を総合的に支援す
るための法律（平成17年法律第123号）第4条第1項の政令で定めるものによる
障害の程度が同項の厚生労働大臣が定める程度である児童をいう」と定義され
ている。この障害者総合支援法第4条には「治療方法が確立していない疾病そ
の他の特殊の疾病であって政令で定めるものによる障害の程度が厚生労働大臣
が定める程度である者であって18歳以上であるものをいう」と定義されている。

2　健診と早期発見・支援

（1）健康診断（健診）について

　現在，健診は「厚生労働省における妊娠・出産，産後の支援の取組」が行わ
れ，**妊婦健診や産婦健診，乳幼児健診**（1歳6か月健診，3歳児健診等）等があ
り，妊婦健診や産婦健診では，エコー検査等で障がい児が発見されることもあ
る。2013（平成25）年に導入された胎児の染色体疾患の有無を検査する出生前
検査法で，**NIPT**（新型出生前診断）がある。この検査は，行うかどうかは個人

の裁量にゆだねられている。受ける際は，体制が整った医療機関で NIPT に関するカウンセリング（遺伝カウンセリング）をしっかりと受けて自らの気持ちを整理したうえで，確かに希望する場合に NIPT を受けることが重要である。

（2）早期発見・早期支援について

　昭和50年代より，福祉や教育の関係者より障がい児の早期発見・早期支援が必要であるといわれてきたのであるが，上記の健診で障がい児を発見する他，障がい児の早期発見は「**乳児家庭全戸訪問事業**」（こんにちは赤ちゃん事業）も重要な役割を担っている。そこで発見された障がい児の他，育てにくさや虐待を疑われる事例の中に障がい児が含まれている場合もある。その他，子育て世代包括支援センターが中心となり，福祉関係機関，幼稚園や保育所等で障がい児が発見される。

　早期支援では，「**養育支援訪問事業**」や子育て世代包括支援センターが中心となり福祉関係機関（児童発達支援センター等），幼稚園や保育所等で行われている。

　さらに2004（平成16）年の発達障害者支援法が，第5条「児童の発達障害の早期発見等」，第6条「早期の発達支援」で，早期発見・早期支援について定義していることは意義深いものである。以上のような早期発見・早期支援についての体制は，障がい児の将来の住み慣れた地域での「自立した生活」につながっていくのである。

3　障がい児支援

（1）保育・療育支援

　障がい児支援では，通所支援としては「**福祉型児童発達支援**」（児童福祉法第42条の1），「**医療型児童発達支援**」（児童福祉法第42条の2），「放課後等デイサービス」（児童福祉法第6条の2の2第4項）の3つである。「福祉型児童発達支援」のサービス内容は，未就学児に日常生活における基本的な動作の指導，知識技能の付与，集団生活への適応訓練などの支援を行うことである。医療型児童発達支援のサービス内容は，未就学児に日常生活における基本的な動作の指導，知識技能の付与，集団生活への適応訓練などの支援および治療を行うことである。放課後等デイサービスの内容は，就学時が授業の終了後または休校日に，

児童発達支援センター等の施設に通わせ，生活能力の向上のための必要な訓練，社会との交流促進などを行うことである。

　訪問支援としては「**居宅訪問型児童発達支援**」（児童福祉法第6条の2の2第5項），「**保育所等訪問支援**」（児童福祉法第6条の2の2第6項）の2つである。「居宅訪問型児童発達支援」（児童福祉法第6条の2の2第7項）のサービス内容は，重度の障害等により外出が著しく困難な障害児の居宅を訪問して発達支援を行うことである。「保育所等訪問支援」のサービス内容は，保育所その他の児童が集団生活を営む施設を訪問し，当該施設における障害児以外の児童との集団生活への適応のための専門的な支援その他の便宜を供与することを行うことである。

　入所支援は，「**福祉型障害児入所施設**」「**医療型障害児入所施設**」の2つである。「福祉型障害児入所施設」のサービス内容は，施設に入所している障害児に対して，保護，日常生活の指導および知識技能の付与を行うことである。「医療型障害児入所施設」のサービス内容は，施設に入所または指定医療機関に入院している障害児に対して，保護，日常生活の指導および知識技能の付与並びに治療を行うことである。

　上記の中で「日常生活における基本的な動作の指導」とは，障害児の能力に応じた衣服の着脱や食事，排泄等といった ADL（日常生活動作）の指導である。また，「集団生活への適応訓練」とは，自宅では経験できない集団生活を経験すること等である。

　相談支援は，「**計画相談支援**」「**障害児相談支援**」の2つである。「計画相談支援」のサービス内容は，「サービス利用支援」「継続利用支援」の2つである。「障害児相談支援」のサービス内容は，「障害児利用援助」「継続障害児支援利用援助」の2つである。

　以上，主な障がい児支援の体系をまとめたものが図15-1である。

（2）保育所・幼稚園・認定こども園等を利用中の障がい児の支援

　保育所等訪問支援は，保育所等を現在利用中の障がい児，または今後利用する予定の障がい児が，保育所等における集団生活の適応のための専門的な支援を必要とする場合に，訪問支援を実施することにより，保育所等の安定した利用を促進することである。

　これは**児童発達支援センター**の事業として行われるものであり，障がい児が

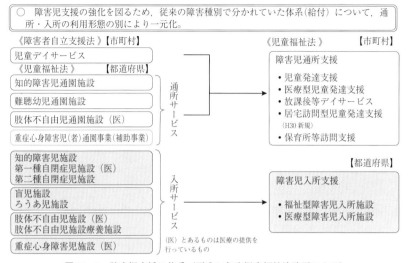

図 15-1 障害児支援の体系（平成24年度児童福祉法改正による）

出所：厚生労働省「障害者自立支援法等の一部を改正する法律案の概要」（https://www.mhlw.go.jp/content/12200000/000360879.pdf 2021年8月16日閲覧）。

集団生活を営む施設を訪問し，当該施設における障がい児以外の児童との集団生活への適応のための専門的な支援等を行うことである。具体的には，①障がい児本人に対する支援（集団生活適応のための訓練等），②訪問先施設のスタッフに対する支援（支援方法等の指導等）である。

　訪問先の範囲は，保育所，幼稚園，小学校，特別支援学校，乳児院，児童養護施設，その他児童が集団生活を営む施設として，地方自治体が認めたものである。

（3）小学校・中学校・高等学校等・特別支援学校での支援

　特別支援教育については，2005（平成17）年12月の中央教育審議会答申「特別支援教育を推進するための制度の在り方について」を踏まえて，2007（平成19）年に「学校教育法等の一部を改正する法律」が施行された。以前の盲・聾・養護学校の区分をなくし特別支援学校とし，特別支援学校の教員の免許状を改めるとともに，小中学校等において特別支援教育を推進するための規定を法律上に位置づけるものである。

　幼稚園，小学校，中学校，高等学校における特別支援学級はもとより，通常

学級に在籍する特別な支援を必要とする児童生徒に特別支援教育が実施されるのである。また文部科学省は，2012（平成24）年12月5日「通常の学級に在籍する発達障害の可能性のある特別な教育的支援を必要とする児童生徒に関する調査結果について[3]」で，全国の公立小中学校の通常学級に発達障がいのある児童生徒が6.5％在籍している可能性があるという調査結果を公表しているが，そのうち約4割の児童生徒は，指導計画を作るなどの支援を受けていないのが現状である。筆者は，これまでの経験からこの約4割の児童生徒がいじめを受けるまたは受ける可能性があることを危惧しているのである。

　特別支援学校の幼稚部，小学部・中学部・高等部，小学校，中学校，高等学校の特別支援学級は「学校教育法等の一部を改正する法律」によって児童生徒等の障がいの重複化に対応した適切な教育を行うため，現在の盲・聾・養護学校から障がい種別を超えた特別支援学校とするなどの改正を行ったのである。

　具体的には，①盲学校，聾学校，養護学校を障がい種別を超えた特別支援学校に一本化，②特別支援学校においては，在籍児童等の教育を行うほか，小中学校等に在籍する障がいのある児童生徒等の教育について助言援助に努める旨を規定，③小中学校等においては，学習障害（LD），注意欠如・多動症（ADHD）等を含む障がいのある児童生徒等に対して適切な教育を行うことを規定，④現在の盲・聾・養護学校ごとの教員免許状を特別支援学校の教員免許状とし，当該免許状の授与要件として，大学において修得すべき単位数等を定めるとともに，所要の経過措置を設ける，という4つである。

（4）児童発達支援センター・事業所の取り組みと支援

　児童発達支援センター・事業所は，通所利用の障がい児やその家族に対する支援を行うことは共通しており，児童発達支援センター（児童福祉法第42条）は，福祉型児童発達支援センター（同法第42条の1）と医療型児童発達支援センター（同法第42条の2）があり，福祉型に治療が加わったものが医療型である。児童発達支援センターは施設の有する専門機能を生かして，地域の障がい児やその家族への相談，障がい児を預かる施設への援助・助言をあわせて行うなど，地域の中核的な療育支援施設である。**児童発達支援事業所**は，もっぱら利用障がい児やその家族に対する支援を行う療育の場である。

4　児童相談所の役割

　児童相談所における障がい児との関連は，運営指針に基づいて述べると一つは「障害相談」である。「障害相談」の内容は，肢体不自由相談・視聴覚障害相談・言語発達障害等相談・重症心身障害相談・知的障害相談・自閉症等相談の6つである（表15-2）。その他の「**養護相談**」「**保健相談**」「**非行相談**」「**育成相談**」での障がい児との関連は，「養護相談」では養育困難時や虐待を受けた子どもの中に障がい児が，「保健相談」では未熟児，虚弱児，内部機能障害の中に障がい児が，「非行相談」ではぐ犯相談・触法行為等相談の中に行為障害の他，発達障害児および軽度の知的障害児が，「育成相談」では性格行動相談・不登校相談・適正相談の中に高機能の発達障害児等が含まれており，児童相談所のすべての相談に障がい児が関連しているといえる。また児童相談所は，行政・福祉・医療・教育・司法・民間のすべてと連携しており，障がい児支援の相談に関しての中心的役割を果たしているといえるのである。

5　児童福祉法および障害者総合支援法における障がい児支援

（1）児童福祉法における障がい児支援
　2012（平成24）年の児童福祉法一部改正により，①相談支援の充実，②障がい児支援の充実の2つが大きく変わった。①相談支援の充実は，「障害児支援利用計画等」を作成することとなり，②障がい児支援の充実は，第3節で述べた通りである。

（2）障害者総合支援法における障がい児支援
　障害者総合支援法の前の法律である，2006（平成18）年4月に施行された**障害者自立支援法**は，一つの法律に身体障害・知的障害・精神障害（発達障害も含む）の三障害が一元化された法律である。
　障害者総合支援法は，障害者制度改革推進本部等における検討を踏まえて，地域社会における共生の実現に向けて，障害福祉サービスの充実等，障害者の日常生活及び社会生活を総合的に支援するため，新たな障害保健福祉施策を講ずるために制定されたものである。

表15-2　児童相談所が受け付ける相談の種類および内容

養護相談	1．養護相談	父又は母等保護者の家出，失踪，死亡，離婚，入院，稼働及び服役等による養育困難児，棄児，迷子，虐待を受けた子ども，親権を喪失した親の子，後見人を持たぬ児童等環境的問題を有する子ども，養子縁組に関する相談。
保健相談	2．保健相談	未熟児，虚弱児，内部機能障害，小児喘息，その他の疾患（精神疾患を含む）等を有する子どもに関する相談。
障害相談	3．肢体不自由相談	肢体不自由児，運動発達の遅れに関する相談。
	4．視聴覚障害相談	盲（弱視を含む），ろう（難聴を含む）等視聴覚障害児に関する相談。
	5．言語発達障害等相談	構音障害，吃音，失語等音声や言語の機能障害をもつ子ども，言語発達遅滞，学習障害や注意欠陥多動性障害等発達障害を有する子ども等に関する相談。ことばの遅れの原因が知的障害，自閉症，しつけ上の問題等他の相談種別に分類される場合はそれぞれのところに入れる。
	6．重症心身障害相談	重症心身障害児（者）に関する相談。
	7．知的障害相談	知的障害児に関する相談。
	8．自閉症等相談	自閉症若しくは自閉症同様の症状を呈する子どもに関する相談。
非行相談	9．ぐ犯等相談	虚言癖，浪費癖，家出，浮浪，乱暴，性的逸脱等のぐ犯行為若しくは飲酒，喫煙等の問題行動のある子ども，警察署からぐ犯少年として通告のあった子ども，又は触法行為があったと思料されても警察署から法第25条による通告のない子どもに関する相談。
	10．触法行為等相談	触法行為があったとして警察署から法第25条による通告のあった子ども，犯罪少年に関して家庭裁判所から送致のあった子どもに関する相談。受け付けた時には通告がなくとも調査の結果，通告が予定されている子どもに関する相談についてもこれに該当する。
育成相談	11．性格行動相談	子どもの人格の発達上問題となる反抗，友達と遊べない，落ち着きがない，内気，緘黙，不活発，家庭内暴力，生活習慣の著しい逸脱等性格もしくは行動上の問題を有する子どもに関する相談。
	12．不登校相談	学校及び幼稚園並びに保育所に在籍中で，登校（園）していない状態にある子どもに関する相談。非行や精神疾患，養護問題が主である場合等にはそれぞれのところに分類する。
	13．適性相談	進学適性，職業適性，学業不振等に関する相談。
	14．育児・しつけ相談	家庭内における幼児のしつけ，子どもの性教育，遊び等に関する相談。
	15．その他の相談	1〜14のいずれにも該当しない相談。

出所：厚生労働省「児童相談所の運営指針について：図表」(https://www.mhlw.go.jp/bunya/kodomo/dv-soudanjo-kai-zuhyou.html　2021年8月16日閲覧)。

　障害者自立支援法から障害者総合支援法となり，新たに「制度の谷間」を埋めるために障害者の範囲に難病等を加え，「障害程度区分」について障害の多様な特性その他の心身の状態に応じて必要とされる標準的な支援の度合いを統合的に示す「障害支援区分」に改めた。障害者に対する支援としては，1つ目は重度訪問介護の対象の拡大，2つ目は共同生活介護（ケアホーム）の共同生活援助（グループホーム）への一元化，3つ目は地域移行支援の対象拡大，4つ目は地域生活支援事業の追加，さらにサービス基盤の計画整備が加えられたのである。

　国の障がい児が地域で安心して暮らすことのできる社会の実現や障害を理由とする差別の解消の推進に関する法律（障害者差別解消法）における合理的配慮の考え方，児童福祉法の改正等に伴って，2021（令和3）年9月には「医療的ケア児及びその家族に対する支援に関する法律」（**医療的ケア児支援法**）が施行された。これに伴って，保育所では，看護師等または喀痰吸引等が可能な保育士の配置が必要となり，今後，医療的ケア児支援者養成研修等を行う，医療的ケア児支援センターの役割が重要になってくるのである。

6　切れ目のない支援とこれからの展望

（1）切れ目のない支援とは

　ここで言う切れ目とは，障がい児に関わる国の省庁は，厚生労働省・文部科学省・内閣府と，各省に関連する都道府県や市町村の自治体の部署に分かれていることを指す。具体的には，0歳から学齢前までは，厚生労働省（保育所）と文部科学省（幼稚園），内閣府（認定こども園）であり，学齢期は厚生労働省と文部科学省である。障がい者になると厚生労働省である。障がい児の支援計画も厚生労働省は「**個別の支援計画**」（各種の障害児通所支援を行う施設や事業所で障がい児を対象に作成），文部科学省は「**個別の教育支援計画**」（認定こども園・幼稚園・保育所等や各種学校に通う障がい児を対象に作成）及び「**個別の指導計画**」（特別支援学校や特別支援学級に通う障がいのある児童・生徒を対象に作成）であり，行政分野ごとに切れ目がある。医療的ケア児支援法の交付通知の中で「医療，保健，福祉，教育，労働等に関する業務を行う関係機関及び民間団体相互の緊密な連携の下に，切れ目なく行われなければならない[4]」とこの切れ目について具体的に述べられているのである。

　筆者も勤務する養護学校と障がい者スポーツとの関わりの中で実際に，行政分野ごとの切れ目を感じている。

（2）障がい児支援のこれからの展望

　障がい児を取り巻く支援の中で各省庁間の垣根を越えた取り組みとして，1つ目に挙げられるのは，児童福祉法の「保育所等訪問支援」の対象施設に福祉施設だけでなく，小学校・特別支援学校が含まれていることである。2つ目は障害者自立支援法で行われていた「**児童デイサービス**」が児童福祉法で「**放課後等デイサービス**」と名称を変更し行われることとなり，省庁間で事業自体が移動したことである。3つ目は，2012（平成24）年文部科学省が「児童福祉法等の改正による教育と福祉の連携の一層の推進について」で，学校と障害児通所支援を提供する事業所等が緊密な連携を図ること，学校等で作成する「個別の教育支援計画」及び「個別の指導計画」と障害児相談支援事業所で作成する「障害児支援利用計画」（各種障害児サービスや制度利用のため，障害児相談支援事業所で作成される計画で，マスタープランとも呼ばれている）および障害児通所支援事業所等で作成する「個別支援計画」が，個人情報に留意しつつ連携していくことが望ましいと述べていることである。4つ目は，文部科学省が2018（平成30）年に報告した「**家庭と教育と福祉の連携『トライアングル』プロジェクト～障**害のある子と家族をもっと元気に～」と2021（令和3）年の「新しい時代の特別支援教育の在り方に関する有識者会議」の報告で，「行政分野を超えた切れ目ない連携」「関係機関の連携強化による**切れ目ない支援の充実**」等について述べていることである。今後は障がい児が地域の中で生活するために最良の連携を望みたいものである。

　注
⑴　文部科学省（1978）「教育上特別な取扱を要する児童生徒の判別基準」（https://www.nise.go.jp/blog/2000/05/c1_s531006_01.html　2021年8月16日閲覧）。

⑵　厚生労働省（1990）「精神薄弱児（者）福祉対策基礎査」（https://www.mhlw.go.jp/toukei/list/101-1.html　2021年8月16日閲覧）。

⑶　文部科学省（2012）「通常の学級に在籍する発達障害の可能性のある特別な教育的支援を必要とする児童生徒に関する調査結果について」（https://www.mext.go.jp/a_menu/shotou/tokubetu/material/__icsFiles/afieldfile/2012/12/10/1328729_01.

pdf　2021年8月16日閲覧)。

(4)　内閣府・厚生労働省・文部科学省（2021）「医療的ケア児及びその家族に対する支援に関する法律の公布について」(https://www.mext.go.jp/content/20210621-mxt_tokubetu01-000007449_01.pdf　2021年8月16日閲覧)。

参考文献

一般社団法人全日本知的障がい者スポーツ協会 (https://anisa.or.jp/　2021年8月16日閲覧)。

北九州市「『サービス等利用計画』『障害児支援利用計画』について」(https://www.city.kitakyushu.lg.jp/ho-huku/17600187.html　2021年8月16日閲覧)。

公益財団法人日本障がい者スポーツ協会 (JPSA) (https://www.jsad.or.jp/　2021年8月16日閲覧)。

公益財団法人スペシャルオリンピックス日本 (https://www.son.or.jp/about/index.htm　2021年8月16日閲覧)。

厚生労働省「子育て世代包括支援センターの全国展開」(https://www.kizunamail.com/wp/wp-content/themes/kizuna/pdf/000488885.pdf　2021年8月16日閲覧)。

厚生労働省「児童福祉法の一部改正の概要」(https://www.mhlw.go.jp/seisakunitsuite/bunya/hukushi_kaigo/shougaishahukushi/kaigi_shiryou/dl/20120220_01_04-04.pdf　2021年8月16日閲覧)。

厚生労働省「児童相談所の運営指針について：図表」(https://www.mhlw.go.jp/bunya/kodomo/dv-soudanjo-kai-zuhyou.html　2021年8月16日閲覧)。

厚生労働省「障害者自立支援法の一部を改正する法律案の概要」(https://www.mhlw.go.jp/content/12200000/000360879.pdf　2021年8月16日閲覧)。

厚生労働省「子ども・子育て支援」(https://www.mhlw.go.jp/stf/seisakunitsuite/bunya/kodomo/kodomo_kosodate/index.html　2021年8月16日閲覧)。

厚生労働省・文部科学省（2012）「児童福祉法等の改正による教育と福祉の連携の一層の推進について」(https://www.mext.go.jp/b_menu/shingi/chukyo/chukyo3/044/attach/1320467.htm　2021年8月16日閲覧)。

内閣府「子ども子育て支援新制度」(https://www8.cao.go.jp/shoushi/shinseido/outline/index.html　2021年8月16日閲覧)。

文部科学省「家庭と教育と福祉の連携「トライアングル」プロジェクト　～障害のある子と家族をもっと元気に～」(https://www.mext.go.jp/a_menu/shotou/tokubetu/material/1404500.htm　2021年8月16日閲覧)。

学習課題

①　それぞれの障がいにどのような特徴があるか調べてみよう。

②　障害者総合支援法によって障がい者が住み慣れた地域でどのように暮らすことができるようになってきたか調べてみよう。

③　電車やバスなどの公共交通機関には，「優先席」がなぜ設けられているか調べてみよう。また「優先席付近では，混雑時には携帯電話の電源をお切りください」と表示され，アナウンスされるのはなぜか調べてみよう。

コラム　知的障がい者スポーツ

　知的障がい者スポーツとして，国民体育大会の後に行われる「全国障害者スポーツ大会」があります。その他，各種目の全国大会や地方大会があります。詳しくは公益財団法人日本障がい者スポーツ協会（JPSA）や一般社団法人全日本知的障がい者スポーツ協会のホームページをご覧になってください。

　「全国障害者スポーツ大会」は，以前は「全国身体障害者スポーツ大会」でありました。2000年「第33回全国障害者スポーツ大会（富山県）」まで開かれ，個人種目に関しては原則として一生に1回だけ参加となっていました。もう一つは，「全国知的障害者スポーツ大会」であります。第1回大会は1992年に東京都で開かれました。その後，2000年「第9回全国知的障害者スポーツ大会（岐阜県）」まで開かれました。

　2001年「第56回国民体育大会（宮城県）」の後，「第1回全国障害者スポーツ大会（宮城県）」が身体障がい者と知的障がい者が参加して始まりました。その後，国民体育大会の開催地で行われるようになりました。

　知的障がい者のパラリンピック出場は，1997年のアトランタパラリンピックが最初でしたが，日本は不参加でした。日本の知的障がい者は平成10年長野パラリンピックの長距離種目が最初の参加となりました。そして，東京2020パラリンピックにつながっているのです。

　知的障がい者スポーツではもう一つ，1980年発足の「スペシャルオリンピックス（Special Olympics）」があり，これは，知的障がいのある人たちに様々なスポーツトレーニングとその成果の発表の場である競技会を，年間を通じ提供している国際的なスポーツ組織です。詳しくは，日本スペシャルオリンピックスのホームページをご覧ください。

　知的障がいスポーツには，パラリンピックや全国障害者スポーツ大会をめざす競技スポーツと，日常的なスポーツ活動場の提供と発表の場を提供しているスペシャルオリンピックスの2つの流れがあるのです。

第16章

少年非行等の防止と対策

　少年非行の捉え方は様々だが，本章では個人と環境の相互作用も踏まえた総合的な理解を深める。既存の研究では，少年非行はストレスの増加や葛藤で起こるという「心理学的な発想」や脳の不具合によるという「生物学的発想」が多い。子どもの福祉分野では，少年非行が起こった後の処遇や再犯防止等に主眼があり，最近の社会学分野では，少年非行の発生する機会を除去して防止する環境犯罪学の発想が注目される。本章では少年非行の対応について，「少年非行の背景に対してできる仕事」「少年非行に関連する機関名と概要」の理解を深める。

1　少年非行とは

　少年非行は日常的な言葉としても用いられるが，法的には**少年法**で規定されている。少年法の目的は「少年の健全な育成を期し，非行のある少年に対して性格の矯正及び環境の調整に関する保護処分を行うとともに，少年の刑事事件について特別の措置を講ずること」（少年法第1条）である。少年法は1947（昭和22）年の制定以来，何度か変わってきたが，2022年4月1日に新たに少年法が施行される。少年法には以下の特徴がある。

　まず，少年法の対象年齢として，20歳未満の罪を犯した少年が一律保護の対象となる。14歳以上20歳未満の少年は「**犯罪少年**」，14歳未満の少年は「**触法少年**」として区別される。ただし，2022年4月からは18歳と19歳の罪を犯した少年は「**特定少年**」として扱われる。さらに将来罪を犯すおそれのある少年も「**ぐ犯少年**」として，保護の対象になる（表16-1）。また，罪の重大性に鑑みて検察へ送致されることになる原則逆送対象事件の拡大では，18歳以上の少年（特定少年）の時に犯した死刑，無期または短期（法定刑の下限）1年以上の懲

表 16-1　非行少年および不良行為少年の分類（非行少女も含む）

非行少年 （少年法）	犯罪少年	罪を犯した14歳以上20歳未満の少年
	触法少年	罪を犯した14歳未満の少年
	ぐ犯少年	将来，罪を犯すおそれのある少年
	特定少年	18歳と19歳の罪を犯した少年
不良行為少年 （少年警察活動規則）		未成年者に禁止される行為や，自己・他人の生命や身体，道徳的な性格を害する行為をする少年

注：具体例は，少年非行は刑法，不良行為は少年警察活動規則で確認のこと。
出所：筆者作成。

役・禁錮に当たる罪の事件が追加される。実名報道の解禁では，18歳以上の少年（特定少年）の時に犯した事件について起訴された場合には実名報道の禁止が解除される。少年法は，過去に数度，内容が議論され，変更されてきた。

（1）少年非行の認知と相談件数の推移

　日本の少年非行は，テレビや新聞等で盛んに扱われて急増した印象があるのかもしれないが，逆に，統計では戦後，件数が減少している。法務省『犯罪白書』によると，戦後日本の少年非行には1951（昭和26）年，1963（昭和38）年，1983（昭和58）年を件数のピークとした３つの波が示される。その後，2003（平成15）年をピークとした波が形成されたという議論もあるが，2003（平成15）年以降，少年非行の件数は減少傾向である（図16-1）。

　日本では，軽微な犯罪を行って検挙される者が圧倒的に多く，凶悪犯罪の割合は低くなっている。一方，再非行を繰り返す少年の存在や，質的な変化として常識ではわからない「いきなり型」の事件が指摘される。現代の少年非行を読み解くカギとして，①最近は，万引きのような遊びに近い非行と凶悪犯罪の間に大きな壁がなく，凶悪犯罪に短絡的な動機が増えて稚拙化した，②非行グループを維持するための共同作業として万引きや強盗を行うという指摘がある。

（2）少年非行の統計と内実

　強盗の検挙人員が1997（平成９）年に倍増した理由は，「オヤジ狩り」が恐喝から強盗へと統計のとり方が変化したこと，少年非行の捜査に力を入れた等のことが重なったのが原因といわれている。また，たとえば，少年による強盗の内実として，被害者を恐喝するだけの力量がないので，老人のバック等から強

① 刑法犯・危険運転致死傷・過失運転致死傷等

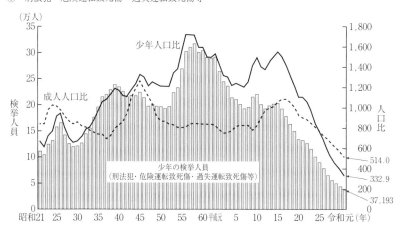

② 刑法犯

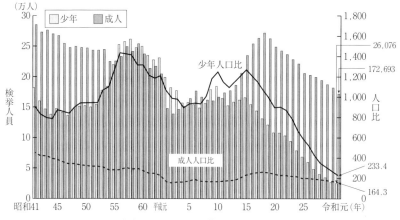

図16-1　少年による刑法犯罪等検挙人員・人口比の推移

注：1)　警察庁の統計，警察庁交通局の資料及び総務省統計局の人口資料による。
　　2)　犯行時の年齢による。ただし，検挙時に20歳以上であった者は，成人として計上している。
　　3)　触法少年の補導人員を含む。
　　4)　「少年人口比」は，10歳以上の少年10万人当たりの，「成人人口比」は，成人10万人当たりの，
　　　　それぞれの検挙人員である。
　　5)　①において，昭和45年以降は，過失運転致死傷等による触法少年を除く。
　　6)　②において，平成14年から26年は，危険運転致死傷を含む。
出所：法務省（2020）『犯罪白書令和2年版』。

引に金品をひったくろうとして，無理矢理ひっぱられた被害者がよろけて怪我をし，結果的に強盗致傷となってしまったといったこともあるとされる。これは，少年の凶悪化とするには無理のある事例である。

　しかし，人々が最近の少年非行に不安を抱くのは，非行少年が段階的に逸脱のキャリアを積んで重大な事件を起こすという物語性が失われ，行為の意味を見通しにくいからである。また，最近の非行少年は夕刻に繁華街をうろつくのに気後れして住宅地等にいるため，身近な場所で被害に遭う機会が増え，少年非行を身近に感じるとも指摘されている。さらに，薬物や携帯電話・インターネットの利用等で，「出会い系サイト」を通じた援助交際，事件に巻き込まれる状況がある。学校裏サイト，掲示板等，インターネットを使用して誹謗中傷を書き込むといった「ネットいじめ」も社会問題化している。

　日本の少年非行は，４層に分かれるとする考えもある。[1]第１層は，凶悪な少年非行の中でも動機が理解しにくく，発達障害のような診断で処遇が「医療化」されやすいものである。第２層は，少年非行の約９％である粗暴犯や約１％の凶悪犯に該当する「家庭環境の負因に由来する累犯型，古典型」である。第３層は，少年非行の約74％を占め，放置自転車の乗り逃げを典型とする「遊び型（初発型）非行」である。第４層は，深夜徘徊や喫煙等が大半の「**不良行為少年**」である。このように，日本の少年非行は多様で混在した状況である。

2　少年非行への支援とその課題

　少年非行の対応は，①生育歴や日常からの気づき（保育所，学校等），②予防（**警察**，少年サポートセンター等），③調査，指導，判断，処遇（**児童相談所，家庭裁判所**，施設等），④アフターケア，社会復帰等（被害―加害関係の修復的実践，自立援助ホーム，更生保護施設，地域若者サポートステーション，就労支援等）という流れである（図16‐2）。

　少年に対する警察の活動は，少年警察活動規則に定められている。1999（平成11）年度から少年サポートセンターを展開しており，少年・家庭に対応する。2007（平成19）年に少年法が変更され，触法少年の事件で警察官の調査手続きが明確にされた。

　学校や施設の充実に加え，自立援助ホームや更生保護施設というアフターケア，被害・加害関係の修復的実践等の拡充が子どもの福祉を高める。専門家だ

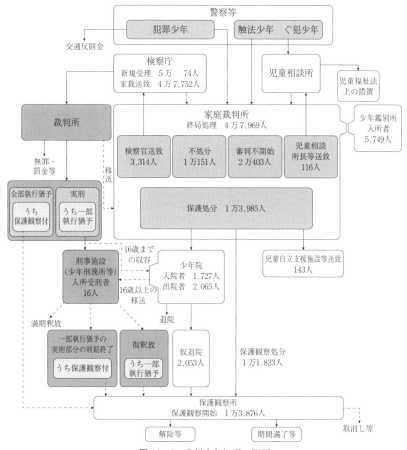

図 **16-2** 非行少年処遇の概要

注：1）検察統計年報，司法統計年報，矯正統計年報及び保護統計年報による。
　　2）「検察庁」の人員は，事件単位の延べ人員である。例えば，1人が2回送致された場合には，2
　　　人として計上している。
　　3）「児童相談所長等送致」は，知事・児童相談所長送致である。
　　4）「児童自立支援施設等送致」は，児童自立支援施設・児童養護施設送致である。
　　5）「出院者」の人員は，出院事由が退院又は仮退院の者に限る。
　　6）「保護観察開始」の人員は，保護観察処分少年及び少年院仮退院者に限る。

出所：法務省（2020）『犯罪白書令和2年版』。

けでなく，当事者グループや地域の活動も重要である。

（1）少年非行についての相談や判断を行う機関

①　児童相談所

2017（平成29）年に児童相談所（以下，児相）が一般人や警察等から非行相談を受理した後の対応は，主に，①面接指導，②児童福祉施設入所，③家庭裁判所送致（児童福祉法第27条の3および第27条第4項），④訓戒・誓約の4つである。

非行少年は，児童福祉法第25条第1項の「保護者のない児童又は保護者に監護させることが不適切であると認める児童」（要保護児童）に含まれ，発見者に**通告義務**がある。児童福祉法では，個人指導だけでなく，家庭の養育状況を調査・判断した介入も特徴である。ケースの多くが複雑で職員が不足していること，専門性を高める方法の試行錯誤，法律の狭間となる非行少年の援助等が課題である。

②　家庭裁判所

家庭裁判所（以下，家裁）は，子どもや家族の事案を扱い，家裁調査官の調査，試験観察等をもとに，少年事件では生活環境や教育で変化が期待できる非行少年を判断する。家裁の職員は，裁判官，書記官等以外に，心理学，教育学等に通じた「**家庭裁判所調査官**」もいる。少年事件では，①少年，保護者，学校や職場等からも情報を得て，生育歴・生活状況という背景の調査，②猶予を与え，状況を見て最終処分を決定するという「試験観察」もする。

家裁の審判は，裁判官（審判官と呼ばれる）が1人で行い，非公開でされるのが特徴である。非行の事実認定に必要であれば，「裁判官の合議制」「検察官の関与」（2000（平成12）年の少年法変更）ができ，重大事件で被害者等からの申し出があって少年の健全な育成を妨げるおそれがなければ傍聴が許される（2008（平成20）年の少年法変更）。弁護士や家庭裁判所で許可された者を審判の「付添人」として選定できる。

一般人や警察等は，14歳以上の非行少年を発見した場合，すべて家裁に送致する（**全件送致主義**）。調査・面接をし，審判が不要と判断された「**審判不開始**」は，家裁に送致された一般保護事件の約54％である。非行事実が認められても保護処分が不要という判断は「**不処分**」といい，家裁における終局処理人員数の約17％である。

家裁で必要とされれば，非行少年は審判の開始まで**少年鑑別所**で生活する。非行少年は，原則として身体の拘束なしに審判を受けるが，少年鑑別所は事情があれば入る施設である（最長8週間）。少年鑑別所では，少年の日常生活を職

員が観察し，鑑別技官が面接や心理検査をする。少年鑑別所は，法務少年支援センターとして，少年や保護者等の個人からの相談に応じて情報の提供・助言等も行う。

（2）家庭裁判所からの送致先

　家裁からの送致は「保護処分」，「検察官送致」（逆送），「都道府県知事または児童相談所長送致」の3種類である。保護処分には，**保護観察・少年院送致・児童自立支援施設**，または児童養護施設送致があり，終局処理人員数の約28％である。

　児童自立支援施設への送致について，児相からの送致（入所の大半）と異なり，家裁からの送致では，子ども本人や保護者の同意は不要である。**児童自立支援施設**は，非行少年の集団処遇に歴史がありながら，今は少年の変化に伴う実践の模索が主な課題である。たとえば，児童自立支援施設では入所率が50％を超えない施設もあるが，発達障害の背景をもつ児童の入所が増加し，施設での教育が困難だという指摘がある。入所する児童にも教育を受ける権利があり，児童自立支援施設内で学校教育が受けられるように学校が設置され，教職員の配置も進められている。

　児童養護施設への送致は，児童福祉法第41条に非行の要件はなく，入所は家庭の状況による。養育環境の課題で児童福祉法の対応となる「都道府県知事や児童相談所長への送致」は，終局処理人員数の約0.4％である。

　重大事件では少年（14歳以上）の状況を見て，成人と同じ刑事処分が相当と判断された「検察官送致」（逆送）は，終局処理人員数の約1％である。検察官送致は，2000（平成12）年に少年法が変更され，犯行時に16歳以上の少年による一定の重大事件は原則，逆送である（少年法第20条第2項。ただし，保護処分も可能）。

（3）少年非行の判断をした後の対応

　保護処分については少年法第24条に定められている。「保護観察」では，少年を社会内で生活させて働きかける。少年非行に関しては，①保護観察処分を受けた者，②少年院から仮退院した者が対象である。「**保護観察官**」は，**保護観察所**に配置されて心理学・教育学等に通じた公務員であり，地域を理解してボランティアで活動する「**保護司**」（犯罪者や非行少年の立ち直りを地域で支える

無給の非常勤の国家公務員として，法務大臣から委嘱されている）と協力して保護観察等をする。

　「少年院送致」は，少年の施設内処遇で，社会から隔離して集団教育をする。**少年院の処遇は，教科教育・職業訓練等の教育が中心であるのが特徴である。**刑罰を受けた少年を収容する少年刑務所も含め，刑務所は刑務作業が中心であるのとは対照的である。少年院では，処遇期間は6か月の短期，もしくは原則2年以内の長期等である。

　少年院は，今まで年齢別に，**初等少年院**（おおむね12〜16歳未満），**中等少年院**（16〜20歳未満），**特別少年院**（犯罪傾向の進んだ16〜23歳未満）に分かれ，**医療少年院**（心身に著しい故障があって12〜26歳未満）もあった。2015（平成27）年からの少年院法の第4条では，**第1種少年院**（心身に著しい障がいがない，おおむね12歳以上23歳未満の者。旧初等・中等少年院に相当），**第2種少年院**（心身に著しい障がいがない，犯罪傾向が進んだ，おおむね16歳以上23歳未満の者。旧特別少年院に相当），第3種少年院（心身に著しい障がいがある，おおむね12歳以上26歳未満の者。旧医療少年院に相当），第4種少年院（少年院において刑の執行を受ける者。新設）に再編された。2007（平成19）年に少年法の変更で，少年院入院の下限は14歳以上から「おおむね12歳以上」になった。少年院では，生活指導，職業指導，教科指導，体育指導，特別活動指導等の矯正教育を進めている。入院から出院まで各段階に応じた教育プログラムが組まれ，生活指導では自己の非行と向き合って内省を促すプログラムとして，ロールレタリングや被害者の視点を取り入れた教育も導入している。

3　少年非行の動向と社会的背景

（1）少年非行が発生するリスクとなる背景
　少年非行は，様々な要素が複雑に絡み合うので，発生原因が明確にされていない。ここでは，発生の高まるリスクとなる背景の一端を表16-2に示す。

（2）少年非行の理解となる被虐待等の視点
　少年非行の背景として重視されているのは児童虐待との関係である。**少年非行と児童虐待の関連性**は，文部科学省，厚生労働省，内閣府等の様々な機関で報告がある。たとえば，厚生労働省の「児童養護施設入所児童等調査結果」

表 16 - 2　少年非行が発生するリスクとなる背景

子ども本人, 家庭・家族の関係	・本人の特性として，人間関係の形成力が乏しくて相手の気持ちを察することができない，精神障害・発達障害などがあります。このような特性と周りの相互作用によって，困難な状況に陥ることもあります。 ・家庭について，親が少年のさまざまな問題に適切な対応ができずに虐待を行う，夫婦や家族間の不和や暴力，親の精神障害やサラ金からの借金，育児に対する強いストレス，親が専門家からの助言に被害意識を持つなどがあります。
学校・友人関係, 地域・社会等の環境	・学校・友人関係では，いじめ，成績不良，友人関係からの孤立などがあり，思春期（中学生）には問題行動の頻発，家庭でも十分に構われず，学校でも仲間外れ，話を聞く大人が周囲にいないなどがあります。 ・社会の環境として，残虐な内容の書籍・ビデオ，犯罪報道を見る，テレビゲームやパソコンによる現実の対人関係や社会性が低下するなどの影響もリスクとなります。また，「キレが生まれる背景には人がモノとしてしか扱われない社会」の存在が指摘されます。地域の状況として，階層性を有するグループが成立しにくく，年長の少年から巧みな手段を学ぶ場が激減したとされます。

出所：浦田雅夫編（2021）『新・子ども家庭福祉』教育情報出版。

（2015）では，児童自立支援施設に入所している児童の58.5％に被虐待経験があるとしている。内閣府の非行原因調査（2010）では「親は家の中で，暴力をふるう」ことについて，中学生の一般少年8.7％，非行少年15％，高校生の一般少年6.1％，非行少年10.9％が該当する。これは，非行少年が一般少年よりも家で親に暴力を受けてきたことを示す。法務総合研究所「少年院在院者に対する被害経験のアンケート調査」（2000）は，少年院にいる非行少年の約7割が児童虐待等を受けたとする。

　また，**被虐待児童**には，対人関係が困難，多動・衝動的等の特徴がある。この特徴は，注意欠如・多動症（ADHD），自閉症等，発達障害の子どもも同様にもつので，行為だけでは背景が不明である。そのため，多角的な視点で判断することが重要である。状態を正確に把握できる専門家の見立て（アセスメント）もなく，発達障害と決めつけるのは当事者を傷つけるだけであるので，厳に慎まなければならない。

　要保護児童対策地域協議会等を活用するとともに，家庭の様子，友人や周囲の大人との対応関係の様子等から子どもの置かれた状況を把握して，「児童虐待」「少年非行」等の存在を把握し，経済的・福祉的支援を行うことが重要である。本来は要保護児童対策地域協議会の役割であるが「福祉，教育，保健等

の困難なケースを総合的に見立てて，振り分けてマネジメントを行う場」の充実，各関係機関との連携も考えられる。

4　少年非行の背景への対応

　少年非行に対して福祉的な実践を行うには，図16-2に登場する組織だけでなく，様々な専門職や組織の力を活用することが必要である。ここでは，3点紹介していく。

（1）少年非行の背景に対して，保育士ができること

　子どもは生まれてくる家庭を選べず，幼少期の育ちがその後に大きな格差を生む。家庭の意識，経済的な豊かさで支援の格差を生んでは不公平であり，特に0～6歳児に施策・対応の展開が重要である。

　思春期に「問題」が出ている場合は，乳幼児期にも「問題」のあることが多い。不適応行動の早期発見と対応は，非難ではなく「支援」という視点から考える。乳幼児と接する専門職に必要な「預ける保護者の様子を通して，問題を正確に見抜く力」が保育所や幼稚園に備われば支援の効果が上がる。また，保育所だけでなく，非行相談や処遇を行う施設（児童養護施設，児童自立支援施設等）にも保育士の配置があり，できる仕事は幅広くある。

　少年非行も相談対象の一つで，18歳未満の子どもに関する多様な相談を受けて調査，対応する専門的な福祉の機関に児童相談所がある。他に福祉事務所，児童家庭支援センター等も市民に身近な福祉の窓口として非行相談にも使えると好ましい。保育士は，児童養護施設等にも必ず置き，保育士資格で他の職種ができる施設として，児童自立支援施設，児童家庭支援センター等がある。

（2）少年非行となる前に学校で行われる福祉実践

　学校は，学齢期の子どもが多くの時間を過ごし，自然と情報が集まる場所である。複雑なケースでは心の理解や厳罰も主張されるが，福祉の視点に基づいてチームで協働し，個人と環境の相互作用という背景の見立て（アセスメント）を支援の糸口とする**スクールソーシャルワーク**（SSW）実践もある。スクールソーシャルワークについて，1950年代から寺本喜一，竹内愛二，岡村重夫らの研究で「学校社会事業（SSW）」，高知県や京都府等の萌芽的な実践で「学校福

祉」が議論されてきた。1960年代に少年非行も子どもの抱える困難の一つとし，福祉的にケース対応した歴史がある。SSW は，少年非行や不登校等の現象面だけを見た対応の分化はせず，状況の悪化前に包括的な福祉実践を展開するのが特徴である。課題は，学校や多職種のチーム支援を理解し，福祉の専門性を発揮できる実践者の養成と確保である。

（3）少年非行における更生と社会復帰，再犯防止

少年非行の背景に対して，生活環境の調整，就労支援に関する取り組みを行うことで社会復帰，再犯防止をめざす**更生保護**という活動もある。更生保護は，罪を犯した人や非行のある少年を社会の中で適切に処遇し，その再犯を防ぎ，非行をなくし，自立し改善更生を助けることであり，社会を保護し，個人と公共の福祉の増進をめざす活動である。

生活環境の調整は，刑事施設（刑務所，少年刑務所，拘置所の総称）や少年院等の矯正施設に収容されている人の釈放後の住居や就業先等の帰住環境を調査し，改善更生と社会復帰にふさわしい生活環境を整えることで，仮釈放等の審理の資料等とし，円滑な社会復帰をめざしている。再犯を防止するため，その就労を確保することは重要である。

就労支援に関する取り組みとして，2006（平成18）年度から，法務省と厚生労働省が連携し，「**刑務所出所者等総合的就労支援対策**」を実施し，公共職業安定所において職業相談・職業紹介を行う他，トライアル雇用や身元保証制度等の就労支援メニューを活用した支援を行っている。また，2015（平成27）年度からは，**協力雇用主**のもとで就労・職場定着等を促進するため，刑務所出所者等を雇用しその指導等を行う協力雇用主に対し，就労奨励金を支給する取り組みが開始されている。

5　少年非行の対応に関する今後の論点

社会を脅かす「重大事件」を起こした非行少年の場合は，一定の権利が制限された更生と償いも必要である。しかし，少年非行と日常の行為は連続性の中で起こるので，非行少年を恐れ，憎しみ，社会から排除・放任すればその抱える問題が解決しない。まず当事者の思いも汲み取り，①生活の視点も重視した総合的なアセスメントによる背景の把握（ケース会議），②支援チームの協働で

福祉実践を行うと，結果的に少年非行の背景に対しても効果的に働く。

　福祉や教育等の実践は，地域性や対応する職員の専門性・技術の深まりに左右される現状がある。子どもの最善の利益を保障するために人的・物的な社会資源を適切に把握し，必要であれば創造して活用することが求められる。

注
⑴　高原正興（2007）「現代の非行の四層構造」『青少年問題』54，8〜13頁。

参考文献
高原正興（2007）「現代の非行の四層構造」『青少年問題』54，8〜13頁。
中西真（2020）「少年非行の現状と子どもたちの背景」「少年非行への対応と，専門機関・専門職の役割」浦田雅夫編『知識を生かし実力をつける　子ども家庭福祉』教育情報出版，133〜136頁。
宝月誠（2004）『逸脱とコントロールの社会学──社会病理学を超えて』有斐閣。
文部科学省（2020）「児童生徒の問題行動・不登校等生徒指導上の諸課題に関する調査結果について」。

学習課題
①　少年非行に関する統計資料（犯罪白書，警察白書，福祉行政報告例）について，統計資料を作成した省庁，数字等の相違を調べてみよう。
②　児童自立支援施設と少年院について，根拠法，実践内容，管轄省庁，全国の設置数等の相違を調べてみよう。
③　小学生のA君（11歳）は，近所の公園でトイレに放火し，巡回していた警察官に見つかり，捕まった。A君の行為はどのような犯罪にあたり，どのような機関，施設等で対応されるのかについて考えてみよう。

〜〜〜〜〜〜〜 **コラム１　いじめの対応と課題について** 〜〜〜〜〜〜〜

　いじめの対応には様々な方法があるが，ここではいじめ防止対策推進法，スクールソーシャルワーカー（SSWer）による対応を見ていく。

　いじめ防止対策推進法は，社会総がかりで対応するために，いじめの防止，早期発見，対応の基本理念や体制を整備して児童等の尊厳を保持し，いじめの禁止，国および地方公共団体等の責務を定めた法律である。概要は以下の通りである。①いじめの防止基本方針等（学校がいじめの通報窓口となり，複数の教職員，心理や福祉の専門家等で構成

される「いじめ防止対策推進協議会」，学校，教育委員会，児童相談所，法務局，警察等で構成される「いじめ問題対策推進連絡協議会」の設置等），②いじめの防止等に関する措置（いじめが犯罪行為とされる時の警察署との連携等），③いじめで児童等の生命，心身または財産に重大な被害が生じた疑いがある時等の重大事態では，専門家も交えた調査組織を設置し，事実関係を調査する。

SSWer の対応については，子どもや家庭，学校，教育に関わる福祉では，SSWer 活用事業が導入されている。SSWer の対応は，個人への注意，叱責，厳罰，出席停止措置といった処罰的対応，個人の心理に着目するカウンセリングとは異なる。

まず SSWer は，校内チームの中で役割分担を行い，子ども，教師，保護者等から丁寧に情報収集する。情報をチームで共有し，いじめの全体像を描き，その構造を把握する。家庭や学校，地域等の情報をもとに，学内外のネットワーク，社会資源を活かし，個人と社会資源をつなげることを意識して介入する。いじめを受けている子どもに対し，教師やスクールカウンセラー等と連携し支援する。

いじめをする子どもの背景に着目し，いじめを繰り返さないように関わる。たとえば，子どもの保護者が精神疾患を抱え，家庭内で虐待されている場合は，医療機関や児童相談所，福祉事務所等と連携する。いじめに対する学校の取り組みを保護者や本人に丁寧に伝えて，いじめられている子どもにとって，安心・安全が確保できる場所になるよう支援する。いじめが被害者の人権を侵害する行為だといじめ事件に関係する子どもたち全員（傍観者を含む）で共有していく修復的実践・対話もある。

コラム2　性犯罪と青少年保護育成条例の制定について

1955年以降，各地で「青少年保護育成条例」（名称は地域で異なる）の制定が広がり，1975年以降に性犯罪，淫行の規制も論議された。しかし，「淫行」の意味が曖昧で，安易な処罰は権力の濫用につながると懸念される。青少年に対する淫行では，対応をめぐって2つの意見が対立する。第一に，主に警察では淫行の加害者を処罰できる条例を制定する意見である。第二に，主に弁護士会では淫行処罰の条例は権力の濫用だと反対し，従来の法で対応可能とする意見である。

淫行の規制をめぐる対立の中で，長野県「専門委員会の報告書」（2014）では，特に子どもに対する淫らな性行為・わいせつ行為等の禁止について意見対立がある。第一は，処罰が淫行を減少させる効果である。報告書では処罰の設置前後における「淫行の検挙数」が示されるが，減少要因の明確化（処罰か教育の効果か等）が課題である。第二は，

性犯罪に対する刑罰と再犯率の関係，理解である。性の問題に対し，加害者を規定して刑罰を与えると，被害者の憤りに直接応えて明快である。しかし，性被害を及ぼす行為をしても，刑罰がないと「犯罪者を野に放つ」ように思われるが，実際は人々に非難され，場合によれば仕事や人間関係も失うという「社会的制裁」を受ける。刑務所の生活は作業中心で，犯罪白書で「再犯率が38％」とされる性犯罪に有効な再犯防止教育は，全国の数か所で研究段階である。第三は，権力が濫用された場合の歯止めである。気になる点は，①濫用事例に対し，弁護士会も疑問を呈せず，首長も警察をチェックできない，②既存の重い刑罰では法を適応しにくいので新たな刑罰を作るようにうかがわれることである。多くの関係者は誠実に仕事をすると思われるが，現状では社会に不安を与えかねず，丁寧な説明と検討が必要である。

　淫行への対応をめぐり，「加害者の処罰」か「性教育」で価値理念的な二項対立が生じている。しかし，誰もが性被害に対応したい気持ちは同じであり，処罰か教育の対立に終始せず，まず当事者の立場を理解し，正確に現状を把握して加害・被害が深刻化する前の早期発見とケアが大切である。

　福祉的実践では，個人と環境の相互作用という視点で状況を理解し，発達状況に応じて，当事者自身が最善の利益につながる自己決定ができるようにサポートする。具体的には，相談を待つだけでなく，当事者の変化に敏感に気づき，配慮しながら出向くアウトリーチ，関係機関との協働，時には危機介入等の総合的な実践が可能である。こうした実践，適切な人材の育成，議論による「性被害が防止できる仕組み」の創造，運用が今後の課題である。

第17章

児童の貧困問題の改善と対策

　日本において近年**子どもの貧困**問題について注目され，様々な施策等が行われるようになった。しかしながら，他国と比べ子どもの貧困に目が向けられ始めてからの歴史は決して長いとはいえない。日本が抱える子どもの貧困問題の原因などは徐々に明確になり対応もなされているが，その問題に対しての施策が十分に効果を発揮し，改善されているとは言い難い。それだけ現在の日本が抱える子どもの貧困問題は根深いものがあるともいえる。この問題を，子どもとその家庭に関わる保育，教育，福祉に携わる専門職として考えていくことが必要とされている。本章では，貧困の歴史やその指標となるものに触れながら，私たちがどのように貧困問題に向き合っていくべきか，その支援の方法等を整理していく。

1　日本社会と貧困

　第二次世界大戦後の日本は，1950（昭和25）年から1980（昭和55）年にかけて復興と経済的な成長を遂げてきた。当時日本の人口は約8400万人から１億人を突破し，高度成長期を迎えた1970年代には「一億総中流」と呼ばれる時期を経験した。しかしながら，1990年代のバブル経済崩壊以降，日本経済は低迷し，**OECD**（経済協力開発機構）諸国の中で政府債務残高が最も大きい国となった。そして，貧富の差が拡がり，子どもの貧困にもつながっていった。

　同時期の1999（平成2）年，先進国イギリスでは，**子どもの貧困率**は，日本とほとんど変わりがなかった。しかし，その当時からイギリスでは，子どもの貧困率が高いことを大きな問題と捉えており，ブレア元首相が「2020年までにイギリスの子どもの貧困を撲滅する」と宣言した。一方，当時の日本において，子どもの貧困にはまったく目が向けられていなかった。本格的に子どもの貧困

が問題としてクローズアップされ始めたのは，2009（平成21）年からである。そのため，同じ先進国でも他国と比べ，日本の子どもの貧困は拡がることとなった。

2　子どもの貧困に対する施策と取り組み

（1）「絶対的貧困」と「相対的貧困」

　貧困には，「絶対的貧困」と「相対的貧困」がある。「絶対的貧困」とは，生きるのが困難なレベルで生活水準が低いことを指し，生きるために最低限必要な「衣食住」が満たされていない状態である。たとえば，飢餓状態にある子どもや路上で生活せざるを得ないストリートチルドレンといった，今日食べるものがない，住む場所がないなどの状況が絶対的貧困に該当する。

　「相対的貧困」とは，その社会においてほとんどの人が享受している「普通の生活」を送ることができない状態を指す。この貧困を，数値化したものが「相対的貧困率」である。これは所得でみた場合，手取り収入などを世帯人数で調整した**等価可処分所得**の中央値の半分（貧困線）に満たない世帯員の割合のことを指す。

　可処分所得とは，給与などの所得から税金や社会保険料などを差し引いた残りの手取り収入に相当する。世帯の可処分所得を世帯人数の平方根で割って，調整した数を等価可処分所得という。日本は，2018（平成30）年時点で等価可処分所得の中央値が253万円であるため，この半分となる127万円未満の世帯が相対的貧困層に該当する。

（2）子どもの貧困の現状

　相対的貧困率は，OECD（経済協力開発機構），EU（欧州連合），ユニセフ（国際連合児童基金）など様々な国際機関で用いられており，先進国を中心に公的な貧困基準として採用されている。また，常に最新のデータを更新していくことで，貧困の「量」と「動向」を的確に捉えることのできる指標でもある。

　日本はバブル経済期の1985（昭和60）年においてすでに貧困率は10.9％であった。リーマンショックがあった2008（平成20）年の時期でも10人に1人の子どもは貧困の状況にあった。つまり，昨今「子どもの貧困」がクローズアップされているが，以前からの社会的問題であったということがわかる（図17-1）。

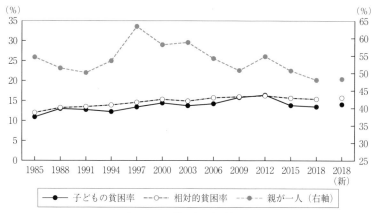

図 17－1　貧困率の年次推移

注：1)　1994（平成 6）年の数値は，兵庫県を除いたものである。
　　2)　貧困率は，OECD の作成基準に基づいて算出している。
　　3)　2018（平成30）年の「新基準」は，2015（平成27）年に改訂された OECD の所得定義
　　　　の新たな基準で，従来の可処分所得からさらに「自動車税・軽自動車税・自動車重量税」，
　　　　「企業年金の掛金」および「仕送り額」を差し引いたものである。
　　4)　貧困率は，OECD の作成基準に基づいて算出している。
　　5)　大人とは18歳以上の者，子どもとは17歳以下の者をいい，現役世帯とは世帯主が18歳以
　　　　上65歳未満の世帯をいう。
　　6)　等価可処分所得金額不詳の世帯員は除く。
出所：厚生労働省（2020）「2019年国民生活基礎調査の概況」を筆者が一部改変。

（3）子どもの貧困の課題

　日本の場合，特に問題となっているのは子どもの貧困率の高さである。厚生労働省の「国民生活基礎調査の概況」によると，2018（平成30）年の時点で子どもの貧困率は13.5％であり，これは OECD 平均の12.8％を上回っている⁽¹⁾。日本の 7 人に 1 人の子どもが相対的貧困に該当しているのである。家庭状況別でみてみると，**ひとり親世帯**の貧困率は約50％程度の値になっており OECD 加盟国の中でも最低水準とされている。

　日本では学用品費，通学費，修学旅行費等が支払えないという家庭において，**就学援助制度**を受けることが可能である。この制度の対象者数は，2011（平成23）年の157万人をピークに 7 年連続で減少している。しかしこれは，少子化による児童生徒数全体の減少が要因であり，問題解決の成果であるとは言い難

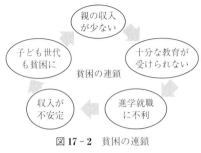

図 17 - 2　貧困の連鎖

出所：筆者作成。

い。また，貧困状態の家庭の約 3 〜 5 割で虐待の事案が発生しているといわれ
ている。

（4）子どもの物的貧困とこころの貧困

　子どもの貧困は様々な面において課題が生じてくる。特に，低所得世帯やひ
とり親世帯の子どもは，物理的な貧困が生じる。たとえば，教育を受ける機会
の少なさからくる学習面での遅れ，進学への意欲低下，栄養バランスのとれた
食事のとりにくさ，将来への希望に対する自己肯定感の低さ，放課後の居場所
のなさなど多方面にわたる。それだけでなく，「こころの貧困」も生じている。
最近では保護者が病気等のため，その子どもが学校に通う傍ら，家事や介護を
しなければいけない「ヤングケアラー」も増加しており，社会問題の一つに
なっている。こうした子どもの貧困は周囲にわかりにくく，見た目では気づき
にくいため，素早く支援につなげることが難しいという大きな課題がある。

　また，親が貧困であると，その子どもも貧困に陥りやすい傾向にあり，これ
を「貧困の連鎖」と呼ぶ（図17 - 2）。その連鎖の要因は様々であるが，教育の
欠如から生じてくるものが多くを占める。これは保護者が，子どもに十分な知
識や技術を得るような教育を受ける機会よりも，早期から子どもを労働力とし
て頼りにしてしまうケースで起こる場合が多い。そのため，若いうちから不安
定かつ低賃金の仕事に就くことにより，その子どもはやがて同じように教育を
受ける必要性や重要性を知らないまま親になってしまう。こうして世代間の貧
困は連鎖していく。

3　子どもの貧困対策に関する法制度等の動向

（1）子どもの貧困対策の推進に関する法律と子供の貧困対策に関する大綱

　2013（平成25）年 6 月に「**子どもの貧困対策の推進に関する法律**」が成立し，2014（平成26）年 1 月に施行された。同法は，子どもの将来が生まれ育った環境に左右されることのない社会をめざしつつ，貧困の連鎖を防ぐために，環境整備や各種支援を総合的に推進することを目的としている。その具体策として，2014（平成26）年 8 月に閣議決定された「**子供の貧困対策に関する大綱**」がある。これは子どもの貧困対策の推進に関する法律に基づき2019（平成31）年に見直された。

　2013（平成25）年の成立以降，子どもの貧困対策の推進に関する法律で一部改正された点について触れておく（図17‐3，表17‐1）。

　まず，法の目的として，児童の権利に関する条約の精神にのっとり，子どもの「将来」だけでなく「現在」の生活等に向けても子どもの貧困対策を総合的に推進することが明記されるとともに，基本理念として，子どもの最善の利益が優先考慮されること，貧困の背景に様々な社会的要因があること等が明記された。

　新たな大綱の策定の目的は，貧困の連鎖を食い止めるためには，現在から将来にわたって，すべての子どもたちが前向きな気持ちで夢や希望をもつことのできる社会の構築をめざしていく必要があることが示された。貧困の状況にある家庭では，様々な要因により子どもが希望や意欲をそがれやすい。そうした中で，めざすべき社会を実現するためには，子育てや貧困を家庭のみの責任とするのではなく，地域や社会全体で課題を解決するという意識を強くもち，子どものことを第一に考えた適切な支援を包括的かつ早期に講じていく必要があるとされた。

　特に配慮を要する子どもへの支援として，**特別支援教育**について，特別支援教育就学奨励費等を通じて，障がいのある児童生徒等への支援の充実を図ることが明記された。

　外国人児童生徒等への支援として，教育の機会が適切に確保され，高等学校や専門学校・大学等への進学，就職が円滑に実現できる環境を整備するため，就学状況の把握および就学促進や日本語指導および教科指導の充実，中学校・

目 的	・子どもの現在及び将来がその生まれ育った環境によって左右されることのないようにする ・全ての子どもが心身ともに健やかに育成され，及びその教育の機会均等が保障され，子ども一人一人が夢や希望を持つことができるようにする ・子どもの貧困の解消に向けて，児童権利条約の精神に則り，子どもの貧困対策を総合的に推進する

基本理念	・社会のあらゆる分野において，子どもの年齢及び発達の程度に応じて，その意見が尊重され，その最善の利益が優先して考慮されること ・子ども等の生活及び取り巻く環境の状況に応じて包括的かつ早期に講ずること ・背景に様々な社会的な要因があることを踏まえること ・国及び地方公共団体の関係機関相互の密接な連携の下に，関連分野における総合的な取組として行うこと

子どもの貧困対策を総合的に推進する枠組み

国	・「子どもの貧困対策に関する大綱」を策定（閣議決定） ※子どもの貧困対策会議（会長：内閣総理大臣）が案を作成 案の策定時に子どもや保護者等の意見を反映させるための措置を講ずる ・子どもの貧困の状況・子どもの貧困対策の実施状況の公表（毎年1回）
都道府県	・都道府県計画を策定（努力義務）※大綱を勘案
市町村	・市町村計画を策定（努力義務）※大綱及び都道府県計画を勘案

大綱に定める事項

基本的な方針	
子どもの貧困に関する指標 子どもの貧困率，一人親世帯の貧困率 生活保護世帯に属する子どもの高等学校等進学率・大学等進学率 等	
教育の支援	生活の安定に資するための支援
保護者に対する職業生活の安定と向上に資するための就労の支援	経済的支援
調査及び研究	検証及び評価その他

《附則第2項》
政府は，この法律の施行後5年を目途として（中略）必要であると認めるときは，新法の規定について検討を加え，その結果に基づいて必要な措置を講ずる。

図17-3　子どもの貧困対策の推進に関する法律の概要

出所：子どもの貧困対策の推進に関する法律をもとに筆者作成。

表 17−1　子供の貧困対策に関する大綱のポイント（令和元年11月29日閣議決定）

子供の貧困対策に関する大綱	
	○　「子どもの貧困対策の推進に関する法律」（平成25年成立，議員立法）に基づき策定 ○　今般の大綱改定は，①前大綱（平成26年8月閣議決定）において，5年を目途に見直しを検討するとされていたこと，及び②議員立法による法律改正（令和元年6月）を踏まえて実施。 ○　平成30年11月の子どもの貧困対策会議（会長：内閣総理大臣）において，令和元年度中に新たな大綱を策定することとされた。
目　　的	現在から将来にわたり，全ての子供たちが夢や希望を持てる社会を目指す 子育てや貧困を家庭のみの責任とせず，子供を第一に考えた支援を包括的・早期に実施
基本的 方針	①　親の妊娠・出産期から子供の社会的自立までの切れ目のない支援　子供のライフステージに応じて早期の課題把握 ②　支援が届かない又は届きにくい子供・家庭への配慮　声を上げられない子供や家庭の早期発見と支援の多様化 ③　地方公共団体による取組の充実　計画策定や取組の充実，市町村等が保有する情報の活用促進
指　　標	ひとり親の正規雇用割合，食料又は衣服が買えない経験等を追加（指標数 25→39）

指標の改善に向けた重点施策（主なもの）

1．教育の支援 ○　学力保障，高校中退予防，中退後支援の観点を含む教育支援体制の整備 少人数指導や習熟度別指導，補習等のための教職員等の指導体制の充実，教育相談体制の充実，高校中退者への学習支援・情報提供等 ○　真に支援が必要な低所得者世帯の子供たちに対する大学等の授業料減免や給付型奨学金を実施 2．生活の安定に資するための支援 ○　妊娠・出産期からの切れ目ない支援，困難を抱えた女性への支援 子育て世代包括支援センターの全国展開，若年妊婦等へのアウトリーチ，SNS を活用した相談支援，ひとり親支援に係る地方公共団体窓口のワンストップ化・民間団体の活用等 ○　生活困窮家庭の親の自立支援　生活困窮者に対する自立相談，就労準備，家計改善の一体的な支援の実施を推進 3．保護者に対する職業生活の安定と向上に資するための就労の支援 ○　ひとり親への就労支援　資格取得や学び直しの支援，ショートステイ（児童養護施設等で一時的に子供を預かる事業）等の両立支援 4．経済的支援 ○　児童扶養手当制度の着実な実施　支払回数を年3回から6回に見直し（令和元年11月支給分～） ○　養育費の確保の推進　養育費の取決め支援，民事執行法の改正による財産開示手続の実効性の向上 5．施策の推進体制等 ○　地方公共団体の計画策定等支援 ○　子供の未来応援国民運動の推進　子供の未来応援基金等の活用

出所：厚生労働省（2019）「子供の貧困対策に関する大綱」を筆者が一部改変。

高等学校におけるキャリア教育等の包括的な支援を進めることとされている。

　こうした支援により，障がいを抱える子どもや外国籍の子どもへ目が向けられるようになったことは大きな変化といえる。また，これらは現在の日本の社会情勢の変化に合わせた運用や改定がなされたものともいえる。そのため，大綱は日本の子どもの貧困対策の指針や今後の方向性を示していくために，非常に重要なものとなる。

（2）子どもの貧困に対する専門的な視点

　子どもの貧困を引き起こす要因として経済的困窮の影響は大きい。経済的な支援制度に関しては国や自治体の役割となる。貧困化する子育て世帯を支える制度の一つとして，厚生労働省は2013（平成25）年に「**新たな生活困窮者支援制度の創設**」という文書を発表した。近年の生活保護受給者数の増加傾向や，稼働年齢層と考えられる「その他の世帯」の割合の増大を踏まえ，生活保護受給者に至る前の自立支援策を強化するという改革の趣旨を示した。そうした趣旨に基づき，2013（平成25）年12月に「**生活困窮者自立支援法**」が成立した（2015（平成27）年4月施行）。支援の実施の主体は市町村，都道府県である。その中には「**子どもの学習支援等について**」が盛り込まれており，子どもの教育についても貧困の連鎖を食い止めるための施策として各自治体に委ねられている。

　公的な制度は見直され改定されていくが，専門職として私たちはその状況と当事者の生活の把握に努め，必要な情報は随時提供することが重要である。また自治体にも現場で起こる状況を的確に伝えられるようなコーディネートの役割が求められるだろう。

（3）子どもの貧困対策に関するサービスや事業

　子どもの貧困に対する国の制度は示されているが，具体的な策は現状においては十分とは言い難い。しかしながら，NPO や民間企業によって様々な形での支援は先駆的に行われている。その中でも「**子ども食堂**」は，NPO 法人や民間団体，住民による有志，個人などによって，子どもが一人でも行ける無料または低額の食堂であり，子どもへの食事提供から孤食の解消や食育，さらには地域交流の場などの役割を果たしている。ここ数年で全国規模での拡がりをみせている。その意義として，親子で参加する場合も含め，子どもにとって貴

重な共食の機会を確保することや地域コミュニティの中での子どもの居場所を
提供すること等が挙げられている。

　最近では「こども宅食」という取り組みもクローズアップされてきており，
そうした取り組みを行う自治体もある。子ども食堂の活動は認知されつつある
が，「子ども食堂＝貧困家庭」と捉えられることもあり，本当にニーズのある
家庭ほど遠ざかってしまうことも少なくない。「こども宅食」は，子ども食堂
とはまた違ったアプローチである。具体的には，経済困窮も含めた困り感があ
る家庭とつながり，周囲に知られない形で自宅へ食品や生活用品等を届ける
サービスである。定期的に貧困家庭とつながること，顔を合わせることにより，
変化や問題を察知できる点が大きなポイントとなる。こうした新たな取り組み
がさらに増え，様々な形で広まっていくことは大きな意義があるが，今後は，
よりよく稼働できるかがカギとなるであろう。

4　子どもの貧困の解決に向けた専門職の役割

　子どもの貧困の解決に向けた取り組みは，現在様々な形で行われている。そ
の中でも保育，教育，福祉現場等において直接支援を行う専門職は，日々この
ことと向き合う心構えが必要である。特に，保育所等は子どもの貧困を最初に
発見し，その対応を行う場面に遭遇する可能性が高い。具体的な場面として，
「毎日使うタオルや衣類が洗われていない」「忘れ物が多い」「不規則な時間の
登園」等，保育者の目には困った保護者にうつるかもしれない。しかし，その
外的要因だけを捉えることは危険である。なぜなら，保護者が家事や育児をう
まくできない要因があり，何かしらの困難に直面している可能性が高いからで
ある。現象面だけを捉えるのではなく，なぜその事象が起きているのかを考え
る福祉的な視点が求められる。当事者の困り感は目に見えづらいからこそ，少
しの変化にも気づける力が必要となる。**保育所保育指針**には，保育所は，児童
福祉法第39条の規定に基づき，「保育を必要とする子どもの保育を行い，その
健全な心身の発達を図ることを目的とする児童福祉施設であり，入所する子ど
もの最善の利益を考慮し，その福祉を積極的に増進することに最もふさわしい
生活の場でなければならない」とされている。子どもの最善の利益を考慮する
ということは，そのような環境を保育者が作る役割を担っていることを意識し
なければならない。

　また，子どもの貧困の発生時期は乳幼児期や学童期問わず，幅広い年齢で突如として起こることも多い。その場合，ソーシャルワークの専門職でもある社会福祉士や精神保健福祉士が支援を希望する人の年齢や生活環境などに応じ相談援助を行うことができる。たとえば，学校に**スクールソーシャルワーカー**として籍を置いている**社会福祉士**や**精神保健福祉士**は，教職員や保護者から学校生活で起こっている問題や課題に関する相談に乗ることが多い。その際，児童福祉という観点から，子どもや家庭に向けた，具体的な支援方法を伝える役割を担っている。また，その中で個別のケースによっては各関係機関との連携等を行い，必要であると判断した場合は，医療機関や福祉サービスへつなげることもある。現在，児童虐待等の家庭環境に関する問題，外国籍にルーツのある子どもへの対応等，より専門的な視点やアプローチが求められている。

　このように，**保育者**，社会福祉士，精神保健福祉士等の専門職は子どもやその家庭に一番近い存在になり得る場所にいる。子どもやその家庭が何らかの問題を抱えている場合，すぐに発見できる存在ともいえる。重要なことは，専門職として何らかの SOS を発見した場合，次にどのような行動に移すかである。発見した専門職だけで抱え込むのではなく，他機関等と共有できる環境をつくることが求められる。問題が起こった時の対応は誰が行っても構わない。しかし，一番近い存在だからこそ，いち早く問題に気づき，必要な支援につなげることができるのは専門職であろう。

注
⑴　朝日新聞「子どもの 7 人に 1 人が貧困状態　18年調査で高い水準に」（https://www.asahi.com/articles/ASN7K6WFPN7KUTFL00K.html　2022年 2 月12日閲覧）。

参考文献
秋田喜代美・小西祐馬・菅原ますみ編（2018）『貧困と保育——社会と福祉につなぎ，希望をつむぐ』かもがわ出版。
厚生労働省（2017）「保育所保育指針」。
厚生労働省（2019）「子供の貧困対策に関する大綱」。
厚生労働省（2020）「2019年国民生活基礎調査の概況」。

学習課題

①　先駆的に子どもの貧困に力を入れたイギリスの「絶対的貧困率」と「相対的貧困率」がどのように変化したかを比較してみよう。

②　子どもや家庭の孤立を防ぐために必要なことを考えよう。

コラム　子どもと家族に「関わり続ける」支援

　フィンランドは子どもの貧困率が低く，また子どもの幸福度が高い国でもある。フィンランドの先駆的な取り組みとして1920年代初頭にネウボラ（neuvola）というものが始まった。これは1944年には制度化され，運営主体は市町村であり利用は無料である。子どもの健やかな成長・発達の支援はもちろん，母親，父親，きょうだい，家族全体の心身の健康サポートも目的としている。現在利用者は100％に近い定着率であり，支援の連続性（親の妊娠・出産期から子どもの社会的自立までの切れ目のない支援）がその大きな特徴である。そのため，フィンランドでは妊娠の予兆がある時点で，まずネウボラへ健診に行く。担当制になっているため，基本的には親の妊娠期から産まれた子どもが小学校にあがるまで，同じ担当者が継続的にサポートをする。互いに信頼関係が築きやすく，問題の早期発見，予防，支援につながっていることが強みである。ネウボラは医療機関の窓口の役割もあり，出産入院のための病院指定，医療機関や専門家の紹介も行っている。子どものライフステージに応じて早期の課題把握しているのである。

　日本は，妊娠・出産をした後，相談機関はあるものの，ネウボラのような機関が一貫してその家庭に関わり，相談に乗り続けていくという環境が整っているわけではない。子どもの成長に着目するならば，継続的な関わりは不可欠である。「継続は力なり」ということわざがあるように，日本においても子どもとその家族に対して，専門家が切れ目のない関わりを続けられたら，貧困問題は軽減されるであろう。現在，日本には様々な制度はあるが「関わり続けていく」ことで築けるものがあるはずである。そのような仕組み作りが，今必要な支援ではないだろうか。

第18章

子ども・若者の健全育成といじめ防止対策

　すべての子ども・若者は健やかに生まれ育成される権利をもっている。子ども・若者は，次世代のわが国を担う大事な存在であり，その健全育成は社会全体の責務として捉えるべきである。本章では，子ども・若者を取り巻く状況や児童健全育成の動向を概観しながら，「子ども・若者育成支援推進法」に基づく施策を整理する。また，増加するいじめ問題の現状と対策についても述べる。本章を学ぶみなさんには，子ども・若者が円滑に社会生活を送るためには何が必要なのか，国としてどのような対策を講じているかを学ぶとともに，自らはどのようにそれらに貢献できるのかを考えてほしい。

1　わが国の児童健全育成施策

（1）子ども・若者をめぐる状況

　子どもの健全な育ちには「遊び」は重要だが，近年では都市化や情報化の発展により，室内での一人遊びが増え，学校以外の団体などが行う自然体験活動への参加率が低下傾向にある。今の子どもたちはインターネットの普及により多くの情報を得られる環境にあるが，その知識には偏りがあり，また受け身的なものが多いことから，学びに対する意欲や関心が低くなっているという指摘もある。また，文部科学省が実施している体力テストでは，体格は大きくなっているにもかかわらず，50メートル走やソフトボール投げ等の複数項目で，2019（令和元）年度の結果が1985（昭和60）年度の結果よりも下回っており，体力の低下も懸念されている。

　また，子どもや若者にとって，今の社会は必ずしも生きやすいものではないことを様々な数値が表している。たとえば，児童虐待の相談件数やいじめの認知件数は年々増加している。厚生労働省の「国民生活基礎調査」によると，

2018（平成30）年の子どもの貧困率は14.0％で，この10年で多少増減はあった
ものの，大きな変化はみられない。若年層の死因をみても，全年代での自殺者
数が減少傾向にある中，2018（平成30）年の20歳未満の自殺者数は10年前と比
べてほぼ変わらない状態が続いている。**若年無業者**（15～34歳の非労働力人口の
うち，家事も通学もしていない者）の数も，2002（平成14）年に大きく増加した後，
おおむね横ばいで推移している。近年ではコロナ禍による学校教育や就職活動
への影響やヤングケアラーの問題なども着目されており，ますます子どもや若
者を取り巻く環境が厳しくなっている。

　このような子どもや若者をめぐる課題に対し，従来，様々な対策や制度で対
応してきたが，これは個別分野によるものであった。しかし，子どもや若者を
取り巻く様々な課題は多岐にわたり，かつ複合的に現れることも少なくない。
また，子どもから若者へ，さらには大人へ成長していく過程で利用できるサー
ビスや制度が異なり，一貫性・整合性のある支援を行うことが実質的には難し
く，子どもや若者たちが抱える問題をより大きくする一因にもなっている。

（2）児童健全育成施策の動向

　児童福祉法第1条には児童を健全に育成する義務が定められている。また，
その児童健全育成の責任は，保護者とともに国や地方公共団体にもあることも
明記されている。

　健全育成政策は厚生労働省，文部科学省，内閣府のもとで取り組まれてきた。
厚生労働省における健全育成政策には，児童福祉の思想の普及や向上，**放課後
児童健全育成事業**，児童文化財普及等事業，児童厚生施設の設備や運営，児童
委員や児童厚生施設職員の養成や資質向上，母親クラブの整備などがある。文
部科学省における健全育成は，豊かな心と社会性を育むための自然体験などの
多様な体験活動の実施や，民間団体が実施する子どもの体験活動への支援，指
導者の育成など，社会教育の一環として行われてきた。内閣府は，非行防止対
策を講じるとともに，各省庁間の調整役として子ども・若者への支援施策の基
本的方向や総合的方針を定める役割を担っており，現在は，子ども・若者育成
推進法に基づく「**子ども・若者ビジョン**」の策定や『子供・若者白書』の作成
等に携わっている。

　1990年代に入って少子化が社会的な問題となったことから，少子化社会にお
ける子どもの健全育成対策に関心が高まり，1997（平成9）年には放課後児童

健全育成事業（放課後児童クラブ）が児童福祉法に位置づけられた。2014（平成26）年には、「小1の壁」を打開するため、厚生労働省と文部科学省の共同による放課後子ども総合プランが取りまとめられた。

（3）切れ目のない支援をめざす子ども・若者育成支援推進法

　次世代を担う子どもや若者の健やかな成長は、わが国の発展に大きく関わる重要事案である。しかし、児童虐待、いじめ、貧困、有害情報の氾濫、若年無業者、ひきこもりなど、わが国の子どもや若者をめぐる環境は深刻さを増している。こうした諸課題に対応し、子ども・若者が円滑に社会生活を営めることをめざし、2010（平成22）年4月に「子ども・若者育成支援推進法」（以下、子若法）が施行された。

　これまでの縦割り的な対応には限界があるとして、子若法には子どもや若者にとっての良好な社会環境の整備を関連分野の知見を総合して行うことが明記されており、その責務は国や地方自治体にあるとしている。2010（平成22）年7月には、内閣総理大臣を本部長とし、全閣僚で構成する子ども・若者育成推進本部において、子若法第8条に基づく**子ども・若者育成支援推進大綱**（以下、大綱）として「子ども・若者ビジョン」が策定された。また、子ども・若者支援地域協議会を設置し、様々な機関がネットワークを組んだ包括的な支援体制を構築することが示された。

　子ども・若者育成支援推進大綱は、2015（平成27）年度の第2次に続き、現大綱である第3次が、「全ての子供・若者が自らの居場所を得て、成長・活躍できる社会を目指して」という副題をつけて2021（令和3）年4月に策定された。居場所の多さが自己肯定感やチャレンジ精神、将来への希望、社会貢献への意欲などと相関関係がみられることから、すべての子ども・若者の成長や活躍の土台となる居場所の確保を社会総がかりで取り組むことを示している。大綱が示す子ども・若者育成支援の基本的な方針は、①すべての子ども・若者の健やかな育成、②困難を有する子ども・若者やその家族の支援、③創造的な未来を切り拓く子ども・若者の応援、④子ども・若者の成長のための社会環境の整備、⑤子ども・若者の成長を支える担い手の養成・支援の5つである。

　また、子ども・若者を取り巻く社会全体の状況（子ども・若者の健全育成に関連する主な社会課題）を「家庭」「学校」「地域社会」「情報通信環境（インターネット空間）」「就業（働く場）」の5つの場に分け、それぞれの場において、特

に重要だと考えられる子ども・若者の育成支援に関連する社会課題を，①生命・安全の危機，②孤独・孤立の顕在化，③低い Well-being，④格差拡大への懸念，⑤SDGs（持続可能な開発目標）の推進，⑥多様性と包摂性ある社会の形式（ダイバーシティ＆インクルージョン（D&I)），⑦リアルな体験とデジタル・トランスフォーメーション（DX）の両面展開，⑧成年年齢の引下げ等への円滑な対応，⑨子ども・若者の人権・権利の保障，⑩ポストコロナ時代における国家・社会の形成者としての子ども・若者の育成の10項目に整理した。

　①〜④については，コロナ禍の影響を含め，子ども・若者の健やかな成長の大きな阻害要因となることから，特に懸念されている。⑤〜⑦は今後の社会づくりに関連する項目である。⑦では DX が求められる状況であることを述べながら，健全育成の観点から自然体験と文化体験の重要性も示しており，両者をバランスよく推進していく「両面展開」とした。⑧〜⑩は子ども・若者の人権・権利に関する項目である。⑩では子ども・若者の意見表明の機会や政策形成過程への参画を促進することが含まれている。

　子ども・若者が日々の生活を送る中で直面する問題は多岐にわたるため，その対応を単一の機関だけで行うことが困難である。また，それぞれの問題が独立して発生しているのではなく，他の問題と関連して生じるため，各機関が個別に支援をするだけでは状況が改善しないことも少なくない。たとえば，就業支援として，履歴書作成や面接対策などの支援のほかに，カウンセリングなどの心のケアや精神科受診などの発達障害へのサポートなどが求められる場合もある。

　また，子どもから大人へと成長していく過程で適用される法制度や活用できるサービスが変わるため，従来の縦割り型の支援には大きな課題がある。たとえば，障害児に提供される障害福祉サービスは，児童福祉法に基づくものと障害者総合支援法に基づくものがあり，18歳になると児童福祉法に基づくサービスは受けられなくなる。

　このような従来の個別的な支援に代わって求められているのが，様々な機関でネットワークを形成し，それぞれの機関が専門性を生かしながら発達段階に応じた支援を行っていく仕組みである。そこで子若法は，地方公共団体がこのような仕組みを実現する**子ども・若者支援地域協議会**（以下，協議会）を置くことを努力義務とした（図18‐1）。2021（令和3）年1月1日現在での全国の協議会設置数は，都道府県42，政令指定都市13，市区町村73である。

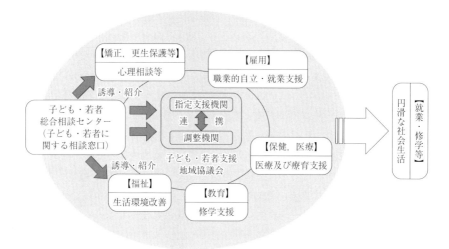

図18-1　地域における子ども・若者支援地域協議会のイメージ

出所：内閣府（2010）「子ども・若者支援地域協議会設置・運営指針」を筆者が一部改変。

　協議会の構成者として想定されているのは，教育・福祉・保健・医療・矯正・更生保護・雇用など，子ども・若者育成支援に関連する分野に携わるものである（表18-1）。協議会は，状況に応じて複数の支援を適切に組み合わせ円滑に実施することをめざしていることから，「顔の見える関係」の構築から始めることが求められる。

　運営の方法に明確なきまりはないが，内閣府による設置・運営指針には，代表者会議，実務者会議，個別ケース検討会議の三構造での実施が提案されている。代表者会議は構成機関の代表者によって組織されるもので，協議会の基本的な運営方針の決定などを行い，実務者会議や個別ケース検討会議が円滑に運営されるように環境整備を図る。実務者会議では，実務者がケース全体の支援状況についての定期的な進行管理等を行う。また，支援者の育成や就業体験や社会体験の場の提供など，地域支援の基盤を整備するための連絡調整などを担うことも考えられる。個別ケース検討会議では，個別のケースに携わっている担当者が集まり，対象者の状況把握や支援方針の策定・見直し，役割分担の決定等を行う。

　子ども・若者総合相談センター（以下，センター）は，子若法第13条に基づき，子ども・若者育成支援に関する相談に応じ，関係機関の紹介や必要な情報の提

表18-1　子ども・若者支援地域協議会の関係機関の具体例

分　野	団　体	個　人
教　育	教育委員会，教育センター，学校（大学を含む）	校長その他の教員，スクールソーシャルワーカー，スクールカウンセラー，特別支援教育コーディネーター
福　祉	福祉事務所（家庭児童相談室を含む），社会福祉施設，児童相談所，発達障害者支援センター，ひきこもり地域支援センター	保育士，家庭相談員，民生委員・児童委員，社会福祉士
保健，医療	精神保健福祉センター，保健所，市町村保健センター，病院・診療所，心理相談所	医師，看護師，保健師，心理職，精神保健福祉士
矯正，更生保護等	保護観察所，少年鑑別所，少年サポートセンター	保護司
雇　用	地域若者サポートステーション事業・合宿型自立支援プログラムを運営している NPO 等の法人・団体，ハローワーク，職業訓練機関，ジョブカフェ	キャリア・コンサルタント
総合相談等	子ども・若者総合相談センター（少年補導センター，青少年センターを含む），子ども・若者の支援に携わる NPO 等	少年補導委員

出所：内閣府（2010）「子ども・若者支援地域協議会設置・運営指針」を筆者が一部改変。

供および助言を行う拠点として地方公共団体が設けるものである。子ども・若者に関する相談の一元的な受け皿として機能し，たらいまわしにされることなく相談者の困り事への支援が行われるように，子ども・若者支援地域協議会を含む関係機関の情報を把握し，必要に応じて地域内の他の機関につなぐ役割を担う。

2　いじめ防止への取り組み

（1）いじめの現状

いじめとは，「児童生徒に対して，当該児童生徒が在籍する学校に在籍している等当該児童生徒と一定の人間関係にある他の児童生徒が行う心理的又は物理的な影響を与える行為（インターネットを通じて行われるものも含む。）であって，当該行為の対象となった児童生徒が心身の苦痛を感じているもの」（いじめ防止対策推進法第2条）である。

　文部科学省が毎年行っている「児童生徒の問題行動等生徒指導上の諸問題に関する調査」（以下，問題行動等調査）のいじめの認知（発生）件数を見ると，2012（平成24）年度にその数が前年度の約2倍に増加し，その後一旦横ばいになるも，年々増加している（図18-2）。2012（平成24）年度の急激な増加の背景には，2011（平成23）年に発生した滋賀県大津市の男子生徒によるいじめを苦にした自殺事件がある。この事件が大きなきっかけとなり，2013（平成25）年には「いじめ防止対策推進法」（以下，いじめ防止法）が制定され，学校に対して積極的にいじめを認知することを促した。文部科学省は，認知件数の多さはむしろ積極的にいじめ対応に取り組んでいる証とし，肯定的に評価している。実際，各学校では定期的にいじめアンケート等を児童生徒に実施し，早期発見・早期対応に努めている。

　問題行動等調査では学年別のいじめの認知件数も調査しているが，その推移に着目すると，いじめの認知は低年齢化している（図18-3）。今から10年前の2011（平成23）年度では，いじめの認知件数は中学1年生が最も多く，小学校低学年は少なかった。しかし，2016（平成28）年度には小学校低学年の認知件数が中学1年生を上回り，2019（令和元）年度にはさらにその差が大きくなっている。

　これは先に指摘したように，学校がいじめの認知に積極的になったことで，これまでは軽微なものとしていじめと認知していなかったものもカウントするようになった結果ともいえ，単純に低年齢でのいじめが増えたということにはならない。しかし，その後大きないじめ問題に発展するかもしれない火種が低年齢で起きていることを認識しておくことは重要であり，低年齢時にそれらに適切に対応することは後のいじめの予防につながるはずである。

（2）いじめの特徴・形態

　近年のいじめは，身体への直接的な暴力を加えるもの以外にも，仲間はずれや無視，相手が嫌がることを強要するものなどがある。文部科学省は，1998（平成10）年より小学4年生から中学3年生を対象にいじめ追跡調査を実施しているが，その結果によると，児童生徒の報告する経験率は，被害・加害ともに減少傾向にある。「暴力を伴わないいじめ」である「仲間はずれ・無視・陰口」については，その継続率や再発生率において被害経験と加害経験に差が見られないことから，「暴力を伴わないいじめ」はお互いにやったりやられたりする

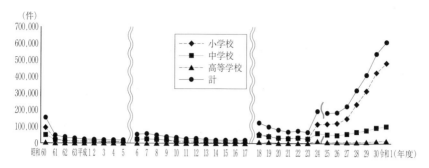

図18-2　いじめの認知（発生）件数の推移

出所：文部科学省（2020）「令和元年度 児童生徒の問題行動・不登校等生徒指導上の諸課題に関する調査結果について」。

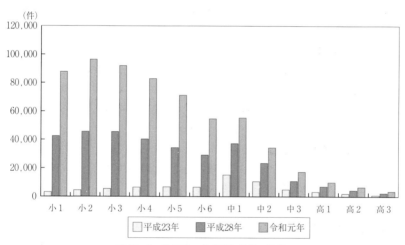

図18-3　学年別いじめ認知件数の推移

出所：文部科学省「児童生徒の問題行動・不登校等生徒指導上の諸課題に関する調査結果について」
（2011年度，2016年度，2019年度）をもとに筆者作成。

ような行為であり，誰でも被害者あるいは加害者として巻き込まれやすいものであると結論づけている。

　SNS 上で個人を攻撃するような書き込みをするネットいじめなども増えてきている。コロナ禍の影響もあり，前倒しで **GIGA スクール構想**による児童生徒へのタブレット端末の配布が実施されたが，2020（令和2）年11月に起きた小学6年生女児の自殺の背景には，この端末で悪口が送信されるなどのいじ

めがあったことが判明しており，ネット利用によるいじめへの対策が課題となっている。

　学校では，たまたまクラスメートや部活メンバーとなった人たちと人間関係を作って過ごしていかなければならない。そんな状況下では，クラスや部の一員として認められたいという欲求が生じる。日本人は肩書や身分に対する意識が強い傾向があり，ルールを守ることを重要視するところがあるが，これは学校内でも同様で，その意識から「**スクールカースト**」が生み出される。そこでは自分が属するカーストに見合った振る舞いが求められ，その結果，児童生徒は同じような価値観を共有し同じような行動をとるようになる。そうすると，少しの差異が目立つことになり，それが排除の対象となる可能性が出てくる。この差異を生じさせることは誰にでも起こり得ることだが，自分が排除の対象になることを避けるため，カーストの下位にいる児童生徒をスケープゴートとして選び出すことで自分の立場を安定させようとする動きが生じる。これがいじめを生み出す構造の一つと考えられている。

　また，生活環境要因がいじめの背景にある場合も少なくない。児童虐待や家庭内不和，家庭の経済的困難などが子どもたちに不安や不満を蓄積させ，そのストレスのはけ口としていじめ行為に至っているケースもある。

（3）いじめ防止対策推進法

　いじめは，いじめられた子どもの教育を受ける権利を侵害し，心身を傷つけ，人格の形成にも大きな影響を与える人権の侵害であり，決して許される行為ではない。しかし一方で，いじめはどの学校にも起こり得る可能性のあるものであり，それを踏まえた対策を講じることが求められる。

　いじめ防止法は，いじめの防止等に向けて社会全体で対処していくための基本的な理念や体制を定めた法律で，2013（平成25）年9月に施行された。この法律の根本には，すべての児童生徒の尊厳を保持するという考えがある。これを実現するためには多角的な対策が必要となる。

　いじめ防止法では，国と学校には義務として，地方公共団体には努力義務として「**いじめの防止等のための対策に関する基本的な方針**」の策定を定めている。また，学校には，道徳教育等の充実，早期発見のための措置，相談体制の整備，インターネットを通じて行われるいじめに対する対策の推進等について，国・地方公共団体には，いじめの防止等の対策に従事する人材の確保や資質向

上，調査研究の実施，啓発活動等について必要な施策を講ずることが求められている。さらに，学校には，いじめの防止・早期発見・早期対応を実効的に行うための組織を置くこととし，その構成メンバーとして複数の教職員，心理・福祉等の専門家，その他必要に応じて**弁護士・医師・警察** OB 等の外部専門家を挙げている。

　いじめ防止法はいじめの**重大事態**への対処についても定めている。重大事態とは，いじめにより児童生徒の生命，心身または財産に重大な被害が生じた疑いがある，あるいはいじめにより児童生徒が相当の期間学校を欠席することを余儀なくされている疑いがあると認められる状態をいう。重大事態が発生した場合，地方公共団体の長に報告するとともに，速やかに適切な方法で事実関係を明確にするための調査を行う。いじめが認定された場合は，いじめた児童生徒に対し，保護者に協力を依頼しながら，いじめられた児童生徒への謝罪の気持ちを醸成させるような指導を行う。

　いじめは，いじめられた児童生徒を長期にわたって苦しめ，ひきこもりにもつながりかねない深刻な問題である。いじめには児童生徒の生活上の様々な課題が関係しているため，いじめの防止や適切に対応するためには生活全体を包括的に捉える必要がある。そのためには，教職員はもちろん，保護者，**スクールソーシャルワーカー**，**スクールカウンセラー**，場合によってはその他の学校外の専門家がチームとなって，児童生徒の安心・安全のために協力しながら対応していくことが求められる。

注
(1)　子どもを夜間まで預けることが困難になることなどから，共働きやひとり親世帯において，子どもの小学校入学後に仕事と子育ての両立が困難になること。
(2)　「子ども・若者」の対象年齢は30歳台までを想定している。
(3)　いじめという行為はそもそも大人の目には見えにくく，教職員が認知できた件数は真の発生件数の一部にすぎないという考えから，2006年度より「発生件数」から「認知件数」に改められた。
(4)　不登校の定義を踏まえ年間30日を目安としているが，それより短くても一定期間連続して欠席しているような場合なども該当する。

参考文献

赤坂憲雄（1986）『排除の現象学』洋泉社。

植木信一（2018）「日本の児童の健全育成政策の成立展開」『人間生活学研究』9，49〜56頁。

田渕久美子（2018）「学校は『いじめ』問題にどう取り組んできたか」『教育方法学研究』44，1〜11頁。

内閣府（2010）「子ども・若者支援地域協議会設置・運営指針」。

内閣府（2021）『令和3年版子供・若者白書』。

森口朗（2007）『いじめの構造』新潮社。

文部科学省（2013）「平成23年度児童生徒の問題行動・不登校等生徒指導上の諸課題に関する調査結果について」（https://www.mext.go.jp/component/a_menu/education/detail/__icsFiles/afieldfile/2019/01/04/1412082-2301.pdf　2021年9月15日閲覧）。

文部科学省（2018）「平成28年度児童生徒の問題行動・不登校等生徒指導上の諸課題に関する調査結果について」（https://www.mext.go.jp/component/a_menu/education/detail/__icsFiles/afieldfile/2019/01/10/1412082-28.pdf　2021年9月15日閲覧）。

文部科学省（2020）「令和元年度児童生徒の問題行動・不登校等生徒指導上の諸課題に関する調査結果について」（https://www.mext.go.jp/content/202111008-mext_jidou01-100002753_01.pdf　2021年9月15日閲覧）。

文部科学省「いじめ防止対策推進法（概要）」（https://www.mext.go.jp/a_menu/shotou/seitoshidou/1337288.htm　2021年9月15日閲覧）。

文部科学省（2021）「いじめ追跡調査2016-2018　いじめQ&A」（https://www.nier.go.jp/shido/centerhp/2806sien/tsuiseki2016-2018.pdf　2021年9月15日閲覧）。

山下英三郎（2010）『いじめ・損なわれた関係を築きなおす——修復的対話というアプローチ』学苑社。

学習課題
① あなたが住んでいる都道府県・市区町村には子ども・若者支援地域協議会があるのか，あるとすればどのように実施されているかについて調べてみよう。
② いじめはなぜ起きるのか，その背景には何があるのか，どのような働きかけがいじめ防止につながるのかを考えてみよう。

〰〰〰〰 **コラム1　子ども・若者支援地域協議会の取り組み** 〰〰〰〰
　子ども・若者支援地域協議会で関係機関が連携し，効果的かつ円滑な支援を実施するには工夫が必要である。そこで，ここでは愛知県名古屋市と大阪府堺市での取り組みを

紹介する。

　名古屋市では，2015年度から，「連絡依頼票」という支援機関同士で相談の情報を円滑に共有するための統一のシートを用いている。このシートは主に子ども・若者総合支援センターが他の支援機関にリファーする際に用いる。統一したシートを用いることで，重複した課題を抱えた相談者を他の複数の支援機関にリファーしても，情報が円滑に共有され，利用者は途切れることなく必要な支援を受けることができる。

　また，名古屋市では2019年度から「パートナー機関制度」を導入している。パートナー機関とは，子ども・若者総合支援センターや他の支援機関と連携して子ども・若者を応援するために登録した団体・事業者・個人のことである。それぞれの立場から，日常的な活動を通して子ども・若者が円滑に社会生活を営めるよう連携している。それぞれがパートナーとして自ら登録するということは，それだけ子ども・若者支援に積極的であるといえる。そのような機関等で構成された子ども・若者支援地域協議会であれば，協議会としてより機能することが期待できる。

　堺市では，「子ども若者お助け見本市」を定期的に開催している。この見本市には子ども・若者支援協議会に属する相談機関・団体が集まり，相談ブースを設けることはもちろん，フードドライブやゲーム・クイズなどのコーナーも設け，参加者がより参加しやすい工夫がなされている。2019年度に行われた見本市では，参加者がカードを通して働くうえで自分が大事にしたい価値観を知る「働く価値観カードゲーム」を実施した。また，堺市にどのような相談機関があるかをクイズにした「相談機関パネルクイズ」を実施し，参加者に市内の相談機関を楽しみながら知ってもらうことを試みた。この見本市は，人が多く集まるショッピングモールで開催され，681名もの参加者があった。

　子ども・若者支援地域協議会がその力を発揮するには，このような様々な工夫が必要である。

コラム2　「修復的対話」～コンフリクトに対する問題解決方法

　いじめが起きた時，学校ではどのような問題解決方法が行われているだろうか。教員がいじめた側，いじめられた側の双方から話を聞き，いじめた側を指導したうえで，最終的にはいじめた側がいじめられた側に謝罪をする。これは一般的によく行われている方法である。しかし，この方法ではいじめた側が納得しないまま形式的に謝り，心のこもっていない謝罪にいじめられた側も納得できず，結局双方にわだかまりが残って実は何の問題解決にもなっていないことも少なくない。

　修復的対話は人間関係のトラブルを対話で解決しようとする方法で，ハワイの先住民をはじめ世界中の多くの民族で用いられてきた。南アフリカのアパルトヘイトや東ティモールの内戦などでも取り入れられ，近年では修復的司法として欧米諸国中心に刑事司法の分野でも多数実践されている。司法分野では，被害者と加害者の対話を通じて加害者が被害者の苦しみを知り，加害者が心からの謝罪をすることで，被害者が本当の意味で癒されることをめざしている。また，関係性が損なわれるに至った原因にも着目し，同じような犯罪が繰り返されることを予防する目的も含まれている。

　この修復的対話を教育現場で活用する動きは1990年代半ばから始まっている。学校で起きる様々なコンフリクト（衝突，対立，紛争などを意味する）への対応方法として期待されているのである。修復的対話には「コンファレンス」と「サークル」という2つの方法があり，前者は参加者間に対立関係が存在する中で用いられるもので，中立的なファシリテーターが参加者の思いやニーズを引き出す役割を担いながら参加者間の話し合いを促し，参加者たち自身で合意による解決策を見出していく。いじめなどの対応に有効である。後者は特定のテーマに関して対話することで人間関係の構築や相互理解を促すことを目的としており，いじめなどの予防につながることが期待できる。

　人間が生活していれば何らかのコンフリクトには必ず出会う。そのコンフリクトを建設的に解決するスキルを学ぶ修復的対話を日本の学校教育に導入することで，増え続けるいじめ問題に一石を投じることになるかもしれない。

エピローグ

今後の児童・家庭福祉の動向と展望

（1）児童・家庭福祉の動向

　児童・家庭福祉の根幹を支える基本的かつ総合的な法律としてわが国において1947（昭和22）年に制定された**児童福祉法**が，2016（平成28）年に初めてその理念規定の改正に着手したことは，児童・家庭福祉分野の近年の目覚ましいトピックであり，それは同時にこの分野に大きな転換期をもたらした。児童福祉法制定から70年の節目を迎えようとする年であった。この2016（平成28）年の法改正に伴い，母子保健法や，児童虐待の防止等に関する法律（児童虐待防止法）等も改正されている。この改正が，その後の児童・家庭福祉の動向に影響を及ぼした点について本書の終わりにあらためて取り上げておきたい。

　まず，児童福祉法が，**児童の権利に関する条約**（子どもの権利条約）の精神にのっとったものであることが明確にされたことが挙げられる。子どもの権利条約では，権利の主体として子どもを捉えるという視点が明らかにされており，児童福祉法においても子どもの最善の利益が優先して考慮されることが規定された。子どもの権利条約が第44回国連総会で採択されたのが1989年であり，日本は1994（平成6）年に批准している。なお，2019（令和元）年は国連採択30年，日本批准25年であり，2016（平成28）年の児童福祉法改正と相まって，子どもの人権に関わる動きが活発化した。

　次に，社会的養護との関連では，2016（平成28）年の法改正で，国および地方公共団体（都道府県・市町村）の責務として，家庭と同様の環境における養育の推進が法律上明記されたことが挙げられる。いわゆる，「**家庭養育優先の原則**」である。すでに，2011（平成23）年に発表された「**里親委託ガイドライン**」（厚生労働省雇用均等・児童家庭局長通知）において里親委託優先の原則が示されていたが，法的に根拠づけられたこととなる。また，2008（平成20）年12月の第64回国連総会で採択決議された「**児童の代替的養護に関する指針**」の影響も

みることができる。

　これにより，実親や親族等による家庭での養育が困難な場合は，養子縁組や里親委託，また小規模住居型児童養育事業（ファミリーホーム）といった家庭養護を優先的に検討することとされた。それも難しい場合は，その理由を明らかにしたうえで，次に地域小規模児童養護施設（グループホーム）や小規模グループケアなどの施設における家庭的養護を検討することになる。従来型の施設を利用する場合も，ユニット化するなど少人数の単位でケアできる環境の整備が求められている。

　障がいのある児童にあたりまえの生活を保障することも，改正児童福祉法の理念を具現化するためにできる方策であろう。同じ年齢・学年の児童であればするだろう経験をできる限り同様に経験することができ，あわせて子どもの障がい特性に応じた専門的な支援を受けることができる体制の整備が求められる。児童福祉法と同じく2016（平成28）年に改正された障害者総合支援法も相まって，障害児福祉計画の策定が地方公共団体に義務づけられた。また，障害児入所施設についても，2019（平成31）年より検討会がもたれ，社会的養育のあり方について検討がなされており，2020（令和２）年２月に最終報告が取りまとめられた（障害児入所施設の在り方に関する検討会「**障害児入所施設の機能強化をめざして——障害児入所施設の在り方に関する検討会報告書**」）。

　2021（令和３）年６月には，改正児童福祉法第56条の６第２項を根拠として，「医療的ケア児及びその家族に対する支援に関する法律」（医療的ケア児支援法）が成立し，同年９月に施行された。この法整備に着手したことも，近年のトピックとして挙げられる。これにより，医療的ケア児（日常生活及び社会生活を営むために，恒常的に人工呼吸器による呼吸管理，喀痰吸引その他の医療行為を受けることが不可欠である児童）への支援措置をとることが，国や地方公共団体，保育所・学校の設置者等の責務となったのである。

　母子保健との関連では，妊娠期，出産前後，育児期にわたって切れ目なく支援を提供できる地域包括支援体制の構築をめざしている点を挙げることができる。児童福祉法は妊産婦をも規定した児童・家庭福祉の総合法的意味合いをもった法律である。改正児童福祉法に連動して母子保健法が改正され，母子保健サービスと子育て支援サービスを一体的に提供できるよう，関係機関・施設の中核的機関として「**子育て世代包括支援センター**」（母子保健法上の名称は，**母子健康包括支援センター**）が法定化された。これにとどまらず，政策上，これ

までの法体系では支援が行き渡らなかった対象に支援が行き届くよう，地域の網の目を埋める体制の基盤づくりが進められることとなる。

　切れ目のない支援という点でいえば，子どもたちが生まれた家庭の経済状況によることなく，夢や希望をもつことができる体制を整備するために編まれ，2014（平成26）年に施行された「子どもの貧困対策の推進に関する法律」も重要である。2019（令和元）年9月に法改正されたことに伴い，この法律に基づく「子供の貧困対策に関する大綱」もまた，同年11月にあわせて新しい大綱（「**子供の貧困対策に関する大綱～日本の将来を担う子供たちを誰一人取り残すことがない社会に向けて～**」）となり，妊娠・出産期から育児期に至るまでの切れ目のない支援や支援が行き届きにくい状況にある児童や家庭への支援などの基本方針が示された。

　児童虐待防止施策との関連では，支援を必要とする妊産婦，子ども，保護者などについて虐待リスクを把握できる可能性が高い医療機関や児童福祉施設，学校などが市町村に情報提供するよう努めることとする規定が設けられた。児童虐待の防止等に関する法律においても，先に挙げた機関・施設で職務に従事する者が資料や情報の提供を求められた時は，児童虐待の防止等に関わり妥当性がある場合は，これを提供することができるとされた。

　また，2019（令和元）年6月の児童福祉法と児童虐待防止法の改正により，親権者等による体罰禁止が盛り込まれることとなり，しつけを名目とした児童虐待に関する規定が強化された。厚生労働省では「体罰等によらない子育ての推進に関する検討会」が設置され，2020（令和2）年2月に「**体罰等によらない子育てのために～みんなで育児を支える社会に～**」とする報告書を取りまとめている。

　すでに2019（平成31）年3月には，「**児童虐待防止対策の抜本的強化について**」（児童虐待防止対策に関する関係閣僚会議決定）等に基づく体制強化が示されていたが，地域の体制整備としては，**要保護児童対策地域協議会**（以下，要対協）のうち，支援の実施状況を的確に把握し，関係機関での対応を統括することのできる**要保護児童対策調整機関**（以下，調整機関）が指定されることとなった。調整機関においては，児童の個々のケースに応じて対応することができる専門職を配置することが義務づけられる。また，**市区町村子ども家庭総合支援拠点**の整備による相談体制の強化も挙げることができる。

　こうした市区町村に設置される各機関が連携・協働性を強めることにより，

支援を一体的かつ継続的に提供できる体制整備を推進していくことになる。そして，都道府県や指定都市の児童相談所との連携を図っていくことが求められている。そのためにも，各機関に配置される専門職の資質向上が必要である。

（2）児童・家庭福祉の展望

　家庭は，子どもにとって，自己形成と人格形成の基盤をなす重要な位置づけにあり，その成長過程において安全かつ安心できる居場所でなくてはならない。その家庭の変化や危機を報じるかのような報道は後を絶たない。子どもだけではなく保護者や家庭の事情にも目を向けなければ，現実的な問題解決には結びつかない。少子高齢社会や人口減少社会と呼ばれる人口構造がもたらす家庭や地域社会の変容だけではなく，子どもの貧困や子ども虐待，家庭内の問題が浮き彫りとなって生起する犯罪，夫婦間の暴力，教育上の問題，社会のデジタル化により起こる問題など，多様化かつ複雑化する諸問題に直面する中にあっても，「児童・家庭福祉」の社会的役割とその位置づけがブレることがあってはならない。

　折しも，**新型コロナウイルス感染症（COVID-19）の感染拡大**（コロナ禍）の中で，緊急事態宣言やまん延防止等重点措置が長期的かつ断続的に繰り返され，学校等の休業や外出・移動の自粛が長らく継続する，これまでとはまた質を異にする社会状況が生み出された。この事態は，子どもを見守る地域のまなざしが減少したという状況をも意味している。こうした虐待リスクが高まる背景要因を踏まえ，子どもやその家庭等を見守る体制を確保するために，地域の支援ネットワークを強化し，子ども虐待の早期発見・早期対応に結びつけていくために実施されるのが，2020（令和2）年4月に厚生労働省子ども家庭局長名で発出された「**子どもの見守り強化アクションプラン**」である。市町村に設置される要対協が実施主体となり，支援の対象となる児童（**要支援児童**）やリスクのある妊婦（**特定妊婦**）を対象として定期的な確認や支援等を行うこととされた。

　こうして，ソーシャルワーク専門職である**社会福祉士**や**精神保健福祉士**，あるいは児童・家庭福祉分野の専門職である**保育士**は，児童・家庭福祉分野においてそれぞれの専門性を活かし，多様化かつ複雑化する諸問題に対して，子どもと子どもを取り巻く環境を含めた**全体性**（holistic）を視野に入れながらの対応が求められる。このため，専門性と実践の質的向上に努めなければならない。

児童・家庭福祉の転換期にあって，市区町村子ども家庭総合支援拠点，子育て世代包括支援センター，要保護児童対策地域協議会などのように，多機関・多職種が連携を深め，協働性を強化すべき事例は後を絶たない。これまでのように，児童・家庭福祉に関わる問題が児童相談所に一極集中することにより，数多くの問題に対応しきれなくなる状況となっていては，救われるはずの命も救えなくなってしまうということが起こることになる。そのようなことが繰り返されてはならない。ここにおいて，人と環境を視野に入れながら調整を図ることをその専門性の支柱とする社会福祉専門職が担う役割は重要である。

（3）児童・家庭福祉の課題

児童・家庭福祉では，保護的で対象者限定的なウェルフェア（welfare）の考え方を超えて，汎用的なウェルビーイング（well-being）のまなざしで対象を捉える視点が求められる。それは，令和の時代に入って間もなく見えてきた新たな課題を前にしても変わらない。

2020（令和2）年より全国的な広がりを見せたコロナ禍が，子どもや保護者にもたらした影響は甚大であった。ウィズコロナというが，現実はそれほど生易しいものではない。今般の社会状況は，政治や制度，人々の鬱屈した心理など，目まぐるしく動いていく現代社会にあって，つい見過ごしてしまいがちな社会の歪を浮き彫りにした。

一部業態によっては急激に業績が悪化し，それはすなわち従業員の家計への打撃となっていく。学校は休校が続き，オンライン授業の環境整備も自治体によって相応にバラツキがみられた。学びを止めないというスローガンが掲げられる一方で，親も子も在宅での自粛となった場合，それが必ずしも安全で安心な場になるとは限らない。子ども虐待やDVの増加が指摘されるからである。家庭環境によっては，近年の面前DVによる心理的虐待の増加に拍車をかけかねない事態である。また，卒業式や卒園式，その他各種行事も中止や延期が余儀なくされた。子どもにとって成長や発達のために欠かせない様々な機会が奪われていく。大学に入学して以来同じ状態が続くことにより，心理的ダメージを負う大学生の様子も報道等を通して伝わってくる。

休校や休園は，仕事を休むことができない事情にある保護者にとっては生活を揺るがす大きな問題である。そのことがあるため，保護者支援の側面もクローズアップされる保育所や幼保連携型認定こども園では特に，休園措置を取

らなかった園も数多くあった。しかしながら、感染が拡大していく中で影響を受け、休園措置を取らざるを得ない園も現にあったのである。

　児童・家庭福祉に関わる多くの専門職は、子どもや保護者との対面や接触を避けることはできない職種としての特性をもっている。それゆえに、徹底して感染防止対策を講じながらの支援となり、変わりゆく日常を前にしてもなお、子どもや保護者の日常をいかにして止めないかをそれぞれの実践現場で模索してきたのである。

　もう1点、子どもを取り巻く新たな課題について取り上げておきたい。おそらく地域社会に存在していたものの、長らく焦点が当たることがなかった課題に**ヤングケアラー**と呼ばれる子ども・若者がいる。2021（令和3）年3月に、厚生労働省と文部科学省が連携してヤングケアラーの実態に関する調査結果が取りまとめられ、同時に「**ヤングケアラーの支援に向けた福祉・介護・医療・教育の連携プロジェクトチーム**」が立ち上げられた。そして、現状と課題の分析のもと、同年5月に今後の方針が取りまとめられ報告がなされた。

　ヤングケアラーとは、慢性疾患や障がい、幼いきょうだいなどが家族にいる場合に、何らかの事情で介護や感情面の支え、育児の責任を引き受けなければならなくなった子ども・若者をいう。場合によっては、家計への不安感から追いつめられるように労働に従事して、学校との関係が途切れ、友人や教員と疎遠になるケースもみられる。プライベートの実態がつかみにくく、周囲が気づきにくい性質をもつこともヤングケアラーの特性であるといえる。

　このように、新たに焦点が当たる課題への取り組みも社会的に求められていく。従来から児童・家庭福祉が対象としてきた課題に加え、社会変動や社会状況をセンシティブに捉え、地域社会が抱える新たな課題を掘り起こす社会的使命が児童・家庭福祉にある。**地域包括支援体制**が求められる所以である。

　柏女は、児童・家庭福祉分野における「地域における包括的・継続的支援」について、次のように定義づけている。⁽¹⁾

　　子ども家庭福祉分野における地域包括的・継続的支援体制とは、市町村域ないしは市内のいくつかの区域を基盤として、子どもの成長段階や問題によって制度間の切れ目の多い子ども家庭福祉問題に、多機関・多職種連携により包括的で継続的な支援を行い、問題の解決をめざすシステムづくりをいう。

　このような連携・協働を可能とするためには，地域の中で専門職が互いの専門性を生かし合うことのできる関係性を築き上げることが重要となる。このことは専門職としての質を高め合うとともに，地域資源としての質を向上させることにもつながるだろう。そのことは，早晩，地域住民である児童やその家庭に還元されることとなる。

　さて最後になるが，2015（平成27）年４月から始まった子ども・子育て支援新制度は，保育・子育て支援新施策にとどまらず，子ども虐待の発生予防・早期発見，社会的養護，子どもの貧困対策，障がい児支援施策，健全育成施策などをも広く含み込んだ制度である。高齢者支援施策や障害者支援施策で培った各自治体の知見を活かしながら，児童・家庭福祉分野において切れ目のない支援体制を構築していくうえで橋渡しの役目を果たすことが期待される。そのためにも，血の通った実効性のある制度となるよう関係機関・施設が結びつきを強めながら，課題に対する情報共有・共通理解を図ることができるような関係性を構築することが，今求められている。

注
⑴　柏女霊峰（2017）『これからの子ども・家庭支援を考える──共生社会の創出をめざして』ミネルヴァ書房，15頁。

参考文献
柏女霊峰（2017）『これからの子ども・家庭支援を考える──共生社会の創出をめざして』ミネルヴァ書房。
柏女霊峰（2019）『平成期の子ども家庭福祉──政策立案の内側からの証言』生活書院。
厚生労働省（2021）「社会保障審議会児童部会『新たな子ども家庭福祉のあり方専門委員会報告（提言）』平成28年３月10日」（https://www.mhlw.go.jp/file/05-Shingikai-12601000-Seisakutoukatsukan-Sanjikanshitsu_Shakaihoshoutantou/0000116161.pdf　2022年１月10日閲覧）。
厚生労働省（2021）「障害児入所施設の在り方に関する検討会『障害児入所施設の機能強化をめざして──障害児入所施設の在り方に関する検討会報告書』」（https://www.mhlw.go.jp/content/12204500/000593531.pdf　2022年１月10日閲覧）。
子どもの虹情報研修センター（2021）「厚生労働省子ども家庭局家庭福祉課虐待防止対策推進室『2021年度児童相談所所長研修〈前期〉児童家庭福祉の動向と課題』

2021年6月」（https://www.crc-japan.net/wp-content/uploads/2021/05/pdf 2022
　年1月10日閲覧）。

澁谷智子（2018）『ヤングケアラー――介護を担う子ども・若者の現実』中央公論新
　社。

内閣府（2021）「『子供の貧困対策に関する大綱～日本の将来を担う子供たちを誰一人
　取り残すことがない社会に向けて～』令和元年11月」（https://www8.cao.go.jp/
　kodomonohinkon/pdf/r01-taikou.pdf 2022年1月10日閲覧）。

文部科学省（2021）「三菱 UFJ リサーチ＆コンサルティング『ヤングケアラーの実
　態に関する調査研究報告書』令和3年3月」（https://www.murc.jp/wp-content/
　uploads/2021/04/koukai_210412_7.pdf 2022年1月10日閲覧）。

あとがき

　子ども・子育て新システムによって新しい幼保一体化の試みが示され，次世代の子どもを育成する支援を充実する方向性が打ち出された。しかし，わが国では，子どもの権利条約や児童福祉法により，児童福祉の理念に従って，子どもの最善の利益並びに児童の権利に関する保障や子どもの権利擁護による健全育成が謳われているにもかかわらず，子どもを取り巻く環境は好ましいものではなく，子どもの貧困問題や児童虐待・不適切な養育等の多様で複雑化する問題が山積している状況である。

　そのため，2016（平成28）年6月には児童福祉法が抜本的に改正され，2017（平成29）年には保育所保育指針や幼保連携型認定こども園教育・保育要領が改正され，2019（平成31・令和元）年には児童虐待防止法や子どもの貧困対策推進法等が改正され，児童の権利主体としての確立や保障が推進されてきた。

　今後は，ますます子どもや保護者に対する支援や援助を効果的に実践できる，より質の高い保育士や社会福祉士・精神保健福祉士の養成が急務の課題となっているといえる。このような要請に応えるために，保育士や社会福祉士・精神保健福祉士等をめざす学生にとってできるだけわかりやすく役に立つテキストを作成するべく本書は企画された。

　刊行にあたり，杉本敏夫先生（関西福祉科学大学名誉教授）に監修していただいた。さらには，保育や児童福祉に関する問題について研究されている先生や，児童・家庭福祉の職務経験が豊富な先生方にも執筆者に加わっていただいた。保育士並びに社会福祉士・精神保健福祉士のカリキュラム改正や新制度の動向等を見ながら構成していったこともあり，執筆者の先生方にも無理なお願いをすることもあったが，快く応えていただき感謝している。

　2022年3月

編者一同

さくいん

（＊は人名）

監修者紹介

杉本　敏夫（すぎもと・としお）

現　在　関西福祉科学大学名誉教授
主　著　『新社会福祉方法原論』（共著）ミネルヴァ書房，1996年
　　　　『高齢者福祉とソーシャルワーク』（監訳）晃洋書房，2012年
　　　　『社会福祉概論（第3版）』（共編著）勁草書房，2014年

執筆者紹介（執筆順，＊印は編者）

＊立花　直樹（プロローグ，第13・14章）
編著者紹介参照
大野　地平（第1章）
聖徳大学短期大学部准教授
潮谷　恵美（第2章）
十文字学園女子大学教育人文学部教授
明柴　聡史（第3章）
富山短期大学准教授
谷村　和秀（第4章）
愛知学泉短期大学准教授
丸目　満弓（第5章）
大阪城南女子短期大学准教授
＊渡邊　慶一（第6章，エピローグ）
編著者紹介参照
山田　裕一（第7章）
立命館大学生存学研究所客員研究員
＊鈴木　晴子（第8章）
編著者紹介参照

＊中村　明美（第9章）
編著者紹介参照
岡田　強志（第10章）
京都文教大学特任（授業担当）講師
堺　　恵（第11章）
龍谷大学短期大学部准教授
野澤　義隆（第12章）
東京未来大学こども心理学部講師
祐東　孝好（第15章）
東京福祉大学社会福祉学部教授
中西　真（第16章）
帝京科学大学医療科学部助教
佐藤　剛（第17章）
常磐会短期大学講師
半羽　利美佳（第18章）
武庫川女子大学心理・社会福祉学部教授

編著者紹介

立花　直樹（たちばな・なおき）

　現　在　関西学院聖和短期大学准教授，社会福祉法人慶生会理事，社会福祉法人重症心身
　　　　　障害児者を支える会評議員，社会福祉法人ポポロの会理事，社会福祉法人亀望会
　　　　　監事
　主　著　『社会福祉——原理と政策』（共編著）ミネルヴァ書房，2021年
　　　　　『保育・幼児教育・子ども家庭福祉辞典』（共編著）ミネルヴァ書房，2021年

渡邊　慶一（わたなべ・けいいち）

　現　在　京都文教短期大学教授
　主　著　『社会福祉——原理と政策』（共著）ミネルヴァ書房，2021年
　　　　　『子どもと保護者に寄り添う「子育て支援」』（共編著）晃洋書房，2022年

中村　明美（なかむら・あけみ）

　現　在　武庫川女子大学教育学部准教授
　主　著　『障害児の保育・福祉と特別支援教育』（共編著）ミネルヴァ書房，2019年
　　　　　『単身高齢者の見守りと医療をつなぐ地域包括ケア』（共著）中央法規出版，2020
　　　　　年

鈴木　晴子（すずき・はるこ）

　現　在　十文字学園女子大学教育人文学部准教授
　主　著　『保育者論（保育士養成課程）』（共著）光生館，2012年
　　　　　『子育て支援（新・基本保育シリーズ）』（共著）中央法規出版，2019年

最新・はじめて学ぶ社会福祉⑯

児童・家庭福祉
──子どもと家庭の最善の利益──

2022 年 5 月 1 日　初版第 1 刷発行　　　　　　　〈検印省略〉
2023 年 12 月 29 日　初版第 3 刷発行

定価はカバーに
表示しています

監 修 者　　杉　本　敏　夫

編 著 者　　立　花　直　樹
　　　　　　渡　邊　慶　一
　　　　　　中　村　明　美
　　　　　　鈴　木　晴　子

発 行 者　　杉　田　啓　三

印 刷 者　　坂　本　喜　杏

発行所　　株式会社　ミネルヴァ書房
607-8494　京都市山科区日ノ岡堤谷町 1
電話代表　(075) 581 - 5191
振替口座　01020 - 0 - 8076

©立花・渡邊・中村・鈴木ほか, 2022　冨山房インターナショナル・坂井製本

ISBN 978-4-623-09380-9

Printed in Japan

杉本敏夫　監修

―――――――― 最新・はじめて学ぶ社会福祉 ――――――――

全23巻予定／Ａ５判　並製

順次刊行，●数字は既刊

――――――――――――― ミネルヴァ書房 ―――――――――――――

https://www.minervashobo.co.jp/